【改訂版】

グローバリゼーションと子どもの社会化
―帰国子女・ダブルスの国際移動と多文化共生―

竹田　美知　著

学文社

まえがき

「最近の若者は内向きである」とよくいわれる。海外で積極的に活動したいと思う若者が少ないことが，グローバリゼーションの進む日本経済にとって不安材料の一つとして語られる。そして海外で活躍できる人材教育の必要性が声高に叫ばれている。

就職難の時代に海外で十分通用する英語力と海外の多くの国を見渡してビジネス上の決断ができる力は，危機に立つ日本経済にとって今一番欲しい人材であることはまちがいない。日本の若者にそれが欠けているなら，日本に留学した留学生を採用し即戦力として活用しようとする企業も増えている。本書はそのような海外ビジネスで活躍できるような外向きの若者を速成する方法を提示する内容ではないことを最初に断っておきたい。

日本における出入国人数の増加は，幼少時から異文化接触の機会を与えることになった。社会化の各段階において異文化に接触することによって，国際移動への志向がどのように生まれるかに関しては従来の研究ではほとんど成果がみあたらない。従来の帰国子女研究にみられるように，特定の国際移動をした幼少時の経験がいかに子どもの社会化に影響を及ぼしたかについては多くの研究が積み上げられている。しかし最近の在留外国人の増加や国際結婚の増加は，このような海外経験の有無に関わらず，日本における日常的な異文化接触が，国際移動への社会化の契機となる可能性を示唆している。

本書は，日常生活のなかで個人がどのようにグローバリゼーションの影響を受けて，人生行路を歩んでいるかに焦点を当てた。海外体験のない大学生，国際交流ボランティア，帰国子女受け入れ高校の高校生と帰国生，国際結婚から生まれた子どもというように，異なる文化的背景と国際移動の経験を持つ研究対象を設定することによって，量的調査においては国際移動への志向に関わる要因が，これらの研究対象ごとに異なる効果を持つことを明らかにした。量的

調査結果から，学歴，外国人の居住状況，外国人の人権に対する意識やステレオタイプ，家族における外国人の風評，個人の達成動機が国際移動への志向に大きく関わることが明らかになった。このような量的調査の結果を受けて，質的調査においては，国際移動への志向を育む社会化の担い手は誰か，ライフコースのどの段階で，どのように異文化と接触し，国際移動への志向が生まれるかについて検討した。その結果，一度家族の風評によって幼少時に大きく国際移動への志向が影響を受けても，その後の移動経験やコンボイによって修正される可能性があることを解明した。

このように本書は，量的調査と質的調査の両成果から国際移動への社会化過程における影響要因を探った。本書の成果はグローバリゼーションが進む今日，地域社会や学校における国際理解教育や社会教育に貢献すると確信している。

2013年9月

竹田　美知

改訂版によせて

ライフコースデータの意味は，個人にとっても年月を経て変化する。その意味を大切に思い，改訂版を発行した。また末尾に資料として質問紙調査の質問文を掲載した。

多文化共生は国内外問わず厳しい状況にある。今後のこの分野の研究の発展を願っている。学文社のご協力に感謝する。

2015年1月

竹田　美知

目　次

まえがき　i

序章　現在の国際化の状況 …………………………………………………… 1

第1節　問題の所在と明確化　1
第2節　本研究の意義　16
第3節　本研究の構成　18

第1章　国際移動と社会化に関する従来の研究 ……………………………… 22

第1節　国際移動へのアプローチ　23
第2節　国際移動に関する従来の研究の検討　24
第3節　国際移動の社会化過程におけるエージェント　33
第4節　国際移動の社会化とその方法　36
第5節　「国際移動への志向」の形成過程　51
第6節　まとめ　69

第2章　国際移動への志向はどのように生まれるか
──関西地域の大学生への質問紙調査から ……………………………… 71

第1節　分析枠組み　71
第2節　実査の方法　74
第3節　実査結果　78
第4節　仮説の検証　88
第5節　国際移動への志向に影響する変数の相関　99
第6節　地域に居住する外国人へのまなざしと国際移動への志向尺度　106
第7節　まとめ　111

第3章　国際移動への志向とライフコース
——国際交流ボランティアのインタビュー調査から ……… 116

　第1節　分析枠組み　117
　第2節　実査結果ケースデータ　119
　第3節　ライフコース・分析データの考察　128
　第4節　考察と今後の課題　145

第4章　親から子どもへの社会化における異文化接触が与える影響 …… 150

　第1節　分析枠組み　150
　第2節　親から子どもへの社会化における異文化接触が与える影響
　　　　　実査結果および考察　153
　第3節　まとめと今後の課題　159

第5章　帰国子女は国際移動への志向は高いか
——帰国子女受け入れ校の質問紙調査から ……………… 162

　第1節　分析枠組み　162
　第2節　実査の概要　164
　第3節　実査結果　168
　第4節　まとめ　181

第6章　異文化経験とライフコース
——帰国子女のインタビュー調査から ………………… 184

　第1節　分析枠組み　184
　第2節　実査結果ケースデータ　187
　第3節　ライフコース・分析データの考察　190
　第4節　質問紙実査とインタビュー調査のまとめとその課題　200

目　次

第7章　ダブルス（国際移動から生まれた子）は国際移動への志向が高いか
　　　　——国際結婚を考える会会員への質問紙調査から ……………………… 204

　　第1節　分析枠組み　204
　　第2節　実査の概要　208
　　第3節　実査結果　210
　　第4節　質問紙調査の結論　228

第8章　ダブルスのアイデンティティー形成
　　　　——ダブルスへのインタビュー調査から ……………………………… 235

　　第1節　分析枠組み　235
　　第2節　実査結果ケースデータ　238
　　第3節　分析結果のまとめと考察　261
　　第4節　質問紙調査とインタビュー調査のまとめ　262

終章　子どもの社会化と国際移動に影響を及ぼすもの
　　　　——三つの事例を比較して ……………………………………………… 266

　　第1節　調査研究から得られた知見　266
　　第2節　まとめ　271
　　第3節　調査研究の特徴　277
　　第4節　今後の課題　279

資料　質問紙調査・質問文　284

　　あとがき　303
　　初出一覧　305
　　参考文献　306
　　索引　313

図表目次

序　章
図0－1	2011年末における在留外国人数の都道府県別割合	4
表0－1	1990年度—2009年度までの帰国子女数の変化	7
図0－2	海外在留邦人数の推移	13
図0－3	異文化接触の契機	14
図0－4	国際移動への志向を取り巻く環境要因	17
図0－5	本章の全体構成	19

第1章
図1－1	従来の仮説諸要因に関する整理	32
図1－2	箕浦康子アメリカ文化同化過程に影響している諸要因の寄与率	41
図1－3	国際移動への志向に関する社会化過程と従来の仮説	56
図1－4	国際移動への志向の形成過程	58
図1－5	コンボイ・システムの例示	62
図1－6	コンボイ・システムの規定要因とその効果	62
図1－7	一般生・帰国生を取り巻く文化状況	66
図1－8	国際結婚から生まれた子どもを取り巻く文化状況	68

第2章
図2－1	若者の国際移動に影響する要因関連図	73
表2－1	調査地の国籍別在留外国人登録者数	76
表2－2	調査地の在留資格別外国人登録者数	76
表2－3	現在の外国人との交流×海外就職	89
表2－4	現在の外国人との交流×結婚相手の渡航に同行	89
表2－5	現在の外国人との交流×国際結婚	90
表2－6	現在の外国人との交流×海外居住	90
表2－7	現在の外国人との交流×海外留学	90
表2－8	地域の外国人居住状況×海外就職	91
表2－9	外国人に対する家族の考え×海外就職	92
表2－10	外国人に対する家族の考え×海外留学	92
表2－11	現在の外国人と接する時の不安×海外就職	93

表2-12	現在の外国人と接する時の不安×海外居住	94
表2-13	海外居住×外国人と接する時の不安	94
表2-14	性別分業についての意識×結婚相手の渡航に同行	95
表2-15	性別分業についての意識×国際結婚	95
表2-16	人生の重要事の相談×海外就職	96
表2-17	人生の重要事の相談×結婚相手の渡航に同行	96
表2-18	人生の重要事の相談×海外居住	97
表2-19	人生の重要事の相談×海外留学	97
表2-20	外国人の職業限定×海外就職	98
表2-21	外国人の参政権×海外就職	98
表2-22	国際移動への志向に影響する従属変数同士の相関〈大学生〉	100
表2-23	国際移動への志向測定項目の平均・標準偏差・因子得点	101
表2-24	国際移動への志向尺度を従属変数とする重回帰分析の結果〈大学生〉	102
図2-2	国際移動への志向尺度のヒストグラム	103
表2-25	国際移動への志向別グループ×地域に居住する外国人の国籍	104
表2-26	国際移動への志向別グループ×学部	105
表2-27	国際移動への志向別グループ×就労外国人の増加する理由	105
表2-28	国際移動への志向別グループ×外国人と顔を合わせる機会	106
表2-29	大学生の地域に居住する外国人のイメージ・カテゴリーウェイト表	108
表2-30	判別測定	108
図2-3	カテゴリーウェイト・プロット図	109
表2-31	回答者の居住外国人への認識・回答傾向別国際移動への志向（消極性）尺度値	110

第3章

| 表3-1 | Ⅰ～Ⅸ 国際交流ボランティアのライフコース・分析データ | 119～127 |

第4章

図4-1	要因関連図	152
表4-1	外国人との交流状況×家族の外国人に対する考え	154
表4-2	外国人についての学習の有無×家庭内の外国人に関する会話状況	155
表4-3	外国人と接する時の不安×外国人との交流状況	156
表4-4	外国人との交流状況×外国人の生活水準	156
表4-5	外国人との交流状況×外国人の職種	157

表4-6	外国人との交流状況×外国人の就業限定	157
表4-7	外国人との交流状況×外国人の参政権	158
表4-8	外国人の生活水準×外国人の労働者問題についての考え	159
表4-9	外国人の生活水準×外国人の滞在期間の限定	159
図4-2	社会化過程における異文化接触が与える影響	160

第5章

図5-1	要因関連図	164
表5-1	帰国後の自宅でのホームステイ	168
表5-2	学校における外国人教師の勤務	169
表5-3	外国人についての会話	169
表5-4	外国人に対する家族の考え	170
表5-5	外国人との関わり	170
表5-6	外国人と接する時の不安	171
表5-7	日本で働く外国人の生活水準	172
表5-8	外国人が就ける職業が限定されている	173
表5-9	日本人が就きたがらない職業に就くことに関して	173
表5-10	海外就職について	174
表5-11	海外就職したい時期	174
表5-12	結婚後は家庭中心の生活	175
表5-13	海外就職の時期×結婚後は家庭中心の生活	175
表5-14	海外就職の不安点	176
表5-15	国際結婚について	176
表5-16	外国に住む不安点	177
表5-17	海外留学希望	178
表5-18	国際移動への志向に影響する従属変数同士の相関〈高校生〉	179
表5-19	高校生の国際移動への志向測定項目の平均・標準偏差・因子得点	180
表5-20	国際移動への志向尺度を従属変数とする重回帰分析の結果〈高校生〉	181

第6章

表6-1	ケースのプロフィール	186
表6-2	Ⅰ～Ⅶ 帰国子女のライフコース・分析データ	187～190

図表目次

第7章

図7-1	子どもの国籍選択および国際移動への志向に影響する要因	207
図7-2	親の出身国への興味と海外就労希望	210
図7-3	親の出身国への興味と海外居住の希望	211
図7-4	海外就労希望と二重国籍希望	212
図7-5	海外居住希望と二重国籍希望	212
表7-1	子どもの二重国籍選択と独立変数との関連性	216
図7-6	父親の出身国と子どもの二重国籍希望	217
図7-7	国籍選択の法律の認知と二重国籍希望	217
表7-2	子どもの二重国籍選択を従属変数にした重回帰分析結果	222
表7-3	ダブルスの国際移動への志向性に関わる変数同士の相関	223
表7-4	ダブルスの国際移動への志向測定項目の平均・標準偏差・因子得点	223
表7-5	ダブルスの国際移動への志向尺度を従属変数とする重回帰分析結果	224

第8章

表8-1	ダブルスの基礎データ	237

終章

図9-1	国際移動への積極性に影響を与える要因(質問紙調査の重回帰分析結果)	272
図9-2	インタビュー調査から得られた国際移動への志向に関する影響要因	276

▶▶▶ 序　章
現在の国際化の状況

╱第 1 節　問題の所在と明確化

　本研究の目的は，人間の社会化過程において国際移動への志向性がどのように涵養されるかを解明しようとすることにある。もちろん，その社会化過程に関して考慮しなければならないのは，その個々人の社会化の具体的過程をとりまく社会レベルにおいて，経済や文化の国際交流がどのように進展してきたかということである。

　明治期から戦前まで，日本から海外への移住は，アメリカ合衆国，ブラジルなどへ，非熟練労働者や農業関係従事者として永住するという目的の〈移民的〉な国際移動がほとんどであった。貧困が原因となって，日本を離れ，移動先に新天地を求める人たちであった。彼らは成功をおさめて，故郷に錦を飾り，同郷の人たちを呼び寄せて，同じ村の出身者が集団移住するといった連鎖もまた生み出した。

　加藤久和は，こうした国際移動に影響を与える要因として，経済的，社会的，政治的，環境的要因の 4 要因に分類し，分析を行った。経済的な要因として，国家間の労働力の不均衡と，賃金格差をあげている。また，移動者の多くが血縁関係や友人関係を通じて，受入国の生活環境や仕事，あるいは法的制度などの情報を移動前に入手し，それによって移動が誘発されたという面での社会的要因も大きいという。また送り出し国，受入国の移民政策や出入国管理政策といった政治的要因も，移動に大きく関係し，また最近では地球レベルの環境汚染が，人びとを住み慣れた土地から安全な土地へ，移動させる要因となってい

る例も報告されている（加藤他，2001）。

とはいえ，人の国際移動の志向は，以上のようなモノ，金，情報の集団的な流れとして捉えきれない側面が存在する（依光，2004）。すなわち，どんなに移動先の国が豊かで，賃金が高く，外国人の就労に関して規制が少なくても，個人の自発的意思が伴わなくては，移動は実現しない。この点に関して依光正啓は，次のように個人の国際移動への志向性に焦点を当てる必要性を説いている。

> ヒトを移動させる上では，本人の意思を無視することはできない。個人の意思決定方法は経済状態・歴史的文化的背景などによって異なるが，個人の意思が何らかの形で移動性を制限したり，促進したりする。（依光，2004，p.2）

マクロな国際移動の要因では説明できない，個人の国際移動への志向を分析することは，今日人びとの国際移動パターンが多様化するにしたがってますます重要になってきていると考えられる。

最近，先進国間の国際移動は，従来のような「経済移民」とは異なるタイプの高度熟練労働者（IT労働者，研究者，科学者，大学院生）などの国際移動，若者のワーキング・ホリデー，定年退職後の移住のように，北米やブラジルへの集団的移住とは異なる，ライフコースの一時期における個人の自発的な国際移動が増加し注目されてきている。個人のライフコースにおける選択肢の一つとして選ばれた移動であるから，はっきりとした個人独自の動機があり，経済的な要因よりもむしろ個人の能力伸張や興味によって，国際移動を選択している。

それではこのような国際移動への志向性はいかにして生じるのだろうか。この問題への理論的および実践的な手がかりを得ることが本論文の主目的である。

1．在留外国人数―ニューカマーの増加と地域分散―

第一に，外国から移動してきた人びとに接することで，その人たちの生活に惹かれ，その国でいつか生活をすることを希望するといったコースが考えられ

る。この場合移動先の情報を日本に居住する外国の人たちから収集したり，文献やその他の情報収集をしたりすることによって，国際移動への志向性が増幅していく。

ところで，わが国に居住する外国人構成の変化から見ると，1950年から1970年における外国人の構成は，9割が終戦前から居住する韓国，朝鮮，中国人であり，残りの1割が，アメリカ，イギリス，カナダ，ドイツ，フランスなどの欧米人であった（李，2003，p.124）。2000年になると，わが国に居住する在留外国人の国籍別の構成は様変わりし，国籍別外国人登録者の第1位が韓国・朝鮮，第2位が中国，第3位がブラジル，第4位がフィリピン，第5位がペルーである。地域別構成は，アジア73.7％，南米18.6％，北米3.4％，ヨーロッパ2.9％，オセアニア0.8％である（李，2003，p.125）。バブル期の日本経済を支える労働力としてのアジアからの外国人労働者の増加や日系ブラジル人の増加が，在留外国人の国籍別構成を一変させた。

法務省の2011年「登録外国人統計」によると，在留外国人の総数は2011年，2,078,508人であった。平成20（2008）年度をピークに微減している。男性が945,153人，女性は1,133,355人で女性が上回っている。在留資格によって，「永住者（一般永住）」「日本人の配偶者」「永住者の配偶者」「定住者」「特別永住者」といった区分がされている。2011年で最も人口が多いのは，「一般永住者」の598,440人，ついで「特別永住者」389,085人が続いている。「一般永住者」は，一定の要件を満たして永住許可申請をし，許可され，日本国に永住している外国人である。特別永住者の大半は在日韓国・朝鮮人で，現在ではそのほとんどは日本で生まれ育ち，教育を受けた世代となった。いわゆるサンフランシスコ講和条約発効によって，「日本国籍」を喪失することになった人びととその子どもや孫たちである。しかし「特別永住者」は，減少の一途をたどり，反対に「永住者（一般永住）」が増加し，とくに2000年代には中国からの永住者が増加している。

李（2003）は，「ニューカマー急増の最も直接的原因は，1990年の入国管理

法の改定に伴う在留資格の変更である。外国人には単純労働を認めないとしながらも，ブラジル等の日系人については「定住者」の資格が認められ，就労制限がなくなり単純労働につけるようになったのである」（p.128）と述べ，バブル時の入国管理法の改正が在留外国人の人口増加に拍車をかけたと分析している。確かに2011年，定住者では62,077人とブラジルが一番多い。

さらに，2011年における人口あたりの在留外国人数（図０−１）をみると，外国人登録者が最も多いのは，東京都で全体の19.5％を占め，大阪，愛知，神奈川，埼玉とつづいている。

いまや在留外国人は，地方の人にとってもコミュニティーで生活を共にする人びとである。以前は特別永住者に代表されるように，「日本人」と変わらない容姿と教育を受けながら「国籍条項」により外国人として登録された人びとが主流であったが，現在ではニューカマーと呼ばれる出身国の文化を持った外国人の増加が著しい。

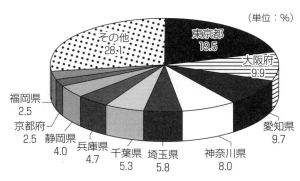

図０−１　2011年末における在留外国人数の都道府県別割合
出典：法務省入国管理局「平成23年末現在における外国人登録者数について（確定値）」2012年６月８日

2．視点の転換―在留外国人研究から家族における在留外国人へのまなざしの研究へ―

　第二に，外国の人びとに直接接触する機会がない場合においても，メディアにより外国の文化に触れ，その国の文化にあこがれ，国際移動への志向性が生まれる。たとえば，戦後のアメリカ文化は，映画やテレビドラマ，音楽などによって，その世代に育った子どものみならず，大人たちまで浸透していった。人びとが，アメリカ文化を優位な文化として認識し，魅了され，海外旅行や海外留学や海外就職を夢見たことが，アメリカへの国際移動への動機づけとなったことが十分考えられる。

　上述のように非永住者にアメリカ人などの欧米の人たちが多かった時代から，日本に住む外国人の人口構成の変化と共に，非永住者にアジアや南米から来た人たちが多い時代へと変化した。しかしながらアジアや南米の外国人の増加によって，アジアや南米の文化がもてはやされ，それらの国へ国際移動を志向することにはならなかった。その理由は，日本人が外国の文化に対して，暗黙のうちに，かつ無意識のうちに，自国の文化と比較して序列をつけ，高いあこがれの対象としての文化に対してのみ，国際移動の志向を高めたことが考えられる。そしてこの序列づけは，社会化の早い段階で，親から子へと伝達される。居住地域の近くに外国人が住んでいても，その外国人の文化に対して，親がネガティブな印象を付与したならば，子どもは直接に交流する機会を持つことは難しい。

　すなわち，在留外国人の数がどのように増加したか，いかに近くに住んでいるかということより，在留外国人へどのようなまなざしが向けられているかが，個人の国際移動への志向を測るうえで重要なことである。

　日本が国際化社会を謳い多くの外国人労働者を受けいれながらも，日常的には外国人との交流に閉鎖的であるというイメージは今日も依然として払拭されていない。また，多くの日本人がアジアの多国籍企業などで仕事の面では活躍しながらも，生活面では，現地の人びととの交流が乏しいことが問題にされて

いる。

　日本国内における外国人や外国人労働者を取り巻く問題を研究課題として都市や限定した地域を調査地とした研究は近年ますます積み上げられつつある。たとえば，内閣総理大臣官房広報室の行った外国人労働者問題に関する世論調査や東京都立労働研究所の行った外国人労働者の実態（駒井，1994）など，数多くの論文がある。けれども，家族のなかで外国人がどのように認識されているか，そしてこのような家族集団に見られる全般的な認識が子どもの社会化にどのような影響を与え，さらにその影響をうけた子ども自身が，国際移動をどのように志向しているかという問題については未だ分析されていない。

3．幼少時の海外における異文化経験の増加

　第三に，すでに幼少時に家族で国際移動し，海外で異文化経験を持った子どもが，帰国後，再度国際移動をする志向性は高くなるであろう。

　文部科学省は，毎年の学校基本調査によって「帰国子女数」を把握している。ここでいう帰国子女は日本国籍を有し，かつ海外に所在する機関，事業所などに勤務するかまたは海外において研究・研修等を行うことを目的として日本を出国し，海外に在留した者または現在なお在留している者の子女で，引き続き1年を超える期間海外に在留し帰国した者を指す。

　平成23（2011）年度，文部科学統計要覧によると，2009年4月から2010年3月までに帰国した児童生徒は，小学校7,010人，中学校2,995人（終戦前から外地居住者子女1人を含む），高等学校2,049人と，最も小学校段階で帰国する子女が多い。1990年では小学校7,991人，中学校3,442人，高等学校1,880人であった帰国子女数が，1995年，2000年，2005年と徐々に減少し2009年に一転して増加に転じた（表0-1）。帰国子女の多くが，小学校の段階で帰国しているのは，日本での受験戦争に乗り遅れないためという理由も考えられるが，多くの海外駐在員は，若くして派遣され，3年から5年の派遣期間を経て帰るケースが多いことから，赴任年齢が低くなるほど，帰国時の子どもの年齢が小学校学齢期に

序章　現在の国際化の状況

表0－1　1990年度－2009年度までの帰国子女数の変化

区　　分		1990年度	1995年度	2000年度	2005年度	2009年度
小学校	計	7,991	7,886	6,858	6,042	7,010
	計のうち終戦前から外地居住者の子女数	272	197	44	9	－
中学校	計	3,442	3,126	2,652	2,383	2,995
	計のうち終戦前から外地居住者の子女数	268	187	43	35	1
高等学校	計	1,880	1,985	1,909	1,910	2,049
	計のうち終戦前から外地居住者の子女数	36	46	28	22	－
中等教育学校	計	…	…	2	33	64
全学校種	合計	13,313	12,997	10,921	10,368	12,118

(注)「帰国子女」とは　各年度間（4月1日から翌年3月31日まで）に帰国した海外勤務者の子どもで，翌年の5月1日現在，小学校，中学校，高等学校，または中高等学校に在学している児童生徒をいう。
資料：文部科学省「学校基本調査報告書」
出典：「平成23年度文部科学統計要覧」より抜粋

なると推測される。

　以上から，帰国子女の多くは幼年期を海外赴任地で過ごし，小学校時代に帰国することから，海外での異文化経験を社会化の比較的早い段階で経験していることがわかる。

　家族の社会化過程における異文化接触に関する研究は，帰国子女研究のように国外，主に欧米での異文化の体験を持った家族に研究対象をしぼって進められてきた。帰国子女を対象とした研究は数多く積み重ねられている。箕浦康子の『子供の異文化体験』（思索社，1991），カニングハム久子の『海外子女教育事情』（新潮社，1988），岡田光世の『ニューヨーク日本人教育事情』（岩波書店，1993）などがそれである。これらの研究で描かれたのは，「海外において自らが外国人として認識されながらも，海外の居住国の文化に同化しようと努力する」家族モデルであった。

　同様に，このような視点はさらに，「帰国すれば，自らが帰国子女として認

識されながらも，日本の文化に同化しようと努力する」という二重拘束を帰国子女にもたらした。このようなモデルは国際移動をしてその国に永住することが前提となっている家族には適用できても，人生の一時期，海外に赴任した家族にとっては適用は難しい。一時的な滞在が前提であるからこそ，家族外では異文化接触をしながらも，「帰国子女」の家族は，家庭で日本の文化を維持しつつ，子どもの社会化を図ろうとする。

一方，1980年代後半からアジア諸国から日本への外国人労働者の流入が顕著になった。彼らは若年層が忌避する「3K」労働のような肉体労働や単純労働の分野においてもその多くが就労している。すなわち日本は「国際労働力受入国」として，たくさんの外国人労働者を受け入れている。しかしながら彼らの多くは，日本に「移民」として永住する目的で滞在しているのではなく，やはり人生の一時期に海外に滞在するといった「行ったり，来たり」の国際移動を前提として滞在している。外国人労働者のなかには，日本へ家族を帯同して，子どもを社会化するケースも増加している。このような「在日外国人の子どもへの教育」も，先述の日本に帰ってきてからの「帰国子女」教育が，「日本文化への同化」をモデルとしたのと同様に，「日本文化への同化」を前提としている。しかしながら，一時的な滞在であればこそ，外国人労働者家族も，祖国の文化と居住国である日本の文化を子どもに社会化しようとするであろう。

「海外において育った子どもは，現地の文化に同化するのが当たり前」という考え方は，家族の国際移動が頻繁に行われる今日，崩れつつある。また同様に「海外に行かねば，異文化に出会うことができない」という考え方も，崩れつつある。日本の家族はどこに暮していても，程度の差こそあれ，外国人と出会い異文化と向き合う関係を保ちうるグローバルな社会に生きているのである。ゆえに，いかに複数の文化と向き合いバランスを取って生きていくかが，子どもの社会化過程でますます重要になっていく。

馬渕は，1950年代に始まった異文化理解教育の旗頭としての海外・帰国子女教育が，国際理解教育へと転換する流れを詳細に分析した（馬渕，2002）。馬渕

は，海外・帰国子女の救済あるいは特性伸張のみに焦点を当てる教育から，海外・帰国子女以外の子どもたちや社会を視野に入れる教育へ発展し，国内の児童と外国人児童との交流という外国人児童や，生徒も含めた国際理解教育に変化したと述べている（馬渕，2002）。

4．国際結婚から生まれた子ども―国際結婚と親が外国人の子どもの増加―

第四に，国際結婚が増加し，海外に親族を持つ家族が増加した。両親の一方の親の親族が外国に住んでいる子どもは，親族に会うために国際移動を志向するだろう。

（1）婚姻件数にしめる国際結婚の総数―人口動態統計から―

2010年の国際結婚総数では，夫日本・妻外国の組み合わせは22,843組であった。妻日本・夫外国の組み合わせは7,364組であった。夫日本・妻外国の組み合わせのなかで，妻の国籍で最も多いのは中国で10,162人，次にフィリピン5,212人，韓国・朝鮮3,664人である。また妻日本・夫外国の組み合わせのなかで，最も多い夫の国籍は韓国・朝鮮1,982人，アメリカ1,329人である。ここで注意を要するのは，この国籍に永住者が含まれていることである。日本で生まれ育ち，日本の教育を受けながら，国籍が韓国・朝鮮，中国といった人たちがこの数字のなかに含まれている。

李（2003）は，「1965年の夫・妻とも日本人の婚姻件数は950,696件で，夫・妻どちらか一方が外国人の婚姻婚姻件数は4,156件（0.4%），妻外国人1,067件（0.1%），夫外国人3,089件（0.3%）であった。この37年間で日本人の総婚姻件数に占める夫と妻どちらか一方が外国人の割合は12.5倍，妻・外国人の占める割合は40倍の増加となった」と，国際結婚の増加，とくに妻が外国人のケースで増加が顕著であると述べている。

（2）父母の国籍別に見た出生数―人口動態統計から―

2010年の父母の国籍別にみた年次別出生数では，父母の一方が外国人のケースは21,966人である。父日本人・母外国人の組み合わせ11,990件で，母の最も多い国籍は中国で4,109人，次にフィリピンで3,364人，韓国・朝鮮で2,129人であった。また母が日本人で父外国人の組み合わせは9,976件で，父の最も多い国籍は，韓国・朝鮮2,502人，アメリカ1,754人，中国1,225人であった。

李（2003）は，「1987年の親外国人の総数は17,596人，2001年の親外国人の総数は34,013人で対1987年の1.9倍に増加している。父母とも外国人の出生数は1987年7,574人，2001年11,837人1.6倍である。母外国人（父・日本人）は，1987年5,538人，2001年13,177人と2.4倍になっている。父・外国人（母・日本人）の出生数は1987年4,484人，2001年8,999人と2.0倍の増加となっている」と，国際結婚から生まれた子どもが急増していることを述べている。

国際結婚件数と同様に，永住者のケースも含まれた統計となっている。すなわち韓国・朝鮮籍や中国籍の国際結婚には永住者が含まれていることになる。しかしそれにもかかわらず，最も多い国籍がフィリピン国籍であったように，人口動態統計ではニューカマーとの国際結婚が増加している。1987年には母が外国人のケースが5,538件，父が外国人のケースが4,484件であったのに，2010年には母が外国人のケースが11,990件，父が外国人の件数9,976件を大きく上回ることになった。結婚件数も妻が外国人のケースが増加していることも大きな要因であるが，妻が外国人のケースでは，国際結婚をして子どもを持ち日本国内に居住しているケースが多いこともまた要因の一つといえよう。

（3）日本人の配偶者などに関する傾向―登録外国人統計から―

日本人の配偶者などの項目で「登録外国人統計（2011年）」に外国人登録者数として把握されている日本人の配偶者と子の総数は181,617人である。国籍別の構成比をみると，中国51,184人，フィリピン，ブラジル，韓国・朝鮮の順となっている。これは配偶者と子を含めた数字である。最近の傾向を見ると，

5年間でブラジルは2006年の32.3％となり，フィリピンは77.7％と大幅に減少した。一方，中国，韓国・朝鮮，タイは，微減に留まっている。先述のように，中国，韓国・朝鮮の数字には，特別永住者資格のケースも含まれているが，その一方で，これらの国からの新規の入国者と日本人との結婚も多くなりつつある。

　国際結婚から生まれた子どもは，すでに生まれた時から外国の文化に接し，家庭においても二つの言語を使っているケースが多い。また海外に居住する親族から，外国に関する情報も入手しやすく，頻繁な海外旅行を幼少時から繰り返していると思われる。国際結婚から生まれた子どもは，よりいっそう国際移動への志向性が高いと予想される。

5．国際移動の多様化─「移住」から「一時的移動」へ─

　第五に，人びとが国際移動を，人生を変える重い意味を持った後戻りできない移動として捉えないで，国内転勤と同様の気軽な「行って帰る」一時的な移動として考えるようになると，国際移動はより身近な事実となり移動への志向性も高まる。交通通信手段の発展は移動時間を短縮した。その結果，たとえば，自分の能力を発揮する職場が国内にはなく，海外にあるから国際移動するというように，国際移動への志向はますます条件がよくなった。

　個人の国際移動への志向は，加藤（2001）が分析したマクロな国際移動の構造を背景として，個人がいかに自分の身の回りの生活環境を認識し，国外への移動を志向するかによって規定される。「移動」に対する認識も，個人個人によって異なる。国内の延長上としての海外就職を考える人なら，海外就職は，転勤や季節的な出稼ぎのパターンの一つとして捉えることもありうる。もはや個人の意識の中では，移動はその人のライフコースの中で一時的なものであり，国内と国外との境界が引けないタイプの国際移動も存在する。たとえば，海外の一定地域のなかに〈リトル日本〉ともいうべき生活環境が整えられ，そのなかで暮らす限りは国内の転勤となんら変わらない多国籍企業内の海外赴任もみ

られる。最初に家を探す段階から日本人の不動産屋が活躍することによって，食料品から理容や美容サービスまで完備された日本人地域に住まうことになり，そのなかで暮らす限りは日本語で日常の生活は十分間にあう。シウ（Siu, 1952）は「滞在している国に自ら進んで永住者として加入することがない」者をソジョナー（sojourner）と呼び，ジンメル（Simmel, 1892）の異邦人（stranger）やパーク（Park, 1950）のマージナル・マン（marginal man）になぞらえて，かれらが，母国との深いつながりを持ち同国人と頻繁に交際する特徴からみて，内集団志向であることを指摘した。

外務省の「平成24年　海外在留邦人数調査統計」によると，2011年，全世界に在留する日本人の数（長期滞在者と永住者との合計）は，1,182,557人に達し過去最高である。1998年580,000人程度であった在留邦人数は，2000年には初めて800,000人を超え，2005年の人口が1,000,000人を突破し，2008年には1,100,000人となった。在留邦人の最も多い地域は，1985年以降連続で，北米地域で，前年度比2.69%増の454,835人，全体の38.46%であった。アジアの在留邦人は前年度比6.08%増の331,796人，全体の28.06%となり，過去最高となった。とくに中国では，前年度比7.14%と大幅に増加している。男女別の内訳をみると，1999年に初めて女性の数が男性を上回ったが，この傾向は続き，2011年の調査でも女性が51.78%を占めた。最も在留邦人の多いアジアでは，男性のほうが多く，反対に北米地域や西欧では女性のほうが多い。

在留邦人のほとんどは，3カ月以上の滞在者で，永住者ではない長期滞在者が66.2%と多く，在留国から永住権を認められた永住者は33.8%にとどまる。長期滞在者の多い地域は，①アジア，②北米，③西欧であり，長期滞在者の滞在目的別（民間企業，留学生・研究者・教師，政府関係機関，報道・自由業・その他，同居家族に分類されている）にみると，最も多いアジアでは，民間企業関係者が70%近くを占めているが，北米では民間企業は50%近くとなっている。

地域別では，アジアの伸びが著しい（「平成24年　海外在留邦人数調査統計」）。外国における直接の資本投資，日本企業の進出は，長期滞在者としての日本の

序章　現在の国際化の状況

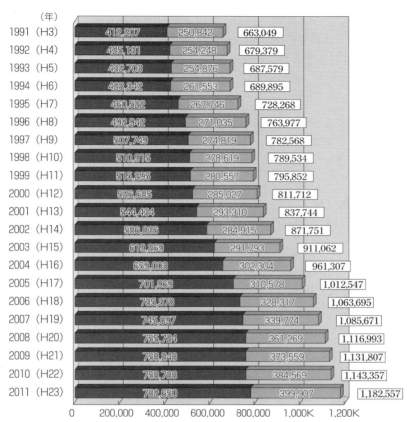

■ 長期滞在者：3カ月以上の滞在者で永住者ではない者（いずれ帰国するつもりの邦人）
■ 永　住　者：3カ月以上の滞在者で，当該在留国より永住権を認められている者（永住するつもりの邦人）

図0-2　海外在留邦人数の推移

出典：「平成24年　海外在留邦人数調査統計」外務省領事局政策課

技能労働者の移動を促し，外国において彼らはIC関連や医療，金融関係の専門職，管理職，技術職に就くことになったと推察される（南谷，1997，p.199）。

図0-2のように，永住者は，1991年に250,842人であったが，2011年に

399,907人となり，約1.59倍である。しかし，長期滞在者は，1991年に412,207人であったが，2011年に782,650人となり1.89倍と増加が著しい。また在留邦人全体に占める永住者の割合に関しては，1991年に長期滞在者62.1%，永住者37.9%であったのが，2011年には，長期滞在者66.2%，永住者33.8%となっている。

以上から，移住を目的とした永住者の在留邦人の割合は年々減少の一途をたどっており，長期滞在者の占める割合が増加し「行って帰ってくる移動」が主流になっていることがわかる。

アメリカやブラジルへの移民としての国際移動への志向については，従来の多くの研究が積み重ねられている。しかし上記のように，一時的に移動先に滞在し，限定的な移動先との関わる国際移動への志向については研究が少ない。

6．まとめ

黒木は，「異文化接触の契機をその接触に移動が伴うか，またその異文化接

図0−3　異文化接触の契機

出典：黒木雅子（1996）『異文化論への招待』朱鷺書房，p.43

触を自らの意志で選択できるかどうか」によって図0-3のように異文化接触の契機を大きく四つに分けた（黒木，1996，p.43）。

この図0-3における1の領域や3の領域は，自らが選択のできない接触であり，マジョリティーの文化がマイノリティーの文化を抑圧するという悲劇が，これまでの歴史の中で繰り返されてきた。黒木は，自らの意志によって，異文化と出会う機会を得る場合を，二つに分類している。旅行・留学・移住・駐在・結婚による移動によって，ゲストとして異文化接触の機会を得た場合（図0-3では「2」）と，自国内に移動してきたゲストやマイノリティーによる異文化に出会い，ホストとして異文化接触の機会を得た場合である（図0-3では「4」）。

これまでの異文化接触の研究は，国際移動によってゲストとして異文化接触の機会を得て自文化と異文化の間で，カルチャーショックを経験した事例や，文化変容を遂げざるを得なかった事例の研究が大多数であった。すなわちゲストとしての異文化接触の問題にとどまっていた。たとえば，「移民」に関する研究は，主として「移動をすれば，もう帰ってこない人びと」に主に焦点が当てられ，さらに国際結婚に関する研究は，「夫か妻かどちらかの国に定住する人びと」に焦点が当てられた。

しかし，運輸や交通手段の発達した今日，人生の一時期に海外に滞在するといった「行ったり，来たり」の国際移動は，図0-3における2と4の境界を常に超える人びと（選択できる接触をする人びと）を生み出した。さらに情報化の進展によって，自国にいながら異文化と瞬時に接触できるバーチャルな体験やEメールなどの通信によって，異文化経験の量も質も変化している。たとえば，帰国子女の場合帰国後も赴任先の友達とメール交換によって友達関係を維持できる環境にある。すなわち，異文化に浸った時期における直接経験のみならず，帰国後も，自国でホスト側に立場を変えた異文化との接触による直接経験や間接経験が継続することとなった。

また国際移動を経験しなくても，自国でサブカルチャーとしての異文化と出

会う経験が増加し,社会化の初期の段階から最期の段階まで,異文化接触が個人のライフコースに影響力を持つことになった。たとえば「駅前留学」で代表されるように,外国人の増加やインターネットを用いた外国文化の接触機会の増加によって,日本にいながらにして異文化経験をすることができるようになった。情報化によって,社会化の基底にある経験が多様化してきている。このように,異文化接触の経験が国際移動に与える影響を,ライフコースのある段階(海外滞在経験)に限定した社会化効果として語ることは今日難しくなっている。

国際移動への志向は,国内において社会化の比較的早い段階(児童期)から醸成される。本節で述べた地域における在留外国人の増加は,子ども時代から外国人と接触する可能性を高めている。また海外在留外国人,とくに同居家族の増加や国際結婚の増加は,海外で生活する機会を提供している。

これまでの国際移動の研究は,成人後の国際移動する直前の移動のきっかけ要因に焦点を当てて,研究されてきた。そして,「国際移動への志向性」を生み出す社会化過程には触れられなかった。これまで海外に渡航しなければ外国人とともに生活する機会を得ることが難しかったという日本の国際的な環境が,従来の研究に影響を与えていた。

第2節　本研究の意義

海外の国籍企業の活躍や国内での外国人労働者の増加によって,今後,人びとにとって,ますます国際移動の可能性は高まり,それに伴って異文化経験の機会は一層増加することが予測される。従来,国際的労働力の移動は,「移民」の研究として捉えられてきた。「移民」は,国境を越えて移動する人びとであり,狭義には永住する人びとと考えられてきた。社会学においても,多くの「移民」の研究の業績が積み上げられてきた。しかし交通・通信手段の発達した今日,外国に一時滞在をした人びとが,受け入れ国に定住,永住,そして帰化という

道をたどる傾向は弱まりつつある。すなわち，一時的に長期滞在者となるような，個人のライフコース上で「行って帰ってくる頻繁な国際移動」が主流になりつつある。このような状況の中で，多くの人びとがそのライフコース上で複数の文化を体験し，帰国後のライフコースにおいても，多文化体験が大きな影響を与えていることが考えられる。

また，グローバリゼーションの進んだ今日，国内に居ながらにして，異文化を経験する機会は増加しつつある。少子高齢化社会を迎えた日本では，少ない労働力を補うため，多くの外国人労働力を雇用してきた。今後は高齢者福祉の分野においても，外国人労働者にビザを認め看護・介護の分野で，外国人女性労働力も増加する。このような在留外国人の増加とともに，出会いの機会を外国に求めた国際結婚の増加もさらに国内における異文化接触に拍車をかけている。これまで海外に行かねば経験できなかった異文化経験も地域に外国人が居住することによって，身近な地域において異文化経験をすることも可能になった。そして，国際結婚をした家族の場合は，家族内にすでに複数の文化が存在

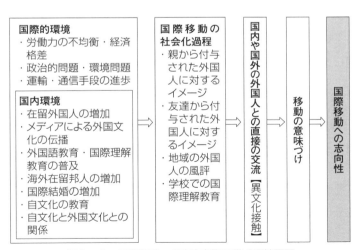

図０－４　国際移動への志向を取り巻く環境要因

し，家族内で双方の文化を同時に子どもに社会化するケースも増加している。

　図０-４のような国際化の流れの中で，個人が複数の文化とどのように向き合うかということは，在外日本人だけではなく国内に居住するすべての日本人にとって大きな問題になりつつある。複数の文化に向き合うなかで，前述したように優位な文化と劣位な文化が位置づけられ，優位な文化を持つ国へ，国際移動への志向が生まれていく。開発途上国よりは，先進諸国へといった国際移動の志向，非英語圏よりは，英語圏の国へといった志向が生まれていく。経済的に発展している欧米の文化や言語の取得が，国際移動にとって必須条件として考える価値観が，社会化の過程において，学校や家庭で注入されることが，個人の国際移動への志向へ大きく影響を及ぼしている。このような文化の序列は，経済的な合理性だけを背景として成立しているのではなく，家族が子どもを社会化する時点で異文化をどのように解釈し，子どもに伝達したかということも大きく影響している。たとえば，日本におけるアジア蔑視の風潮も世代を超えて受け継がれている可能性がある。

　家族における親から子への社会化の過程において，自国と異なる文化のイメージがどのように伝達されているか，さらに伝達されたイメージが子どものその後のライフコースにいかに影響を与えているかについては，従来の日本における研究は乏しい。

第３節　本研究の構成

　以上のような問題提起から，本研究において明らかにしたいことは，下記の３点である。

　以下の構成によって図０-５のように分析する。

　まず，第一に，異文化経験の機会の増加は，親から子への社会化過程を通じて，国際移動への志向性へどのように醸成されていくかといった点に焦点を当て，従来の仮説を検討し，新しい仮説を構成することによって分析する。

序章　現在の国際化の状況

図 0-5　本章の全体構成

【研究方法と仮説構成】

第1章【子どもの国際移動への志向と社会化に関する従来の研究】
　　　　↓
　　① 国際移動をめぐる要因に関する従来の研究の検討
　　② 国際移動の社会化のエージェント
　　③ 国際移動の社会化の方法・社会化効果
　　④ 理論仮説の提示

【実証分析】

仮説の検証（国際移動への志向の影響要因の検証）
　第2章【国際移動への志向はどのように生まれるか
　　　　　　―関西地域の大学生の質問紙調査から―】
　第3章【国際移動への志向とライフコース
　　　　　　―国際交流ボランティアのインタビュー調査から―】
　　　　↓
　　① 国際移動への志向を形成する要因の分析
　　② 国際移動への志向のパターンの検出
　第4章【親から子どもへの社会化における異文化接触が与える影響
　　　　　　―関西地域の大学生の質問紙調査から―】
　　　　↓
　　外国人との交流についての子どものレディネスに影響を与える要因の分析

仮説の検証（国際移動への志向を生み出す社会化効果）
　　第5章【帰国子女は国際移動への志向は高いか
　　　　　　―帰国子女受け入れ校の質問紙調査から―】
　　第6章【異文化経験とライフコース―帰国子女のインタビュー調査から―】
　　　　↓
　　　海外生活体験の有無が国際移動への志向に及ぼす影響
　　第7章【ダブルスは国際移動への志向が高いか
　　　　　　―国際結婚を考える会会員への質問紙調査から―】
　　第8章【ダブルスのアイデンティティー形成
　　　　　　―ダブルス（国際結婚から生まれた子）へのインタビュー調査から―】
　　　　↓
　　① 複数の文化の社会化が，国際移動への志向に及ぼす影響
　　② 複数の文化の社会化が，国籍選択とアイデンティティー形成に与える影響

【結論と今後の課題】

　終　章【子どもの社会化と国際移動に影響を及ぼすもの】

第1章においては，国際移動に関わる従来の研究を検討し，それらの研究が成人期以後の国際移動のきっかけとなった影響要因を中心として検討していることを明らかにする（図0-5）。さらに，「国際移動への志向がどのように育まれるか」について，発達の早い段階における「国際移動への社会化」に焦点を当てる。従来の仮説の検討を通じて，「社会化のエージェントは誰か」，「どのように社会化されるか」について，新しい理論枠組みを提案する。

　第2章においては，大学生への質問紙調査を通じて，初めに国際移動への志向を従属変数として「国際移動への志向にどのような要因が影響をあたえているか」を明らかにし，影響要因のなかでもとくに高い影響力を持つ要因を特定する。次に，大学生の「国際移動への志向」はどのようなタイプが見られるか，分類を試みる。さらに第3章のインタビュー調査を通じて，国際移動に積極的な国際交流団体のボランティアのライフコースを分析する。インタビュー記録を，ライフコースの発達段階に沿って，家族の外国人イメージ，外国人交流歴，地理的移動歴，学校における国際理解教育，国際交流ボランティア活動などのキーワードで分析し，発達の段階で国際移動の志向性がどのように高まったかについて明らかにする。

　第二に，親から付与された異文化に対するイメージは，外国人と子どもとの直接交流の頻度，外国人の人権についての意識にどのように影響するかという外国人との交流に対する子どものレディネスに焦点を当てる。

　第4章においては，第2章の質問紙調査を用いて，子どもの外国人との交流を従属変数として，地域の外国人の居住状況や外国人についての人権学習，外国人に対する家族の考えなどの独立変数が，どのように影響を与えているかを明らかにする。

　第三に，外国人と直接の交流の機会を発達の早い段階から持った場合，より社会化効果が高まるのではないかという仮説を検討する。より社会化効果が高まった例として，帰国子女のケースと国際結婚から生まれた子どものケースを取り上げる。

序章　現在の国際化の状況

　第5章においては，帰国子女受け入れ校を調査対象とし，質問紙調査によって帰国生と一般生（海外渡航経験のない生徒）を比較対照しながら，親からの外国人イメージの伝達のされ方，国際移動への志向性の差などを明らかにする。さらに第6章では，帰国生を対象としたインタビュー調査を通じて，海外生活から帰国後の生活までの過程において社会化効果を高めた要因は何かについて探る。

　第7章においては，国際結婚から生まれた子どもを対象として，質問紙調査によって生まれた時から二つの文化を社会化されてきたか，そして複数の文化の社会化によって，国際移動への志向がどのように高まったかを明確にする。さらに第8章では国際結婚から生まれた子どものインタビュー調査によって，このような社会化の効果として，国際移動への志向性の高まり，アイデンティティー形成にどのような影響を与えたか，彼らの発達段階に着目して分析をする。

▶▶▶ 第1章
国際移動と社会化に関する従来の研究
▶▶▶▶▶▶▶▶▶

　この章では，国際移動に関する従来の仮説を検討する。

　第1節では，国際的な環境の変化によって，国際移動に関わる状況要因ではなく，国際移動への志向を生み出した社会化要因に着目した新しい仮説が，より必要とされていることを述べる。

　第2節では，国際移動をめぐる要因がどのようなモデルのもとに論じられてきたかを検討する。序章で述べたように，国際移動に関する従来の研究は，移動を生み出す国際的な環境，移動を通路付けた要因など，移動をした人びとを対象としてその状況要因を探った研究がほとんどであった。移動への志向を生み出す社会化過程にはほとんど，目がむけられてこなかったことを明らかにする。

　第3節においては，国際移動への社会化過程を分析するために，「国際移動の社会化が行われているなら，その社会化のエージェントは誰か」について，従来の理論を検討する。

　第4節においては，「国際移動への社会化は，どのように行われているか」について，アメリカにおける先行研究を紹介しながら，異文化と子どもが接触することによっておこる子どもの意識の変容をさぐる。

　第5節においては，「子どもの国際移動への志向を形成する社会化過程」に着目し，子どもの発達段階に沿った社会化の段階的モデルを提案し，影響するであろうすべての要因の布置を行う。さらに「国際移動への社会化はいつ，行われるか」について，これらの要因が，社会化のどの段階で効力を持つかについて検討する。さらに，国際移動における社会化効果がさらに高まった例とし

第1章　国際移動と社会化に関する従来の研究

て，帰国子女や国際結婚から生まれた子どもを対象とした研究を検討しながら，社会化過程におけるより効果的な要因を明確にする。

　第6節においては，本章で展開した概念枠組みがその後の章でどのように実証されるかを説明する。

第1節　国際移動へのアプローチ

1．国際移動と国内交流

　日本人が異なる文化と関係を持つ仕方，すなわち国際関係を結ぶ方法は，二つに分類できる。一つは自分が海外へ移動して，異なる文化を持つ国で生活をし，その文化を実体験する方法である。もう一つは，国内に留まり，海外から来た人びとと交流を持って，その文化を実体験する方法である。言い換えれば，自分が外に出て，異文化をマジョリティーの文化として受け止める国際移動の場合と，自分が，国外から移動してきた人たちと出会い，異文化をマイノリティーの文化として受け止める国内交流の場合とに分けられる。

　自国で外国人と接することによって受け止めたマイノリティーとしての異文化は，自国における文化の序列の影響を受け，より優勢の異文化ほど，個人の強い興味を喚起して，異文化の中に自身をおいて生活をしたいという国際移動への志向へと発展する。本章では国際移動への志向に焦点をあて，国際移動への志向を生み出す影響要因を探ることを研究目的とする。

2．国際移動へのレディネス

　国際移動とは，自分が所属している集団から出て，外の集団に一時的に逗留することによって，異文化と接触することをいう。国際移動の長期の機会として「出入国管理年報　平成12年」において分類されている渡航目的のうち，「海外支店等への赴任」を海外就職，「同居」を国際結婚，「永住」を海外居住，「学術研究・調査」および「留学・研修・技術提供」を海外留学として捉えた。

国際移動が頻繁に行われる今日の国際社会では，国際移動を志向するかどうかによって，個人のライフコースが大きく変化する。「行って帰る」頻繁な移動では，その国の生活スタイルに慣れる時間もないままに，次の移動が始まることになる。短期間の滞在において移動先の人びととの交流を持つためには，国際移動に対するレディネスが必要である。

　ところが，日本では，地域において子どもたちが日常的に外国人と遊んだり，学校で机を並べて勉強したりする機会は乏しい。外国人との交流の実体験が少ない中で，外国人に対する風評を鵜呑みにして，家族の中に外国人に対する悪いイメージができあがり，そのイメージによって，子どもが成長過程で外国人と交流を持つ機会が少なくなる例もある。

　すなわち，交流以前に外国人に対するステレオタイプが形成されることによって，国際移動に対する志向が，非積極的になる可能性が高い。

　現状では，異文化に接する機会が少なく，国際移動に対する志向も低い者が多いと予測される。また国際移動を志向している者のほとんどは，企業の命令などによって移動することを前提としているかもしれない。個人で国際移動をしようとするほど，積極性を持つ者は，どのくらいの割合になるだろうか。またそのような国際移動への積極性を醸成した社会化過程とはいかなるものなのか。

　そこでこれらの点を明らかにするために，国際移動に関する従来の研究を検討し，新しい概念枠組みを提案したい。

第2節　国際移動に関する従来の研究の検討

1．国際移動の従来の研究

　従来，国際的な労働力の移動は「移民」の研究として捉えられてきた。「移民」は，国境を超えて移動する人びとであり，狭義には通常永住するつもりである人びとと考えられていた。しかし，先述したように通信，交通，運輸手段

の発達した今日，外国に一時滞在した人たちが受入国に定住，永住，そして帰化という道を辿る傾向は弱まりつつあり，一時的長期滞在者としての「行って帰ってくる頻繁な国際移動」が主流になってきている。

　このような国際移動の変化は，「なぜ，国際移動を志すか」といった移動の動機づけにも大きな変化を生み出した。移動者は，国際移動が一生に一度の人生上の重要な出来事と見なくなり，国を超えることを大きな障壁と考えなくなった。たとえば，日本ビジネスの海外への発展とともに，駐在員を中心とした海外長期滞在者は，企業の社命によって移動する。このような長期滞在者としての移動動機に関する先行研究として，押し出し─吸引モデル（push-pull model）は，国家間の労働移動をマクロに捉える従来からのモデルとして，多くの研究者によって援用されてきた。

　いろいろな観点から捉えた国際移動へと向かう多様な原因を整理するために，E. カッツとP. ラザースフェルトは原因説明図式を援用した。移住への圧力として作用する出身国での不都合な状況（押し出し要因），もとの国での退去を余儀なくさせた引き金的出来事（引きの要因），新しい国に移住者をひきつける魅力（吸引要因），さらに，新しい国での友人や親族などのサポート（水路づけ要因）をあげ，さらに押し出し─吸引モデルを精緻化した（Kats & Lazarsfeldt, 1978, pp. 190-191）。

　これらのモデルにおいて，押し出し要因，吸引要因として示されたのは，移動元と移動先の国レベルのマクロな要因である。たとえば，国際労働移動モデルにおいては，国レベルの経済格差が国際移動を生み出す最も重要な要因として捉えられている。同様に階層上昇説も，社会階層における階層格差によって，より上昇願望が生まれ国際移動を生み出すというマクロな社会構造上の格差が個人の要求に影響を与えるという仮説を提示している。

　水路づけ要因を中心的な要因として示しているのが連鎖的移住説である。移動元の社会的ネットワークが移動先でも機能し，個人に社会的援助を与えるという。またさまざまなメディア誘引説は，国外就職先のみならず，海外就職し

た先輩の成功談などを紹介することによって，より国際移動がたやすい印象を与えている。

　引きの要因を中心にモデルが展開されているのは，規制緩和説と所属集団逸脱説である。国際移動に関する法規制の緩和は，多くの人びとを国際移動へと向かわせるきっかけとなる。また所属集団の規範に否定的な人にとっては，集団の外に移動することによって，集団の統制から逃れることができるがゆえに国際移動へと向かうであろう。

　以下は，それぞれのモデルに基づき展開された従来の研究とその成果である。

2．国際労働移動モデル

　水上徹男は，押し出し要因として，主に低い生活水準，人口過剰，失業率の高さ（潜在的失業要因）を，さらに吸引要因として労働力の需要とそれに伴う出身国の高賃金や居住地の提供など経済・社会要因，政治的自由をあげた（水上，1996）。

　またこのモデルは，開発国から先進国への単純労働者の移動モデルとして使用されるだけではなく，高度熟練労働者の移動モデルとしても援用されている。たとえば，南谷恵樹はこの押し出し—吸引モデルを高度技能労働者の先進国間の移動に援用して，分析している（南谷，1997）。最近ではOECD Policy Briefにおいても，高度熟練労働者の国際流動性の分析においてこのモデルを使用し，高度熟練労働者が移動を決める場合，よりよい経済的機会に反応し移動していると結論づけている。しかしながら，高度熟練労働者特有の移動の動機づけとして，報酬だけではなく知的探究心の充足がなければ移動に向かわないとも述べている。

　また，S.サッセンは，貧困から豊かな国へという移民送出モデル（押し出し—吸引モデル）がすべての国において発生していない点に着目し，移民発生の要因として外国投資や西洋文化の影響等を含めて構造的に分析した（Sassen, 1988）。

3．連鎖的移住説（chain migration）

　連鎖的移住説は，移住者が移住先の選択や，移住先での居住地の選択に関して，親族や同郷者といった個人の社会的繋がり（chain）が重要視されることに着目して分析する。

　すでにエスニック・コミュニティが形成されている場合は，そのコミュニティが水路づけ要因として機能し，都市部を中心に特定の同一エスニック集団が集中することになる。

　たとえば，長坂は，連鎖的移住説によって，フィリピンからイタリアへの移住による親族ネットワークを分析した（長坂，2003）。

　海外赴任による一時的移住も，赴任の前任者から住居を引き継ぎ，日本人が多く居住し生活環境も整い，日本人学校も完備された地域に赴任家族が多く住む事例が多い。会社による繋がりが，移住先を決定するという意味で連鎖的移住説を援用できる。町村敬志によるロスアンジェルスにおける駐在員コミュニティ（町村，2003）や，ホワイトによるロンドンにおける日本人の分析（ホワイト，2003）も同様に連鎖的移住説をもとに分析している。

4．規制緩和説

　送り出し集団の法的，社会的，宗教的規制が緩やかで，しかも受け入れ側も同様に規制が緩やかである時，国際移動への志向が生まれる。国際移動をしたいと思っても，実際には受入国側の入国管理政策によって，規制がかけられ，国家間を自由に移動できるわけではない。規制の緩和が，引き金となって国際労働力が移動先へと流れ込む。バブル期の入国管理法の改正（1990年）が，在留外国人とくに日系ブラジル人の増加を促したことは前述した。

　三好博昭は，各国の出入国管理制度の比較をすることによって，外国人労働者の受け入れがいかにコントロールされたかを分析した（三好，2003）。

　また国際結婚においても，チェルローニ－ロング（Cerroni-Long, E. L., 1985）は，国籍に関する法律や宗教上の規制が緩やかな国同士の国際結婚が成立し国

際移動が起こる可能性が高いと述べている。

　1980年に日本とオーストラリアの政府間協定によって開始されたワーキング・ホリデー制度は、両国が互いの文化の理解を深める目的で青年を対象に最長1年の滞在許可と共に就労も許可されている。さらにニュージーランド、カナダと提携国も増加して1992年以降は日本から年間1万人以上の青年がこの3国のプログラムに参加した（水上、1996）。たとえば、オードリー・コバヤシによると、カナダ移民の3分の2が女性であり、移動した女性の学歴は高く、留学生やワーキング・ホリデービザで入国し、カナダ人と結婚をして移住しているという（コバヤシ、2003）。

5．階層上昇説

　石井由香は「国際結婚」の現状において、国際結婚の組み合わせの変化を次のように説明している。石井は、20年ほど前まで、日本においては、「日本人女性と外国人男性」との結婚が多かった理由は、女性が経済力などにおいて劣位にある日本から欧米へと移動したと説明する。しかし1970年代に入って、経済的発展を遂げた日本は、周辺のアジアの国に対して経済的優位となり、「日本人男性とアジア女性」という婚姻件数が急速に増加し「妻日本人で夫外国人」の婚姻件数をはるかに上回ることになった。石井は「夫日本人妻外国人」の場合、妻の国籍で最も多い国が、フィリピン、韓国、中国、タイであることをあげ、彼女らの夫との出会いの場として、1980年代における日本人男性の「売春観光」、こうした諸国、地域からの性風俗産業への流入、そして1980年代後半から始まった民間結婚仲介業によるアジアの花嫁紹介をあげている（石井、1995）。石井はアジアの女性たちが、経済的な報酬を得るための上昇婚として国際結婚を捉え、上昇願望という吸引要因のため、国際結婚という形で日本へ国際移動したと分析している。

　上野千鶴子は、「複合差別論」において、女性が通婚によって人種階層を上昇する機会を男性より多く持つことをあげている。上野は、女性作家による文

第1章　国際移動と社会化に関する従来の研究

学作品の中における人種間通婚（主に戦後のアメリカにおける多民族社会を背景とした事例が多い）の事例分析を通じて，女性が社会的地位を上昇させるため，自分より上のマジョリティーの階層の男性と結婚する傾向を指摘している。この戦略は当の女性にとって，「抑圧からの解放」にならないばかりか，新たに優位集団内部で彼女と彼女の子どもは少数民族として有標化を受け，より抵抗力の少ない弱者として組み込まれるという差別の実態を分析した。女性が性差別，民族差別の複合差別を受けていると結論づけている（上野，1996）。

　国際結婚による移動の動機付けを考察した研究として石井の「国際結婚の現状」（石井，1995），上野の戦争花嫁をとりあげた「複合差別論」（上野，1996），いずれも，移動する前の所属集団が劣位にあり，移動先で優位な生活が約束されていることを前提としている。

　その意味では，押し出し—吸引モデルの国際結婚版とも解釈できる。これらの説において，国際結婚移動するのは，常に女性側で男性側ではない。女性は貧しい国から経済的に豊かな生活を求めて，結婚という手段によって，法的規制をくぐり，上昇移動するというモデルである。石井や上野の述べる上昇婚は，移動する女性の上昇動機は個人的なものではない。彼女らの親族や地域集団が，国際結婚をする女性を通じて，経済的な報酬を得る，すなわち国際結婚をした女性の結婚目的は，仕送りをすることによって，親族の生計を支えることである。ジョーンズは，日本へ移住したタイ女性のケース・スタディーにおいては，タイの村では，両親や親族が快適にすごすために必要な資金を毎月送ってくれる日本人男性とタイ人女性との結婚が成立することが，「成功」とみなされると述べている（ジョーンズ，2003，p.54）。

　これらの先行研究の押し出し—吸引モデル，連鎖的移住説，規制緩和説では，移動の個人的動機づけより，個人の所属している集団が国際移動によって得られる経済的報酬や社会的報酬をいかに個人に対して要請したかという国際移動に対する集団的動機づけの過程に力点を置いて説明がなされている。いずれも集団レベルの動機づけの分析にとどまっているので，国際移動に対する志向を

形成する個人的動機づけ過程が明らかにされていない。国際移動への志向を個人レベルで捉えた説として下記の説がある。

6．所属集団逸脱説

先の押し出し―吸引モデルの個人レベルの分析モデルとして，押し出し側の要因に個々人の所属集団への否定的な見方もしくは母国での生活のフラストレーションなどがあげられる。吸引側の要因に，移住先に対する肯定的な捉え方や，目的地に対するイメージ形成があって，移動への志向が発生するという説である。

杉本良夫は，「日本からの難民」というパースペクティブの欠如を指摘して，「会社難民」，「教育難民」，「地縁難民」という三つのカテゴリーをあげた。「会社難民」は，日本企業の上下関係や長時間労働を避けて，海外に「脱サラ」したケースであり，「教育難民」は，日本の大学に落胆して，海外で勉強し直すケースや，帰国子女としていじめにあい，一人で海外の学校へ戻ったケースである。「地縁難民」は，外国籍の住民として日本で住み難かった在日外国人のケースのように，日本の地縁から外された，もしくは，自発的に外れたケースである（杉本，1990）。これらのケースも日本の社会に否定的な見方をするがゆえに，国際移動を選択した所属集団逸脱説で説明される。

押し出し側におけるジェンダーに起因するフラストレーションも，女性を国際移動へと志向させる。コバヤシは，カナダに留学やワーキング・ホリデーや，国際結婚で移動してきた女性へのインタビューの中で，しばしば日本では「女の子はこうでなくてはならない」といったことが彼女らを束縛していたこと，移住先のカナダではこれらの束縛から自由になったことが語られることを述べている（コバヤシ，2003，p.233）。

7．メディア誘引説

海外就職や海外移住がいかに魅力的であるかといった特集を組む求人情報誌

や移動先国のポップスや映画などの大衆文化に惹かれて，移動を志向するケースである。移動の誘引すなわち吸引要因としてメディアが大きな役割を果たす。岩淵功一は，90年代に東アジア地域のメディア産業・市場の相互連携が進む中で，香港のポピュラー・カルチャーは，従来の「遅れた」「素朴な」アジアのイメージと異なり，「おしゃれで現代的」な場として人気を集めるようになったと指摘する（岩淵，2001）。こうしたポピュラー・カルチャーや香港への旅行の延長上に，香港での長期滞在があるとする。

8．国際移動に関する従来の仮説の検討

これらのモデルは，国際移動をめぐる状況要因を分析するには，有効な要因があげられている。

国際移動に関する従来の研究はその移動の要因を，さらにマクロな集団レベルと個人レベルに分けると，図1－1になる。マクロな集団レベルにおける調査は，積み重ねがあるが，個人レベルの要因に関しての調査研究は少ない。

マクロレベルの要因は，国際移動の大きな流れを作る要因である。南北格差といわれる開発途上国から先進国への労働力移動，戦争や政治的不安定による難民の増加，EC諸国の規制の緩和など。これらの要因は，個人の国際移動への志向性を方向付けるマクロな要因である。

地域や家族，特定の知識や技術を持った人たちの社会的ネットワークがすでに存在する所では，母国の同様のネットワークと連携して，個人を移動させるシステムができる。多国籍企業に所属し赴任先のコミュニティーになじまないソジョナー（sojourner）も，同じ出身国の企業の後任者たちを，次から次へと一定の地域へ呼び寄せる。このような連鎖的移住では，企業社会の繋がりを生かしたエスニック・グループが形成されることが多い。

こうした人の繋がりによって，移動前から移動先の情報が伝えられ，移動後もさまざまな支援が提供される移動もあるが，メディアによって移動先の情報が流布され，人びとの興味を喚起することによって，移動が促される場合もある。

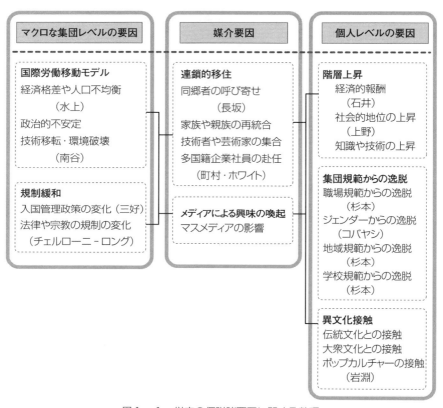

図1-1 従来の仮説諸要因に関する整理

　国際移動の個人的要因は，階層上昇のための移動，所属する集団からの逸脱のための移動，さらに異文化への準拠による移動などがある。報酬や社会的地位，知識の上昇，異文化接触は移動国へひきよせる要因である。また移動元において，所属する集団規範に個人がなじまないから移動する（たとえば脱サラ，登校拒否，ジェンダーからの解放など）は個人を移動先に押し出す要因となる。
　しかしながら，従来の仮説に掲げられた要因を整理した図式（図1-1）では，

国際移動した原因は解明できても，そもそもそのような国際移動への志向はどのように生まれてくるのかというプロセスは説明できない。たとえば，報酬や地位，知識・技術などは，日本において得ることは充分可能であるのに，なぜ国外へ移動してまでそれらを求めるのか，所属する集団から離れて国外に渡ることによって自分が求める生活を得られるとなぜ考えるのか，なぜ，異文化に対して興味がわくのか，この図式では説明ができない。国際移動をめぐるこれらの問いに答えるには，社会化過程において国際移動への志向がどのように涵養されたかという国際移動の社会化過程を明らかにする分析枠組みが必要である。

第3節　国際移動の社会化過程におけるエージェント

　社会化は文化の内面化である。自国の文化の内面化とともに，異文化の内面化を担うエージェントは，家族，学校，メディア，地域集団などが考えられる。本節では国際移動の志向が，「誰によって，社会化されるか」について，まず解明をしたい。

　従来の理論では説明されてこなかった国際移動の社会化過程におけるエージェントに焦点を当てる。なぜ，文化的に近く，日常生活で交流の多いアジアの国々に国際移動を志向する若者より，欧米の国々に国際移動を志向する若者が多いのか。その答えは，すでに社会化のエージェントによって，文化の優劣がつけられ，その優劣が子どもの異文化接触に大きな影響を与えるからである。社会化のエージェントは，まず準拠他者が考えられる。マートンの準拠集団の理論は，優位の社会集団の規範へ同調することによって上昇異動をするという仮説を展開している。

1．マートンの準拠集団説

　R. K. マートンは，個人が自分の所属する集団以外の集団の価値へ積極的に

志向すること（将来を見越した社会化）を指摘し，自分がまだメンバーになっていない集団の規範に同調し，現在の所属集団の中で「非同調者」になる可能性を示唆している（Marton／訳書，1969，p.203）。このマートンの「準拠集団の理論」によると，社会的移動における上昇移動，すなわち昇進を希望する者は現在所属している階層の規範よりもより上層の集団の規範を採り入れる傾向があることになる。そしてこのように基準を設定する準拠集団を「規範としての準拠集団」と考え，どの準拠集団を個人が志向するかは制度によって付与された正当性に関連があると述べている（Marton／訳書，1969，p.207）。国際移動が，上昇移動を伴った地理的移動という特質を持っているなら，国際移動を積極的に志向する者はその国際移動によって上昇移動することを期待し，すでに国内にいるうちから移動を希望する外国の人びとと交流しその規範を身につけようとするであろうことが予測される。いわゆる，社会移動における予備的適応説である。

　社会化の過程で，国際移動を上昇移動とみなすためには，異文化に対して家族から良いイメージが与えられ，その国に移動することによって高い生活水準が約束されていることが前提となる。ゆえに外国人との交流に積極的になるかどうかは，家族から聞いた外国人に対する風評も交流の糸口を左右する大きな要因であるので，本人の外国人に対する意識のみならず家族の外国人に対する風評も移動動機にかかわると思われる。社会化段階における家族内における外国人に対する風評，地域における外国人との交流という二つの要因が，国際移動に対する志向に大きな影響を与えるのではないかと考えられる。この二つの影響要因に着目したのは，これらの要因は社会化の早い段階で作用し，その後のライフコースにおいて国際移動を考えるにあたっての通路づけ要因となるのではないかと考えたからである。では，上昇移動を志向するエネルギーとしての高い達成動機は社会化の過程でどのようにして生ずるのだろうか。

第1章　国際移動と社会化に関する従来の研究

2．オルポートの家族風評説

　G. W. オルポートは「偏見の心理」の中で，家族が子どもに「同一化」というメカニズムを通して社会規範や社会的価値観，態度，意見を伝達するプロセスにおいては，ある集団に対する拒否的態度も寛容さのいずれも家族の慣習から子どもへと学習されることを指摘している（Allport／訳書，1968）。とくに子どもがある集団について，その集団と交流もなく知識もない状況では，最初に発せられた親しい人たちからの情報がそのまま受け取られる傾向にあると述べている（Allport／訳書，1968，pp.248-250）。

　オルポート仮説：子どもの社会化の過程で，あるグループに対する拒否的態度や寛容さはいずれも家族から学習される。

　さらにオルポートは家族によって伝えられた態度が，自分たちと異なるグループのステレオタイプとして学習され浸透化していくには，子どもを取り囲む仲間グループや学校，地域社会の規範が大きな補強力を持っていると述べている（Allport／訳書，1968，pp.272-273）。

3．家族からの独立訓練説

　S. M. リプセットとR. ベンディクスは早期の家族からの独立への訓練は，高い達成動機と結びつき社会的移動に繋がると述べている（Lipset and Bendix／訳書，1969，p.231）。

　リプセットとベンディクスによると，人は，ある社会の中で与えられる評価によって，自己評価は大部分決定し，人の行動は，好ましい自己評価をさらによくしようとする貪欲な望みによって導かれると述べている。国内で得られた地位やその経歴からの評価が，さらに国を超えて国際的になることを望み，そのような達成動機が，国際移動へと人を動機づける。国際移動によって得られる物理的な報酬に加えて，移動によって国際人として威信が上積みされ，自国

35

と異なるより困難な状況を克服するという達成動機が，国際移動への志向を高める。このことは，家族という小宇宙から，社会へ飛び出しそこで成功を収めることと同型のモデルである。

　国際移動を志向することは，将来現在の家族や地域の生活システムの枠外へ出ることになるから，社会化の早い段階から，さまざまな価値観を持つエスニック・グループと交流し家族とは異なる価値観に接するような異文化接触の中で人生上の重要な他者（significant person）と出会うことによって，国際移動に対する志向を高める。現在の自分の人生の進路に重要な影響力を持つ人，すなわち，将来の生活設計の相談相手に家族以外の人がいるほうが，家族から意識のうえで独立しており国際移動に積極的であると考えられる。

　国際移動の社会化に対して，どのようなエイジェントが一番強い影響を与えたかを特定することは，従来のコミュニケーション研究の例を引くまでもなく難しい。家族か，準拠他者なのか，異文化を紹介したメディアの影響なのか。理論仮説においては，このようなエージェントの複合的影響は考えなくてはならないが，とくに社会化の早期における家族の影響，その後の準拠他者としての友人の影響に焦点を当てて分析を進める。

第4節　国際移動の社会化とその方法

　異文化接触の経験（すなわち二つの文化を社会化された経験）がどのように国際移動への志向に影響を与えるのだろうか。移民を大量にこれまで受け入れてきたアメリカ合衆国は，多民族国家とも呼ばれている。移民として先祖が合衆国の地を踏んでから相当に年月が流れ，すでに3世，4世以後の世代ともなると言語，慣習，あるいは価値観などが変容はしているが，依然として多くの文化的特質において，祖先の文化の伝統を受け継いでいることがさまざまな経験的研究によって明らかにされている。このような経験的事実を解釈するうえで，次の三つのようなアプローチがこれまで使われてきた。

第1章　国際移動と社会化に関する従来の研究

1．三つのアプローチ

　第一が「アングロ・コンフォーミティー・アプローチ（The Anglo conformity approach）」と呼ばれるものである。このアプローチによれば，新しく移住してきた人たちは，母国語を使うことを断念し，英語を使うように要請されアメリカの生活様式に適応するように求められる。そしてもし移民の集団における文化とアメリカ文化の間に何らかの差異があるならば逸脱として見なされる傾向があった。こうした見解は，社会の均衡が広く強調され，内的一貫性が必要であるという前提のもとに作られたものである。だからこそ「アングロ・コンフォーミティー・アプローチ」は時間がかかってもアメリカのホスト文化を維持している上位社会に適応することが求められたのである。

　第二に登場したのが「メルティング・ポット・アプローチ（The melting pot approach）」と呼ばれるものであった。このアプローチは先のアプローチのように一定のホスト文化規範を押しつけたりするものではなかった。しかし「エスニック・グループ」の持つ多くの異なった「エスニシティー」の中で融合されるがごとく同化や変容によって失われると仮定した。そしてこのような状況に置いて，ホスト文化は恒常的に存在せず，新しい規範や価値が常に生まれ社会全体が発展していくと考えられた。

　第三に登場した「文化的多元主義アプローチ（The cultural pluralism approach）」は，「アングロ・コンフォーミティー・アプローチ」のように「エスニック・グループ」に絶対的な文化規範を押しつけたり，また「メルティング・ポット・アプローチ」のように「エスニック・グループ」の文化規範の変容が絶えず起こることを前提としたりするアプローチではない。このアプローチにおいては，上位社会によって「エスニック・グループ」の多様な文化規範が維持されることを前提としている。このような文化多元主義では，それぞれの「エスニック・グループ」は分離してはいるが，平等であり，それぞれの文化規範は尊重されている。また，上位社会に対してそれぞれの「エスニック・グループ」は完全に統合されていない。このような状況のもとでは，「エスニック・

グループ」にそれぞれの文化規範を温存させる条件は揃い，それぞれの「エスニシティー」は失われない。

このような親から子への社会化の過程で異なる二つの文化をどのように社会化するかについては，三つの方法が提案されている。

一方，国際移動における社会化を問題関心とした研究は，「海外帰国子女」に関する研究として，帰国子女受け入れ機関を中心として実施された研究が多い。

2．日本における「帰国子女研究」

1988年，カニングハム久子の『海外子女教育事情』，1991年，箕浦康子による『子供の異文化体験』，1993年，岡田光世の『ニューヨーク日本人教育事情』などはその代表的な「帰国子女」についての研究である。このように海外体験を経た日本の子どもの問題は「帰国子女問題」としてクローズアップされたにもかかわらず，日本において異文化経験を積みつつある在留外国人の子どもたちを対象とした研究は少ない。1994年，奥田道大・広田康夫・田嶋淳子らの『外国人居住者と日本の地域社会』はその数少ない研究の一つである。日本が海外移民や1990年まで定住外国人を多数受け入れてこなかったことや，過去の外国人子女がインターナショナルスクールに通い，公立学校において文化不適応の問題が表面化しなかったことも研究業績が少ないことに影響している。

従来の帰国子女研究は，先ほどの三つのアプローチでいうと「アングロ・コンフォーミティー・アプローチ」による「適応」という概念を中心として研究されている。

たとえば，岡田（1993）は，ニューヨークの日本人教育者によると男子が現地校で不適応を起こすことが多いといい，男子の方が勉強に対する親の期待が大きい分，プレッシャーも大きいと述べている。日本人の親がどちらかというと生活面では男子を甘やかして育てることがこの不適応につながると分析している（岡田，1993）。

さらに，カニングハム久子（1988）はその臨床例の中で「父親の家庭での態度」と「アメリカにおける学習障害児の現地の学校への適応度」との関連に着目している。

　上野千鶴子は，これらの帰国子女研究から「異文化適応には，行きの異文化適応と帰りの異文化適応の二つの側面がある。ここで問題になるのが，文化のハイアラキーである。同化主義は優位文化に対してしか働かない」と同化主義が異文化適応の原理として帰国子女に働くことを示唆している（上野，1996）。

　また箕浦（1991）は，調査結果から「母がアメリカ人と接触する頻度」そして「母の英語使用能力」などが，「子どものアメリカ人との交友頻度」に影響を与えると結論づけ，アメリカへの同化進度に寄与する要因分析を行っている。

　以上の帰国子女研究において，仮説を持って検証をした社会学的な調査研究としては，箕浦の調査研究があげられる。

3．箕浦康子による「帰国子女」におけるアメリカ文化同化過程に対する研究

　箕浦（1991）の『子供の異文化体験』は，1976年10月から1978年2月までの間にロスアンジェルスで家庭訪問しインタビューした50の家族と114人の子どもが調査の中核をなしている。箕浦は，アメリカと日本という二つの文化の間で生育した子どもらの，一様ならざる文化的アイデンティティーの形を，何歳ごろどのくらいアメリカで暮したかという観点から整理した。箕浦によると，「文化的アイデンティティーの問題を，日本人意識とアメリカ人意識との相克と捉え，問題点を浮き彫りにするようなケースを手掛かりとして，日本に帰国した時の復帰ショックの大きさを左右する発見に努めた」（箕浦，1991，pp.168-169）と述べ，日本人意識と，アメリカ人意識の相克を分析の中心としている。箕浦の「文化的アイデンティティー」とは，「国籍がどこであれ，日本人であるとかアメリカ人であるとかいうことからくる深い感情，ライフ・スタイル，立居振舞い，興味や好みや考え方を全部ひっくるめたものをいうが，それはその文

化の意味空間と密接な関係にある」(箕浦，1991，p.246) と定義している。
　事例調査の結果は下記のように要約されている (箕浦，1991，pp.168-169)。
　　(1)　9歳未満では，対人関係のアメリカ意味空間は摂取されていないようで，帰国した時にその面での違和感に悩むことは少ない。日本帰国後の適応は，日本語の力がつくに伴い，好転する。
　　(2)　復帰ショックの大きさは，帰国時の年齢や滞在期間の長さのみならず，アメリカでの生活体験の質―とくにアメリカ人・日本人との付き合いの程度にも影響される。
　　(3)　中学・高校時代をアメリカで過ごした場合は，行動面や認知面では深くアメリカ化していくが，心情面では日本的なものを残していくケースが多く，それが帰国の復帰ショックを軽減する。
　　(4)　アメリカ的な対人関係行動の背後にある意味空間への心情的同化が起こりやすいのは，9歳前後から14歳から15歳までをアメリカで生活した場合である。
　　(5)　対人関係行動の文化的枠組みは，16歳から17歳までに摂取され，自己像の一部となる。これが，日本人意識とかアメリカ人意識の核となる。
　　(6)　自分を日本人と思うか，あるいはアメリカ人と思うかという文化的アイデンティティーには，どの言葉で自己表現を一番容易にできるかが深く関係している。
　箕浦は，年齢や滞在中の準拠集団や英語力が，子どものアメリカ文化への同化に深く関与していると述べている。さらにこれらのインタビュー記録の内容をコード化し，量的な調査としてアメリカ文化同化過程に寄与していると思われる要因を量的に分析し，母と子のデータ72ケースを重回帰分析している。
　箕浦は，「アメリカ文化の同化の深度」に対して，最も子どもの英語力が密接な関係にあること，さらに「家族外の仲間集団との関わりの深さ」と言う家族外の環境が，「母の英語使用力」などの家庭内の環境より大きな説明力を持つことに着目し (図1－2)，従来の親子関係中心の社会化に一石を投じるデ

第1章　国際移動と社会化に関する従来の研究

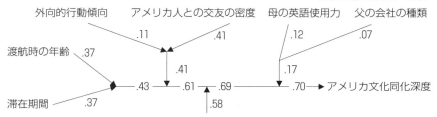

図1-2　箕浦康子アメリカ文化同化過程に影響している諸要因の寄与率（R^2）

注：箕浦は，上記の数字を次のように説明している。
　「この図によれば，渡航年齢と滞在期間との間には，アメリカ文化同化深度の全変動のうち37％をそれぞれ説明している。この二つの変数の間には，入国年齢が若ければ若いほど，滞在期間は長くなるという関係があるので，この共変関係部分を除去したところ，滞在期間と渡航時年齢を合わせた発達要因の寄与率は，43％となった。アメリカ人との接触頻度の寄与率は41％，外交的な子どもほどアメリカ人と親密になりやすいためか，「外交的行動傾向」の変数を付加しても，説明力は上昇しなかった。発達要因の寄与率43％に，日本人の子どものアメリカ化過程への家族外の社会化環境要因の寄与率41％を合わせたものは61％となる。」（箕浦, 1991, p.266）

ータであると述べている（箕浦, 1991, p.268）。

　箕浦の設定した従属変数は，「アメリカ文化への同化の深度」であった。インタビューから読み取られたタイプⅠ（アメリカに住みながら，アメリカ人との接触がうすく，その考え方，感じ方は日本的である），タイプⅡ（日本人とアメリカ人の対人関係行動の文法の違いを知っているが，彼ら自身のものの考え方にはほとんどアメリカゼーションが見られない），タイプⅢ（一見非常にアメリカナイズされた印象を与えるが，一歩踏み込むと十分日本的なものを持っている，日米二つの文化を一つの心に共存させている），タイプⅣ（行動を見る限り非常にアメリカ的だが，対人関係行動の文法は判別不能），タイプⅤ（認知，行動，感情すべてが，アメリカ人並みの子）までを設定している。しかしこのタイプⅠからタイプⅤまでは，「アメリカ文化への同化の深度」変数としては内的な一貫性がなく，複数の文化にアイデンティティーを感じるタイプⅢを，同化の深度の中レベルと位置づけるなど，測定変数としての信頼性が疑われる。

帰国子女は，その立場上，これから先何年アメリカに滞在するかについて，自己選択が困難な状況下にある（企業命令で帯同赴任されている関係上）。「アメリカ文化」に同化することを，将来のライフコースにとって，目的合理的なことと捉えられない状況も存在する。また，現地の教育を受け交友関係も拡がり，アメリカ人としてのアイデンティティーを持っていても，日本人の両親から社会化され，家の中では日本的行動様式が多分に維持されていると考えられるので，タイプⅤは，完全に，アメリカナイズされたかどうかは疑問である。

　アメリカに滞在している間は，かれら帰国子女にとって「アメリカ文化への同化」は学校においても，友達関係においても優位な状況を作り出すであろう。しかし，交際をしてアメリカ人の目に映る帰国子女は，その外見上も日本文化のルーツを持つエスニックな存在と捉えられているに違いない。後の本論文におけるインタビュー調査においても，滞在当時赴任国の文化に深くアイデンティティーを感じながらも，外見上の特徴から友達からもエスニックな存在として扱われ，どんなにアメリカナイズされながらも，自分が日本人であることからはのがれられないと冷静に捉えている帰国子女のインタビュー例があった。

　箕浦の調査は，「赴任先文化への同化」を従属変数として「帰国子女」の例を扱ったため，滞在期間における対人関係行動の分析には有効でも，帰国後のライフコースを分析するには難がある。先述のように「小学校」段階で帰国する帰国子女が大多数である状況を鑑みると，帰国子女にとっては帰国後のライフコースがいかなるものになるかが重要であり，滞在時の異文化接触の体験も，滞在の一時期に限られることなく，帰国後のライフコースでいかなる影響を及ぼしたかという長いスパンでの分析が必要とされているのではないだろうか。

4．日本における「国際児」（国際結婚から生まれた子）に関する植木武の研究

　箕浦の調査は，「帰国子女」の事例研究を通じて，一つの文化圏から他の文化圏へ行った時，異なる行動パターンの取得には，臨界期があることを検証した。この臨界期の上限は14歳から15歳頃にあると述べている。そして箕浦は，

従来の社会化の研究は，一つの文化圏で育つ子どもを対象としていたため，自文化に馴染むためにどのくらいの期間が必要かは問われなかったが，成長途上でアメリカへ移り住む子たちの社会化を考察すると，自国文化の中でどのくらい暮らし，異文化の中でどのくらい暮らしたかが，最も重要な変数となると述べている。少なくとも，9歳になる前に渡米した子どもは，自文化文法が確立されていないので，行った先の文化文法を抵抗なく受け入れること，アメリカの文化に同化するのに約6年から7年かかること，対人関係の意味空間が体得されるのは，9歳から15歳までの6年間であることを提言している。箕浦の調査は，ライフコースの途中で文化圏の移動を経験した帰国子女のケースが研究対象であった。移動の前後に複数の文化に接することによってカルチャーショックが起こることを問題とした。

複数の文化と生まれた時から対峙する国際結婚から生まれた子どもの場合は，どのように複数の文化によって社会化されるのだろうか。日本における国際結婚から生まれた子どもの社会化に焦点を当てた研究は少ない。

その中で，日本において国際結婚から生まれた子どもたちの調査を行った先駆的研究に植木武らの1991年の調査がある。植木ら（1991）は国籍選択に影響する要因として，性，父母の国籍，居住国，第一言語，国籍選択にゆれる心の程度といった独立変数を設定してアンケート調査を行った。調査対象は，日米両国に住む国際結婚から生まれた11歳から23歳までの子どもたち（有効事例79部）であった。その結果，下記のような結果を得た。

① 性別は国籍選択に影響しない。
② 母親の国がアメリカ国籍である場合は，二つの国籍を留保したい傾向がある。
③ 二つの国に揺れる心を持つほど，選択を迫る国籍法に反対である。
④ 居住国（現在住んでいる国がどこであるか）が国籍選択に影響を与える。
⑤ 日本に住んでいる国際結婚から生まれた子どものうち，英語を得意とする者ほどアメリカ国籍を選択し，日本語を得意とする者ほど日本国籍を選

択する傾向にある。

植木ら（1991）の調査は日本人とアメリカ人との結婚という国際結婚の組合せに限られていた。ゆえに，当然調査結果もその制約を受けていた。また国籍選択の質問がどちらの国を選択するかという二者択一を迫った選択肢であったので，二重国籍選択という回答の選択肢を選ぶことができなかった。植木の調査時点でも，この二者択一をせまる現国籍法に反対する者が54.4%いた。現国籍法に反対して二重国籍選択を希望する者が多いにもかかわらず，このような二重国籍選択者の意見は調査には反映されなかった。植木の調査から10年以上たった今，国際結婚は増加し二重国籍を現在保持しいている子どもたちが多い。国際結婚から生まれた子どもは，二重国籍を選択して複数の文化を留保したいという気持ちを抱いている。

箕浦の調査は，自文化から異文化へという複数の文化の鬩ぎ合いというターニング・ポイントを問題にし，その異質性ゆえに反発しあうカルチャーショック（箕浦の言葉によると帰国ショック）が起こることを問題とした。しかし植木の調査で問題となったのは，複数の文化を家庭内で共存しながらも，日本の国籍選択制度のように一つの国籍すなわち一つの文化を選択しなければならないダブルスたちの悩みであった。

5．ソーシャル・ワークの視点からのエスニック家族へのアプローチ

広田康夫（1994）は，日本における外国人労働者の調査から，必ずしも同化に向かわない「適応形態」に着目している。広田（1994）によると，「彼らは，言語や習慣に関して見事に理解を示し，適応する。こうした適応形態の『状況適応的形態』に関する理解なしには，彼らの独特のアイデンティティー形成の問題は理解できない。そしてこの『状況適応的形態』，特定の国家への所属の狭間で揺れるというよりは，自らの『エスニシティー』への帰属を通して主体的に状況に適応していく事実にもわれわれは注目しておく必要がある」と「同化志向」へ向かわないケースに着目している（広田，1994，p.251）。

第1章　国際移動と社会化に関する従来の研究

　すでにマイノリティー研究で蓄積のあるアメリカでは，多様な生活問題に直面したマイノリティー家族を援助するためのアプローチが，ソーシャル・ワークを通じて行われている。エスニック・グループの生活問題を分析する時，カウンセラーはエスニシティーをどのように把握すべきだろうか。R. G. マルガディー，L. H. ログラー，G. コスタンティノによると，カウンセラー自身がエスニック・グループに持っているホストの国の文化に同化させなければならないという思い込みこそ排除すべきだと注意を促している（Malgady, Rogler and Costantino, 1987）。

　「エスニシティー」に注意を払うということは，カウンセラーが「エスニック」文化を理解し，「エスニック」文化と，ホストの文化が対等な立場で交流できる場を用意することが必要であると彼らは主張している。内在化された「エスニック」文化と，ホストの文化間に対等な立場を用意してこそ，その相互作用を維持してこそ，「エスニック」家族の問題解決に向かえるという。「エスニック」文化を打ち負かしたり，「エスニック」文化をホストの文化に同化させたりすることは，その前提には，ホストの文化が「エスニック」文化より優れているという価値判断がある。また移住者は永久にホストの国で生活しホストの国のメンバーになるという仮定もある。

　「帰国子女」研究の対象家族は，経済的な機会を得るため，祖国を離れ，新しいホスト国に永久に住み着くより，すばやく利益を得るために一時的に滞在する人たちである。「アングロ・コンフォーミティー・アプローチ」のような単一的同化を彼らは目標としているわけではなく，「文化的多元主義アプローチ」のように，複数の「エスニック」文化を共存させ，状況適応的に彼らは使い分けているのではないだろうか。

6．「文化的多元主義アプローチ」によるアメリカ先行研究の仮説

　研究対象は，全く異なる文化的背景を持つエスニック・グループのメンバーが相互作用を繰り返すことによって，複数の「エスニック」文化を共存させ，

45

新しい文化を創造することを前提とする。それぞれの研究対象の文化状況によって，家族による社会化過程で「エスニック」文化と自文化の距離をどうとるかは異なり，またその距離は親から子へと社会化される。

さらに子に形成された「エスニック」文化への距離は，その後のライフコースの国際移動にも影響すると思われる。

すなわち，社会化の過程で親が「エスニック」文化に対して持つ価値観（独立変数）が，子どもの持つ「エスニック」文化に対して持つ価値観（従属変数）に影響するという仮説が考えられる。

そこで，複数の準拠集団の影響を受けるマージナルマンの研究やマイノリティー研究から，「親から子へ複数の文化の伝達がどのように行われるか，地域社会の規範は親から子への社会化段階にいかに関わるか」について，従来の研究からの仮説群を検討した。

とくに国際結婚についての日本の先行研究は非常に少ない。国際結婚から生まれたダブルスの社会化過程を分析するためには，先行研究の多いアメリカの仮説群に依存せざるをえない。

（1）パークの仮説—マージナルマン—

R. E. パークは，複数の文化を併せ持つマージナルマンの特徴を下記のように要約した（Park, 1950）。

① 彼は，二つの文化にすっかりアイデンティファイすることが不可能なために，二つの価値観とライフスタイルの間で常に揺れ動くことになる。
② お互いの「エスニック・グループ」に密接に関与しながら，「エスニック」な問題に非常に敏感になる。
③ 彼がマージナルな地位であるという自覚から自意識過剰な状態になりやすい。
④ 両方の「エスニック・グループ」の価値から自由になり，全力で関与するということはしない。客観的であり国際人である。

⑤ 彼はそのマージナルな地位ゆえに，客観的に評価をする，距離をおく，態度をとることができる。

（2）ウィルソンの仮説—両親の社会化とマージナルマン—

また A. ウィルソンは，このパークのマージナルマンの概念を，国際結婚で生まれた子どものパーソナリティー特性の調査に用い，下記のような調査結果を得た（Wilson，1987）。

① 多くの子どもにパークの仮説の①，②，③のように，アイデンティティー・コンフリクトがみられた。その原因は，子どもが相異なるエスニック・グループの間に生まれたからそうなったということではない。第一の原因は両親のエスニック・グループに対する態度が大きく影響していることがわかった。
② 両親がどちらかのエスニック・グループにこだわらず，距離を持って接し，子どもに自発的にアイデンティティー形成を促すなら，④，⑤のようなパーソナリティー特性が観察される。

（3）モトヨシの仮説—エスニック・グループと国際結婚から生まれた子ども—

M. M. モトヨシによると，周囲の環境も，下記のように，このアイデンティティー形成に大きな影響を与えている（Motoyoshi，1990）。

① 多民族的な近隣関係は，国際結婚で生まれた子どものアイデンティティーを育成する時に，肯定的補強を与える。
② 家族は子どものアイデンティティー確立を方向づけ，ストレスを減少する重要な役割を担っている。
③ 社会はエスニック・グループの認知地図を持っており，人びとの行動に対する要請をこの地図に基づいて行う。
④ この認知地図はエスニック・グループに対するステレオタイプとなって他のグループから利用されることもある。

⑤ この認知地図はエスニック・グループ内で子どもを社会化する場合の手引きとなる。

(4) ネイゲルの仮説—エスニック・グループと認知地図—

J. ネイゲルはこの認知地図を次のように説明している（Nagel, 1994）。このような認知地図はエスニック家族だけにあるのではなく，どの家族にも文化の変数として認知地図はあり，家族役割，コミュニケーションパターン，情緒的なスタイル，自己コントロール，個人主義，集団主義，精神性，信心深さなどについて潜在的な認知地図が形成されている。文化の役割は集団のある世代から次の世代へと受け継がれるライフスタイル（それが同じエスニティーであろうとなかろうと）である。

(5) マリー，スミス，ヒルの仮説—差別とエスニック・グループ—

V. M. マリー，E. P. スミス，N. E. ヒルは先行研究を吟味して，親から伝えられる認知地図とともに下記のような変数群もエスニック家族の分析に用いている（Murry, Smith and Hill, 2001）。

　社会経済的地位，近隣関係，地理的条件，子どもの数，親からの役割訓練，社会化の方法，ストレス，差別意識

さらにマリーらは，下記のような仮説を検証した。

①人種差別に関する認知やストレスは夫婦関係，親子関係に影響を与える。

(6) ソントン，チャター，タイラー，アレン，トンプソン，スチーブンソンの仮説—エスニック・グループの社会化—

M. C. ソントン，L. M. チャター，R. J. タイラー，W. R. アレン（Thornton, Chatters, Taylor and Allen, 1990），V. L. S. トンプソン（Thompson, 1994），H. C. スチーブンソン（Stevenson, 1995）は下記のような変数が，とくにエスニック家族の子どもの社会化を分析する時に有効であると述べている。

バーバル，ノンバーバルな親からのエスニックに関するメッセージ
意図的，非意図的に親から子どもへの文化的誇りを伝えること
差別の認識に対するメッセージ，エスニック文化の学び

（7）ヒュージ，ジョンソンの仮説とタイラー仮説―差別とエスニック・グループにおける社会化―

D. ヒュージ，D. ジョンソンは下記のような仮説をたてアフリカ系アメリカ人を対象として検証した（Hughes and Johnson, 2001）。

① 子どもたちのアイデンティティー探しをすればするほど親からの差別に関わる子どもたちへのメッセージは多くなる。→偏見への準備
② 「子どもたちが人種の問題で大人から不平等に扱われた」と親が認知したならば，差別にかかわる子どもたちへのメッセージは多くなる。→偏見への準備
（エスニック家族の親は子どもたちと，偏見や差別について話すのを嫌がる傾向にある。だから親は子どもたちのアイデンティティー探しの疑問に対しては人種的偏見についてのメッセージより，肯定的なメッセージで返答する傾向にある）。
③ 「子どもたちが大人から不平等に扱われた」と親が認知したならば，親は子どもたちに仲間の付き合いに対して警告や注意をする。→疑念の発生
④ 子どもたちが友達から不平等に扱われたと思ったならば，親は子どもたちに仲間の付き合いに対して警告や注意をする。→疑念の発生
⑤ 子どもたちのアイデンティティー探しは，エスニックのプライド，伝統，相違点などの親による強調によって影響されない。→異文化共生
⑥ 子どもたちの不平等な扱いに対する認知は，親のエスニックプライド，伝統，相違点の強調によって影響されない。→異文化共生

以上の仮説から，親に関わる差別に対する認知や行動要因は子どもたちが受け取る人種的メッセージの中でも，中心的な要因である。しかしながら差別に

対する子どもたちの受け止めや自分のルーツを探る情報の受け止めには，親のメッセージは絶対的ではなく，部分的な影響しか及ぼさないと結論づけた。

　これらの仮説群の前提には，移民国家でもあり，多文化国家であるアメリカならではの地域環境ゆえに構築された仮説群である。多くの民族が，分離した状態で住み，大きなエスニック・グループを作ってコミュニティーで力を持っているアメリカならではの仮説群である。

　たとえば，オルポート（Allport, 1954）の「マイノリティーグループのその地域における人口の多さが，マジョリティーグループの敵意を増加させる」という仮説がある。H. ブルーマー（Blumer, 1958）は，「グループの地位を守るために敵意が起こる」という仮説を立てた。さらに R. A. レヴィンと D. T. キャンベル（LeVine and Campbell, 1972）は，コンフリクト理論に基づいて「敵意は不十分な資源を求めての競争の結果，集団内に生まれる」と結論づけた。M. W. ジルと A. S. エヴァン（Giles and Evans, 1986）はパワー理論を用い「集団間の敵意の源泉は，集団内の同一化と外集団との競争から生まれる」という仮説を構築した。

　M. C. タイラーはこれらの仮説を受けて，1990年に行われたジェネラル・ソーシャル・サーベイを対象として次のような仮説の検証を試みている（Taylor, 1998, pp. 512-513）。

　　タイラー仮説　マイノリティーを地域の中で見かける機会が多くなると，白人は彼らに対する態度を悪化させる。

　その検証の結果，地域におけるアフリカ系アメリカ人の割合が増加すると白人の否定的感情が増加することを確かめた。タイラーは否定的感情を煽るひとつの要因として，「地域の人たちの風評」を示唆している（Taylor, 1998, pp.532-533）。

　このようなタイラー仮説は，その前提に多民族社会としてのアメリカという

地域構造があるということを忘れてはならない。この仮説には地域社会の中でマイノリティーが相当数を占め集団として凝集することによって，地域集団における利権や富といった資源獲得に関わることができる条件が必要である。外国人が近年増加しているといっても，一部の地域を除いて地域社会における定住外国人の絶対数がアメリカのそれと大きく異なる日本の現状にこの仮説をそのまま適用するには慎重でなければならない。では外国人の地域社会における数が少ないからといって外国人に対して否定的態度が生じる可能性は少ないといえるのだろうか。むしろ地域社会の中で見えない外国人だからこそ，自分たちの生活から距離を持って認識することによって，外国人のイメージや人権に対して歪みが生じるのではないかという問題意識を筆者は持った。地域の中で外国人と生活を共にしたり，知り合ったりする機会が少ない場合，むしろ外国人の居住状況という要因よりは家族の外国人に対する態度の方が若者の外国人に対する態度に影響すると思われる。

先述のヒュージ，ジョンソンの説も，地域社会の差別メッセージが，親から子への社会化の過程に大きな影響力を持っていると結論づけている。

そこで筆者はタイラーのように外国人の居住状況が子どもの外国人に対する否定的態度にそのまま結びつくのではなく，家族の外国人に対する否定的態度が外国人との交流に歯止めをかけ，適切な情報を学習によって得ぬままであると，外国人に対して歪んだイメージを持ち，外国人の人権に対して消極的になるのではないかと推測した。筆者は地域の外国人の居住状況，家族の外国人に対する考え，外国人との交流状況，外国人の生活水準イメージ，外国人の人権に対する意識，外国人についての学習の有無などをキー概念として考えた。

第5節 「国際移動への志向」の形成過程

第3節，第4節で展開された仮説群から得られた帰結をもとに，国際移動への志向形成過程を分析するために，下記のように概念を規定した。従来の研究

のほとんどが，欧米における研究であったので，「日本における国際移動への志向」についての概念をまず定義した。

1．概念規定
(1)「外国人」の定義について
　この調査における「外国人」とはエスニック・グループをさしている。

　日本においては，その歴史的経緯から永住者としての在日韓国・朝鮮人，在日中国人も「外国人」として含まれる。彼らの中には日本の植民地支配による労働者募集や戦時下の強制連行によって日本に住むことになった者もいる。そして戦後，混乱している祖国への帰国を見合わせた人，土地を失い本国での生活の基盤を失った人びとがいる。こうした人びとは現在2世や3世と世代交代もすすみ日本人との国際結婚も増加し，日本社会への定着化が進む中で日本の地域社会の中で独自の文化を維持している。しかし調査の回答者が「日本における外国人」の中に「日本における外国籍の永住者」を含めて回答しているかどうかはわからない。むしろ回答者が考える外国人とは，こうした「文化的な特徴から認識される外国人たち（エスニック）」より「生物的な特徴を持つ外国人たち（人種）(Race)」に焦点が当てられる可能性が高い。在日外国人に対する意識や問題はその意味では，この調査では明確に見えてこないと思われる。しかしこのことは日本人の「外国人」に対する認識の仕方自体に問題があって，在日外国人の問題が「見えない外国人」の問題として扱われ，日本人自身の問題として目を向けてこなかった状況を如実に表しているのではないだろうか。そこでこの調査ではあえて「外国人」という概括的な言葉を用いて，若者の目に移る「外国人」の姿を捉えた。

(2)「エスニシティー」の定義について
　異なる文化の違いは「エスニック」と「人種」というシンボル基準によって区別されると，青柳まちこ(1996)は説明している。

「エスニシティー」を論ずる前に、「エスニック」と「人種」との差異をまず明らかにしたい。青柳（1996）によると、多くの民族からなる国家としての歴史を持たない日本では、「エスニック」＝「人種」という扱われ方が、たびたびされてきたため、研究者の間でもこの概念に関して混乱があったという。だが、「エスニック」と「人種」は概念として区別する必要がある。「人種」が生物学的な特徴に着目するのに対して、「エスニック」は文化とその伝統に結びついた特徴に着目する。だから肌の色や、目の形、色といった特徴よりも、態度や価値、行為のパターンなどが研究の焦点となる。だから「エスニシティー」とは、「エスニック」を基にした行為全般をさす。同一の文化を共有する人びとの行為の総体を「エスニシティー」というのであれば、「エスニック・グループ」とは同一の文化を共有する集団と自己が規定あるいは他者によって規定されている集団ということができる。そしてこの集団の文化は上位集団の文化とは異なる場合が多い。

（3）異文化と自文化の定義について

小熊英二（1995）は、「「日本が単一純粋の起源を持ち、共通の文化と血統をもつ日本民族だけで構成されてきたし、現在も構成されている」という単一民族神話は私たちの意識を支配してきた」と述べている。福岡安則（1993）は、血統、文化、国籍の三つの変数によって、「日本人」から「非日本人」までを8類型化し、日本が、単一民族や単一文化で構成されていないことを示した。またさまざまな「非日本人」の類型があることは、日本文化と異文化という二極化が困難であることを意味している。そもそも「純粋な日本人」という基準自体が極めて主観的である。むしろ、社会化の過程で、複数の異文化を体験することによって、「自分の日本人らしさ」が明瞭になる相対的な面も考え合わすと、人はライフコースの中で何度も、複数の異文化に出会い、「自分の日本人らしさ」を塗り替えていくのではないだろうか。

（4）アイデンティティーについて

アイデンティティーは,「自己同一性」とも訳される。E. H. エリクソンによると,青年は幼児期以来のさまざまな同一化を,ある人物やイデオロギーなどの新しい同一化と結び付けながら自我の統合を果たすという。青年期に新しい自分と異なる人や文化に出会うことによって,「自分は何者か」ということが常に問い直されることになる。個人のアイデンティティーは,性的アイデンティティー,民族的アイデンティティー,文化的アイデンティティーのように集団のアイデンティティーから複合的に成り立っている。このような集団的アイデンティティーは必ずしも調和的ではないので,しばしば葛藤を起こす。

たとえば,日系人3世のように,民族的なアイデンティティーは,日本でありながら,文化的には,日本の文化アイデンティティーより居住国の文化アイデンティティーが勝ってくる場合などがその典型的な例である。

エリクソンはその著『幼児期と社会』において,

　若い人たちはまた,たとえば皮膚の色や文化的背景の「異なる」人,趣味や才能の異なる人を排除することにかけては,きわめて排他的で,残酷である。それはしばしばわれわれ集団の成員であるかを示す独特の印として一時的に選ばれる服装やジェスチャーというような些細な面にまで及ぶことがある。そのような不寛容性は,同一性の観念の混乱を防ぐための規制として理解することが重要である（だからといって,それを大目に見たり,それに加担することを意味しているのではない）。青年は徒党を組むことによって,或いは自分自身の考えを,さらには敵達も定型にはめ込むことによって,一時的にせよ,その非常な不快さの中で互いに助け合おうと努力しているからである（Erikson／訳書, 1980, p.337)。

と述べている。このように,同じ地域集団に属しながら,どこか異なるところがある人に対しては,排他的になりステレオタイプを作ってしまうのは,その

集団の同一性を確保しようという規制のためであるとエリクソンは述べている。
　たとえば，帰国子女に対して，帰国した教室で「外国はがし」が行われたりするのはこの規制の一例である。そしてこのような「異なる」という認識は他者から勝手にレッテルを貼られることによっても始まる。

（5）日本における「エスニック・グループ」について
　先のように「エスニック」を定義し，異文化を持つ可能性のある集団といえば，日本においてはどのような人びとが対象になるのだろうか。定住外国人といわれる人や一時滞在の外国人たちはもとより，アイヌ民族の人びと，在日韓国・朝鮮人，日系人，中国帰国者とその家族，帰国子女，国際結婚をした家族などがその範疇に入ってくるであろう。この中には生物学的特徴からして異なる人びとの集団もあるが，一方で日系人や中国帰国者とその家族，帰国子女などのように，生物学的特徴には差異はないが，文化的特徴において，日本と異なる文化にもアイデンティティーを感じている人びとが含まれる。祖先や親戚，あるいは家族は日本文化にアイデンティティーを感じていたが，遠い地域への移住によって日本と異なる文化と接触することによって，アイデンティティーに変容が生じた場合がそれである。この場合，その地の文化への同化を必ずしも意味しない。異なる文化と接触することにより，出身国の文化と，移住ないしは移動した先の文化を，併有する可能性がある。
　また，定住しなくとも，移動を頻繁に繰り返す場合や，移動を自分が経験することがなくても国際結婚をして自国に留まる場合においても，二つの文化の併有が起こりうると推測される。本研究では，家族の社会化過程で，頻繁な移動を繰り返し複数の文化に接触した「帰国子女の家族」，家族の社会化の最初の段階からすでに複数の文化が存在する「国際結婚をした家族」を二つの文化を併有している例としてとりあげる。

２．概念枠組み

　図１－１（p.32）で提示した従来の仮説から整理した要因は，国際移動への志向に関する社会化過程を説明するには不十分な図式であった。そこで，本研究において，図１－３のように，国際移動の社会化過程を説明するために，社会化過程における異文化接触に焦点を当てた。マートンのいう予期的社会化をするために，まず，個人は移動先のエスニック・グループと直接に異文化接触を持とうとすることが考えられる。

　しかしエスニック・グループが近辺に存在しなかったり，ネガティブなイメージを個人の所属する集団が持っていたりすると，なかなか交流できない。オルポート仮説やタイラー仮説は，個人とエスニック・グループとの異文化接触

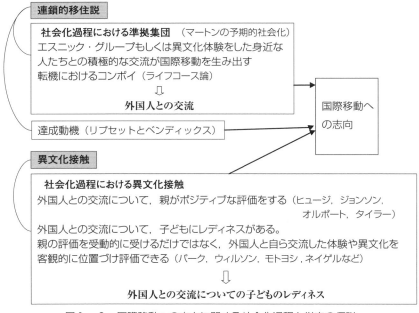

図１－３　国際移動への志向に関する社会化過程と従来の仮説

の契機にあたって，その接触の促進・抑制に，家族や地域の風評が大きな影響を与えていることを明らかにした。また異文化接触の結果，個人にどのような変化がおこるかについては，日本では箕浦，植木などの研究，アメリカではパークやモトヨシなどの文化的多元主義アプローチによる研究が詳しい。

　個人の所属する集団の中の一員がこのような準拠他者が成功を収めたこと（いわゆる故郷に錦を飾ること）がきっかけとなって移動を志した点が，連鎖的移住説では強調された。そのためには，個人は，家族から離れても，成功しようとする強い動機づけが必要となる。早くから家族からの自立が奨励されると達成動機に結びつき，社会移動へと繋がるというリプセットと，ベンディクスの説は，友達や支援者などの重要な準拠他者の存在が，国際移動への志向に重要な役割を果たしていることを示唆している。またこのような国際移動をする時期は，人生上の転機でもある。友達や支援者を持つことによってより国際移動がスムーズに運ぶ。

　すなわち，図1－1（p.32）のように，「人の繋がり」が国際移動に結びつくという連鎖的移住説の示唆から，「社会化過程において，個人がいかに移動先の文化を持つエスニック・グループに準拠するかということ」が，国際移動への志向性となる。移動する以前の外国人との交流が，国際移動の志向性に関連するだろう。また，異文化を教示し，移動を援助してくれるコンボイも，国際移動への道を開く役割を果たす。

　どのような異文化に接触すれば，国際移動への志向に結びつくかといった点に関しては，図1－3のように，やはり家族や地域の異文化に対する風評が大きな影響力を持つ。しかし個人は，そのような風評や異文化を持つ準拠集団に完全に同化されてしまうのではなく，個人は，自らが生まれ育った文化を保持しつつ，異文化を客観的に評価し，外国人との交流についてのレディネスを養う。

　以上のような理論仮説から，国際移動への志向は，図1－4のような影響要因によって形成される。その人の，まず第一に，親から子への社会化の段階において，異文化を受けとめる構え（レディネス），第二に外国人との交流頻度や

図1−4　国際移動への志向の形成過程

交流相手国，第三に外国人との交流の意味づけによって，その後の国際移動への志向は大きく異なる。

図1－4でいう，異文化とは，外国人として認識した人びと，およびその外国人グループによって共有していると判断した文化と定義する。外国人と判断した基準は，外見上の特徴（目や髪，肌の色）によって判断されることが多い。

　また地域とは，現在住んでいる地域である。移動してきて時間がたっていない場合や，その地域に短期的に居住するだけの場合であれば，その地域のエスニック・グループの文化に接触することは難しい。

　社会化の最初の段階で，外国にたいする家族の考えを聞き，外国人との交流のレディネスが始まる。図1－4のように，家族が異文化をどのように解釈し，子どもに伝えたかによって，子どもと異文化の距離が規定される。家族による異文化の解釈は，地域における異文化の解釈の影響を受けている。幼少時から，子ども自身が異文化と直接交流を持つ前に，異文化に対する家族の価値観は子どもに注入される。オルポート仮説のようにあるグループに対する拒否的態度も，また肯定的態度も，家族から学習されるのである。しかし，学校における外国人についての学習は，家族の異文化に対するステレオタイプを修正し正しい情報を与える。

　外国人との交流によって，国際移動への志向が方向づけられる。外国人のエスニック・グループは，国際移動をしようと志している者の準拠集団となり，異文化に接する機会を提供する。マートンのいう予期的社会化が行われる。第2章でアンケート調査の対象となった大学生にとっての準拠他者は，居住する地域の外国人である。またインタビュー調査で調査対象者となった国際交流ボランティアにとっての準拠集団は，国際交流団体やエスニックグループである。このような外国人との交流は，国際移動の志向を産み，動機づける。

　このようにして外国人との交流が，大学生にとっての国際移動への第一歩となり，交流体験にポジティブな意味づけがなされ，国際移動への志向に援助を与えてくれるような友達ができることによって，国際移動への志向がより増幅される。

　たとえば，海外留学を志して，留学したい国の留学生グループと交流する。

留学生の一人と親しくなり，親友として交際するようになった結果，留学中も留学後もこの留学生の支援によって，留学生活が快適におくれるようになった。こんなケースでは，この留学生はコンボイとして，カルチャーショックを和らげる支援者の役割を果たしている。

連鎖的移住説では，国内の親族や地縁ネットワークが，移住に関して大きな役割を果たし，媒介的に移住を促進していると説明している。このような社会ネットワークの中の移住に関するキーパーソンが存在し，より移住先へ移動がスムーズにできるようにと支援しているという（時として，このような移住支援者が，密入国など非合法な手段で，移動を手伝うケースもあり，移動を志向する者にとっては援助とは逆の機能を果たす場合もありうるが……）。ここでいう国際移動への志向に援助を与えてくれるような友達，人生上の重要な他者はそのような人を指している。

また，このような国際移動への志向を媒介する役割を果たす人生上の重要な他者は，マスメディアによって作られたスターである場合もある。ハリウッド映画スターや，音楽関係のスターに憧れ，その憧れが強い国際移動の志向に繋がった場合も多い。

国際移動への志向は，子どもの発達の最初の社会化段階で，家族によって外国人がどのように考えられているかによって，志向への門が開かれたり，閉じられたりする。その意味では，家族は，国際移動への志向のゲート・キーパーといえる。家族による外国人の風評は，必ずしも，その国についての正確な情報を提供しているわけではない。とくに，地域における外国人の絶対数がまだまだ少ない現状では，ステレオタイプが語られ，子どもたちが交流の門を閉ざしてしまうことも多い。そこで，第4章では，とくに大学生を調査対象として，親から子どもへの社会化における異文化接触が与える影響について分析する。

さらに，実際に外国人との交流の経験を海外で，家族単位で持った帰国子女のケースにおいて，家族がどのように異文化接触を意味づけたか，国際移動への志向性を帰国子女の場合はどのように生み出していったかを，その海外滞在

中の異文化接触の分析から帰国後の異文化接触にいたるまで,視野に入れて分析をする。

3. 国際移動に対する志向の時間的変化―個人のライフコースの質的分析―

　国際移動の志向は,いつ社会化されるのだろうか。本論文では,個人のライフコースの質的分析を通じて,国際移動の志向がどのような発達の段階で誰によって,どのように行われたかを明らかにしたい。

　ここでは,個人のライフコースの類似性に着目して,出生や学歴,職業などのコーホートを用いて,集合的ライフコースを記述し,統計的分析を行う方法ではなく,個人の実際のライフコースの中で個々の経験した事実を因果論的に説明する個人のライフコースの質的分析を行う。

　ライフコース分析は各人にとってのライフコースの主観的意味づけ,個々人のライフコースを彩るさまざまな出会いや偶然ともいえる諸事件,それらを通してのその人ならではの人生を作っていくレトリックを探し出そうとする試みが含まれる。またライフコース分析に基づくケーススタディーで重視されるのは,転機となったいくつかの節目でのきっかけ要因,促進要因,阻害要因さらには個人のそうした転機に対する主観的意味づけなどの解明である。その際ライフコース論で注目されるのは,そうしたライフコースを共有し,その人のライフコースの証人であって,また決定的影響を与え,支援者であったような人生上の重要な他者の存在である。近親者や友人,先輩,上司,恩師などを人びとがコンボイと呼び,図1－5のように個人をめぐる重要な他者として存在している。

　役割関係に直接結びついており,役割の変化により最も傷つきやすいコンボイメンバーⅢは近隣,同僚,上司,遠い親戚,専門家などである。地理的移動や職業移動によって,コンボイから外されたり,新しく入ったり,移動による入れ替わりが多いコンボイメンバーといえる。

　時間の経過とともに変化しやすいコンボイメンバーⅡは,家族や親戚,親友

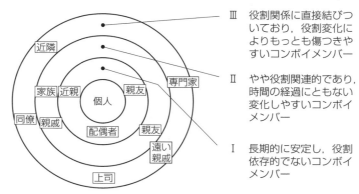

図1-5　コンボイ・システムの例示（Kahn & Antonucci, 1981）
出典：藤崎宏子（1998）『高齢者・家族・社会的ネットワーク』培風館，p.17

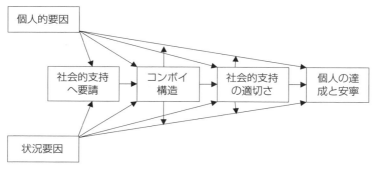

図1-6　コンボイ・システムの規定要因とその効果（Kahn & Antonucci, 1981）
出典：図1-5に同じ，p.16

などである。年齢を重ねるごとに，依存度が変化する。たとえば，年齢の低い時に親友であった幼馴染との交流が，加齢とともに少なくなり，代わりに学校関係の友人たちとの交流が多くなる。発達段階とともに入れかわるコンボイメンバーである。

　長期に安定したコンボイメンバーⅠは，地理的移動や職業移動，加齢などの

発達段階の移動にも，ほとんど変化しないメンバーである。たとえば，転勤，転職などの転機を超えて，長い間，交流の続く人たちがこの層になる。

藤崎宏子（1998）は，カーンとアントヌッチ（Kahn and Antonucci, 1981）のコンボイシステムを図1－6のように紹介する。

> 個人にとってのコンボイシステムは，彼の年齢，健康，経済力といった個人的要因と，外的資源，他者からの役割期待，社会規範などの状況要因によって規定される。あるいは，こうした個人的要因，状況要因に規定された彼自身の社会的支持に対する要請を媒介にして，コンボイの構造が形づくられる。このようにして形成されたコンボイシステムは，それらが与えうる社会的支持の適切さいかんに影響し，ひいては個人の安寧と達成とを大きく左右することができる。（藤崎，1998, pp.16-17）

ライフコース上のⅢからⅠへの移行はどのように起こるのだろうか。人生のある時期に役割関係で結びついていた人びとも，時間が立つと変化していく。しかし時間の経過とともに変化しない「愛情」や「肯定」，「援助」などを持って，個人が生活していく上での必要不可欠の社会的支持を提供する人びとがいる。たとえば，幼少時から青年にかけて，地域に居住するマイノリティーAを級友として持っていた若者Bが，その後，親に伴って自分が海外生活の中でマイノリティーとして生活することになったとする。外国で困難な状況に遭遇した時に，マイノリティーだった彼Aのことを思い出し，文通をする。すでに級友でなくなったけれども，Aの手紙が，外国で生活するBに届き，その手紙が彼の心の支えとなるとき，マイノリティーだった友達Aはもはや級友ではないが，若者Bにとっては人生上の重要な他者・親友と変化している。帰国後もBが，Aとともに国際交流ボランティア団体で共に活動し，成人してからも何でも話せる一生の親友になったとすれば，Aは，Bにとって，まさにコンボイである。

調査では，下記の点に着目して，個人のライフコースを分析する。
① 地域に居住している外国人との交流はこれまであったか。
② 地理的移動（旅行，留学，海外赴任，移住など）の経験が，外国人との交流につながったか。
③ 地位の変化（転職・団体加入・入学など）が外国人交流のきっかけとなったか。
④ 家族における外国人の評判は，外国人との交流にどのような影響を及ぼしているか。
⑤ 学校における教育は，外国人との交流にどのような変化を及ぼしたか。
⑥ どのようなコンボイが，外国人との交流につながっているか。

第2章，第4章，第5章では，国際移動に積極的なグループ（国際交流ボランティア・帰国子女・国際結婚から生まれた子）にしぼって，インタビュー調査を行い，彼らが受けた社会化の特殊な効果がどのような条件の下に起こっているか，彼らのライフコースを分析する。

4．社会化効果が高まったケース—帰国子女の場合—

帰国子女の場合は，家族も自分も海外で生活し，すでに異文化接触の直接体験を持っている。しかしその体験は，彼らがすっかり文化アイデンティティーを変えてしまったというわけではない。

箕浦の研究は，海外滞在時におけるアメリカ文化への同化度を従属変数としていた。しかし帰国子女という名のとおり，彼らは海外で体験をした異文化を内在化して帰国し，その後日本の教育を受ける。箕浦は，帰国というターニング・ポイントで起こるカルチャーショックを，帰国ショックと表現した。

> 復帰ショックの大きさは，帰国時の年齢や滞在期間の長さのみならず，アメリカでの生活体験の質—とくにアメリカ人・日本人との付き合いの程度にも影響される（箕浦，1991，p.168）

第1章　国際移動と社会化に関する従来の研究

　帰国子女の多くは，小学校段階で帰国することを考えると，帰国ショックを継続したまま，日本での長い学校生活を送ってしまうのだろうか。箕浦の説によると，同化された文化を日本文化へと長い年月をかけて変えていくというライフコースが帰国と同時に待っている。箕浦は，

　　成人してから渡米した場合は，たとえアメリカに長く住み，一見アメリカ人のように振舞っていても，人間関係を律している感情は日本的なものであることがほとんどである。しかし，日本人として出来上がる途上で日本社会を出て，アメリカ社会で育った子供は，アメリカの文化文法に即して対人関係を解釈するようになる。これは移植した若木が新しい土壌に根を張ることに喩えられよう。木が若すぎると古い根は枯れて全く新しい根が生えてくるが，ある程度以上育った木を移植した場合は，前からある根を保ちながら，新しい根を張っていくことができる。後者はバイカルチャラルな人として成長していく。（箕浦，1991，p.247）

　箕浦の仮説は，「文化的アイデンティティーは，一度できあがると，個人の行動をそれに馴染むものだけに制限しようと働く」（箕浦，1991，p.246）と，複数の文化の併有を前提においた仮説を構築していない。
　本論文では，文化的アイデンティティーは，このように個人にとって日本かアメリカかといった二律背反なもの，また拘束的なものでなく，個人の周囲にあって，極めて緩やかに影響を及ぼし，多数のエスニック・グループの文化アイデンティティーから選択可能なものであると定義づける。海外生活を共に送った家族も，国際移動の経験を豊富に持ち，外国人との交流に積極的であると思われる。ゆえに図1-7のように，帰国子女の家族の文化は，日本の文化と居住国の二つの文化が共存し，帰国子女はどちらの文化アイデンティティーも持っていると想定される。
　また，図1-7のように，帰国子女受け入れ高校の学校文化は，地域の高校

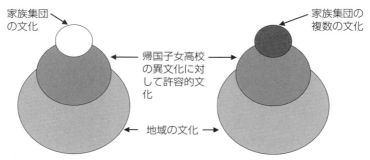

図1-7　一般生・帰国生を取り巻く文化状況

の文化より異文化に対して開かれた文化と考えられる。生徒の約3分の2が，外国から帰国した生徒であり，その特性を生かすことを教育目標として掲げている。海外経験のない一般生は，この高校に入学することにより，異文化交流の機会を地域の高校より持つことになる。帰国子女受け入れ校の学校文化はより地域の学校の学校文化より，異文化に近いといえる。

　第5章での実証研究では，家族単位の国際移動を年少時に経験した帰国生とその帰国生を受け入れる高校に通う一般生（国際移動の経験のない高校生）の比較を試みる。一般生の社会化過程における異文化に接する経験は少ないが，帰国子女受け入れ校の学校文化の影響もあって，異文化に対する関心は高いと思われる。帰国生はその国際移動した国々の異文化に直接に接して，複数の文化を社会化されていると想定される。帰国生も一般生も所属する帰国生受け入れ高校の学校文化は異文化に対して開かれているが，より国際移動への志向性が高いのは帰国生であると予測される。

　なぜならば，帰国子女の場合，その地で生活し現地の教育を受け，現地も継続している。このような赴任先の外国の友達が，コンボイとなって，ショックを和らげる支援をしたケースも多いと考えられる。帰国子女には，異文化の中に身を置き生活を共にしたり，外国人と共に経験を積んだり，感動を共にする

直接接触が基本となった実体験がある。そこで，帰国子女高校生と一般の高校生を比較して異文化接触の質の違いが，帰国後の外国人との交流や将来のライフコース，国際移動への志向性にどのように影響を与えるかについて検討する。

さらに，帰国生のインタビュー調査を通して，帰国生の海外滞在時から帰国後にいたるまでの長いスパンでのライフコースの分析を行う。帰国子女の社会化過程を分析することによって，すでに1回以上，家族で国際移動を経験した彼らが，帰国後どのような異文化接触をするか，ともに海外生活を送った家族は，異文化に対してどのようなまなざしを向けているか，国際移動をどのように捉えているかについて，海外滞在時，帰国直後，現在までを分析範囲として，ライフコース理論の概念を使いながら分析する。

5．社会化効果が高まったケース—国際結婚から生まれた子どもの場合—

箕浦の調査は，文化的アイデンティティーは一度完成するとなかなか揺らぐことが難しいという前提のもとに，何歳までにこの文化的アイデンティティーが形成されるかという問題関心を持って，発達心理学的見地から結論を導きだしたものであった。しかしその社会化の過程での文化的アイデンティティーとして考えられたのは，一つの文化的アイデンティティーとの同化であった。

生まれた時から両親の二つの文化によって社会化された国際結婚から生まれた子の場合は，どのような文化的アイデンティティーが形成され，国際移動への志向が生み出されるのだろうか。とりわけ，父母両系主義の国籍法が施行されて以来，二重国籍を持って日本社会で育ち，両親双方の文化を社会化されて育つ子どもが増加している。二重国籍を持つ国際結婚から生まれた子どもは，22歳までに国籍選択を迫られるという状況に置かれている。二つの文化を持った子どもが，一つの文化アイデンティティーを選ぶことを，不自然と感じ揺れる気持ちを持っていることは，植木の調査（植木，1991）でも明らかである。二つの文化的アイデンティティーを持つからこそ，二重国籍を選択し，国際移動に対して積極的であることが仮説として考えられる。

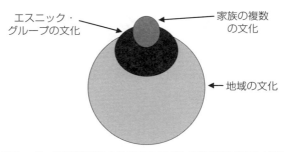

図1−8　国際結婚から生まれた子どもを取り巻く文化状況

　図1−8のように，国際結婚から生まれた子どもの家族文化は，両親の異なる二つの文化を共存している場合が多い。また地域文化は図1−8のように，親のエスニック・グループの文化の影響を大きく受ける。生物的特徴から異文化を内面化していると他から判断されやすく，より帰国子女より異文化に対して敏感であると思われる。第7章の実証研究での調査対象は，国際結婚から生まれた子どもを対象とする。彼らは，生まれた時から両親の複数の文化を社会化され，また長期に海外に滞在した経験や海外へ親族を訪問する回数も多いことが推測される。国際移動への志向は最も高いと予測される。

　まず，国際結婚をした両親はどのように，二つの文化を子どもに社会化しているのであろうか。図1−8のように，国際結婚の場合は家族内部で異文化接触が生じている。家庭内で使われる言語，家族の外（学校や職場など）で使われる言語，暮し方などのライフスタイル，親の出身国のエスニック・グループとの関係など，親が二つの文化的アイデンティティーを伝えていると思われる。

　箕浦（1991）は，子どもはその社会化の過程で一つの文化的アイデンティティーに結晶し，その一つのアイデンティティーは維持されるという。この仮説を検討し，パーク，ウィルソン，モトヨシなどの提唱した二つの文化的アイデンティティーを持ったマージナルマンとしての特徴を彼らは持っているか，い

第1章　国際移動と社会化に関する従来の研究

ないのかといった点を調査によって明らかにする。

　両親の二つの文化への社会化は，将来の国籍選択において二つの国籍すなわち二重国籍の維持という選択に繋がる。そして二重国籍は，国際移動における就労条件や居住条件などの便益をもたらす。そこで，国際結婚から生まれた子どもを対象とした調査の場合は，従属変数として将来における国際移動を約束する「二重国籍選択」を設定してより現実的に，将来の国際移動に対する志向を測定する。

　国際結婚から生まれた子どもの場合は，その生物的特徴（人種）から「外国人」として認識される場合も多い。親からの社会化がどのようであったかということも二つの文化へのアイデンティティーを維持する大きな要因であるが，周囲が彼らを見るまなざしがどのようなものであるかということも，また考慮にいれるべき問題である。二つの国のアイデンティティーが，子どものライフコースのどの段階で，どのように確立されていったか，質的分析によって分析可能となる。

　第8章では，日本に居住する国際結婚から生まれた子どもにインタビューすることによって，①「自分の認識するアイデンティティー」と「他人から見られたアイデンティティー」がいかに異なるか，②それを統合していくきっかけは何であるか，③二つのアイデンティティーを持つことによって将来のライフコースがどのように描かれているかといった点に関して，ライフコースの概念を使いながら分析を行う。

第6節　まとめ

　国際移動に関する従来の研究は，国際移動をした人を研究対象として移動の直前の状況要因を分析したものであった。児童期から成人期にかけて，国際移動への志向がどのように生まれたかという社会化過程には焦点が当てられてこなかった。

本章では，国際移動の社会化のエージェントは誰か，どのように社会化されるか，さらにその時期はいつかといった点に着目し，従来の研究を整理した。

　その結果，国際移動への志向の形成には，地域の外国人，さらに家族，家族以外の支援者としての友達の存在などが，社会化のエージェントとして機能しているのではないかという仮説を持った。またどのように社会化されたかに関しては，発達の初期の段階においては，家族がゲート・キーパーとしての役割を果たし，その後の地域における外国人との交流に対して門戸を開いたり，閉じたりしていると考えた。さらにその後の発達の進んだ段階においては，外国人との交流という異文化経験に大きな意味づけを与えるのが，友人ではないかという仮説を持った。

　第2章では大学生を対象としたアンケート調査の結果から，仮説の検証を試みたうえで，大学生の国際移動への志向の分類を行う。また第3章では「国際移動への志向」の時間的変化を捉えるため，国際交流ボランティアへのインタビュー調査から，そのライフコースにおける「国際移動への志向」がどのように変化したかを質的に分析する。

　第4章においては，家族がゲート・キーパーとしての役割を果たしていると思われる「外国人との交流」についての子どものレディネスに焦点を当て，「外国人」との交流に関して，家族からの外国人の風評がどのような影響を及ぼしているか，その結果，子どもたちに外国人がどのように認識されているかを明らかにする。

　第5，6章においては，社会化効果が促進された例として，帰国生と一般生の比較を試み，その社会化効果の促進要因は何かを探る。

　第7，8章においては，国際結婚から生まれた子どものケースの分析を通じて，複数の文化の社会化が，国際移動への志向にどのように繋がったかについてその社会化効果を測る。

▶▶▶ 第2章
国際移動への志向はどのように生まれるか
――関西地域の大学生への質問紙調査から　▶▶▶▶▶▶▶▶▶

第1節　分析枠組み

　第1章の図1-4（p.58）で示したように「国際移動への志向」はどのような要因が影響するかについて，分析を試みる。

1．分析の目的

　国際移動への志向は，第1章で述べたように，第一に，外国から移動してきた人びとに接し，その人たちの生活に惹かれ，その国でいつか生活をすることを希望することが考えられる。移動先の情報を日本に居住する外国の人たちから収集することによって，国際移動への，志向が芽生える。そこで，若者がより外国人と交流頻度が高まるほど，若者の国際移動への志向が高くなることが推測される。若者の住む地域に外国人が多数住んでいれば，外国人の生活を目にすることも多く，より国際移動の志向が高まると思われる。

　第二に，国際移動への若者の志向は，若者が，外国人に対してどのようなイメージをいだくかによっても規定される。若者は自分の準拠する文化を担う外国人（より若者にとって魅力的な文化を持つ外国人）を選び取り，その国への国際移動の志向を強める。

　第三に，外国人が比較的少なく，あまり外国人と接した経験のない若者は，語学や人間関係の在り方などに不安をいだく。不安のない若者ほど，国際移動にプラスのイメージをいだき，国際移動への志向が高まると思われる。

　第四に，このような国際移動への志向は，国際移動に対する若者たちのレデ

ィネスが内面にどれだけ形成されているかによって影響を受ける。家族の持つ外国人イメージはこの若者の形成するレディネスに影響を与える。国際移動への志向は、家族の外の集団（外集団）へ志向することにも繋がる。現在の家族の規範からある程度自由な人びと、すなわち家族についての価値観が革新的である人びとは、国際移動への構えができているので、国際移動への志向性が高まりやすいと思われる。

2．大学生の国際移動への志向に影響する仮説

そこで、図1－4（p.58）の概念枠組みに従って、次のような仮説を立てた。

仮説1　若者が外国人と積極的に交流しているほど、国際移動（海外就職、国際結婚、海外居住、海外留学、結婚相手の渡航に同行）への志向が高くなる。

仮説2　地域における外国人の居住状況は、国際移動への若者の志向に影響を与える。

仮説3　家族員が外国人に対していだくイメージがプラスであれば、国際移動への若者の志向が高くなる。

仮説4　外国人と接する時の不安は、国際移動への若者の志向を低める。

仮説5　性別分業などの家族生活についての革新的な価値観を支持するほど、国際移動への志向が高くなる。

仮説6　人生の重要な事柄を友達に相談するほど、国際移動への若者の志向が高くなる。

仮説7　外国人の人権を擁護する意識の強い人ほど、国際移動への若者の志向が高くなる。

3．要因関連図

若者の外国人に対する現在の意識や外国人との交流状況は、若者の将来における国際移動に何らかの影響を与えていると思われる。国際移動を測定する標

第2章　国際移動への志向はどのように生まれるか

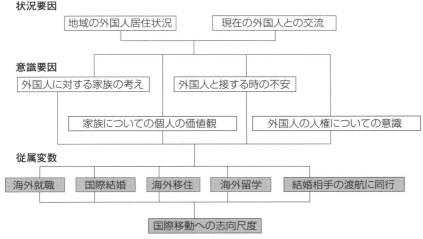

図2-1　若者の国際移動に影響する要因関連図

識として，海外就職，国際結婚，海外居住，海外留学，結婚相手の渡航に同行，を設定しこれらを従属変数とした。そして外国人との交流状況，外国人に対する意識，家族の外国人に対する考えなどを独立要因として図2-1のように若者の国際移動に関する要因関連図を描いた。

地域に多く外国人が居住していれば，その外国人の生活を目にする機会も増える。また交流のチャンスも多くなる。しかし，外国人に対して家族が否定的考えを持っていたり，若者が外国人と接する時の不安を持っていたりしたら，外国人との交流のきっかけを掴むことが困難になる。ひいては，交流のないままに外国人のステレオタイプを形成してしまい，外国人の人権や生活水準に対して，固定的なイメージを抱いてしまう。

地域の外国人の居住状況に関わる測定標識として，〈地域の外国人の居住状況〉，〈外国人と顔をあわせる機会〉，〈外国人と認識する基準〉，〈身の回りの外国人の増加〉の各標識を設定した。

現在の外国人との交流状況に関しては，〈外国人教師の勤務〉，〈高校・大学

73

の海外からの留学生〉,〈海外在留経験の有無〉,〈現在の外国人との交流〉の各標識を設定した。

　外国人に対する家族の考えに関しては,〈外国人についての家族の考え〉と〈それを聞いた時期〉の各標識を設定した。

　外国人と接する時の不安については,〈外国人と接する時に不安〉とともに〈外国人と接する意味〉という2標識を設定した。

　外国人の人権についての意識に関しては,〈路上の外国人に対してとる行動〉,〈日本で働く外国人の仕事イメージ〉,〈日本で働く外国人の生活水準〉,〈就労外国人増加の理由〉,〈外国人の日本での就労について〉,〈外国人労働の種類〉,〈外国人が超過滞在した時の医療問題〉,〈外国人の職業の限定〉,〈外国人の滞在期間〉,〈外国人の参政権〉と多数の標識を設定した。

　家族についての個人の価値観に関しては,〈シングル主義〉,〈家庭内の性別役割に対する価値観〉,〈結婚後は家庭中心か,個人主義かといったマイホーム主義に関わる価値観〉を設定した。

　国際移動への志向が,国内の外国人との交流によって生まれるというが,どのような外国人と交流するかということは,若者の意識要因によって規定される。若者によって国際移動先に選ばれる国に偏りがあり,先に考察したような文化の序列化（欧米崇拝・アジア蔑視）が見られるかということも含めて実査において検討したい。

第2節　実査の方法

1．実査方法
① 実査期間　1997年7月7日〜9月26日
② 実査地点　近畿（京都・奈良・大阪）の大学・短大
③ 実査対象大学・短大　7大学
　　　　　　　　　　大阪（S私立大学, S女子私立短期大学）

京都（K・K国立大学，K・B私立大学，K・B短期私立大学）
奈良（N私立大学・T私立大学）

主要大学をリスト化し協力大学に依頼した。その結果上記の7大学の協力が得られ，授業を担当している協力者に依頼した。

④ 配布・回収方法　実査協力者の授業時間で実施した。調査目的・質問文についての説明後，30分から45分の時間内でアンケートを記入してもらった。

⑤ 1500票配布し，回収票1132票であった。回収率75.5%

2．実査地点—関西における在日外国人を取り巻く状況

　法務省入国管理局の在留外国人統計（平成9年版）によると，調査時点で大阪府に在住していた在日外国人総数は，東京都についで全国2番目に多く，209,962人である。このうち韓国・朝鮮国籍の人は170,516人で，実に全国一の人口になる。大阪府の在日外国人統計に占める韓国・朝鮮国籍の人の占める比率は81.2%である。とりわけ生野区では区人口の24.1%，東成区でも11.2%に上る。こうした在日韓国・朝鮮人の大阪への移住の契機は，近代の日韓関係，とくに日本による植民地支配が生み出した日本への渡航から始まった。戦後，多くの在日韓国・朝鮮人は帰国の途についたが，混乱している祖国への帰国を見合わせた人，土地を失い，本国での生活基盤を失った人，在日として生計を営む人など現在の特別永住者といわれる人びとのルーツがここにある。こうした人びとは，2世および3世といわれる人びとのために「民族教育」の基盤として民族学校を作った。

　在日韓国・朝鮮人社会は，戦後50年を経るに従って大きな変容を遂げている。都市化によって，その人口が主に都市部に集中し，また在日期間の長期化により世代交代が進み，日本で生まれ育った2世，3世は文化的には日本人と変わらない教育を受けた。しかし，その反面，世代を経て日本に住みながら永住資格を得ても，参政権などの当然の権利が得られていない現実やつい最近までの指紋押捺制度，いまだに続く就職差別や住居差別など，多くの解決されていな

い人権問題を抱えていることも事実である。

また奈良地域においても生駒トンネル建設や柳本飛行場の建設にかかわって，多くの韓国，朝鮮人が徴用され，その後も，2世や3世として定住している。同様に京都においても1920年頃から主に単純労働や京都特有の伝統産業，西陣などに職工として働く朝鮮半島からの労働者が増え，1940年には約8万人にも上る朝鮮人労働者が働き，当時の京都の人口の約5％を占めていた。低賃金と肉体労働に加えて，偏見のための住居差別を受け，京都市内に朝鮮人集中地区が生まれている。

今回，調査を実施した近畿地域（対象校の所在地は大阪，奈良，京都）は在日外国人総数でいえば，京都55,763人，奈良10,547人と他府県に比較して京都，奈良も，歴史的にも，現在の総数からも外国人との接触が多いと思われる地域である（平成9年度外国人在留統計）。なかでも大阪は全国一の特別永住者150,595人を数え，とりわけ韓国・朝鮮籍の占める割合は高い。表2－1，表

表2－1　調査地の国籍別在留外国人登録者数

	韓国・朝鮮	中国	ブラジル	フィリピン	アメリカ	ペルー
全国	657,159	234,264	201,795	84,509	44,168	37,099
大阪	170,516	21,159	5,782	2,620	1,981	10,401
京都	44,451	5,246	834	858	1,099	323
奈良	6,531	1,333	1,073	322	352	242

出典：平成9年度在留外国人統計，（財）入管協会

表2－2　調査地の在留資格別外国人登録者数

	特別永住者	永住者	日本人の配偶者等	定住者	留学	家族滞在
全国	554,032	72,008	258,847	172,882	59,228	60,783
大阪	150,595	11,202	13,916	13,211	4,289	3,920
京都	41,372	1,838	2,868	1,927	2,463	1,299
奈良	5,912	541	1,573	1,018	256	233

出典：平成9年度在留外国人統計，（財）入管協会

2－2は1995年時点の外国人在留統計から今回の調査地における外国人登録者総数の比較的多い国籍や在留資格を選び作成したものである。

　永住者たちの2世，3世は，生野区などのエスニック・コミュニティに留まり，民族教育を受けた者と，日本の学校へ進学したり，日本人と結婚したり，帰化することなどによって，その民族的ルーツが弱まりつつある者と多様である。金英達（1994）によると，80％以上の在日韓国・朝鮮人が日本人と結婚したといわれている。現在は世代交代が進み，日本社会への定着化も進んだ。しかし就職差別などの生活権問題や民族学校からの大学進学などの教育権問題，参政権の問題はまだ解決されていない。1980年代に問題提起された指紋押捺反対闘争は若い2世や3世が中心となった。日本人とは違うが本国の韓国・朝鮮人とも違うアイデンティティーを根拠として自らの民族性に根ざした地域との共生を進めている。

　また国籍別でみられるようにブラジル，フィリピン，アメリカ，ペルーなどは，全国的にみても過去10年の推移からして増加傾向をたどっている。非永住者として「定住者」や「日本人の配偶者等」のように就労には単純労働も含めて制限のない在留資格で日系人の受け入れが進んでいるのも事実である。いわゆる外国人労働者としていずれは本国にUターンするという目的での滞在も大阪でも多くなってきている。在日韓国・朝鮮人が自営業や中小企業に多くかかわるのに対して，非永住者としての彼らは関西新空港建設，インテリジェントビルなどの建設業などの日雇い労働や零細企業の工員，ホステスなど不安定な雇用労働条件で働いている新しい層も出現している。このように永住者とともに，日本の経済成長に対応して，留学やビジネスの目的で新たに入国してきたニューカマーといわれる人たちもいる。本国との頻繁な往復をし，短期に滞在して経済的に利益を得て帰国する層の増大も大きくなりつつある。大都市大阪へ，高度熟練労働者として入国し，日本人の海外赴任と同様に，本国へ帰還するいわゆる先進国間労働移動による長期滞在者も多い。同じ韓国・朝鮮籍でありながら，永住者とニューカマーでは，大きな違いがあることを視野にいれ

ておかねばならない。

第3節　実査結果

1．実査対象者の基本属性

1）大学・学部・男女比

近畿圏の大学，短大に在籍する学生を対象としたが，〈4年制大学在学生〉は，64.7%，〈短大生〉は，35.3%と4年制大学生の比率が高い。所属学部は，〈文学部〉18.7%,〈教養学部〉4.2%,〈人文学部〉29.2%,〈生活学部〉35.3%,〈音楽学部〉7.5%,〈教育学部〉4.4%と文系に偏っている。男女比も，〈男子〉13.7%,〈女子〉84.3%と女子が多い。

2）出身地・居住形態・家族形態・年齢

近畿圏の大学に通学する学生ゆえに出身地は〈近畿〉が78.4%と最も多い。ついで〈中国・四国〉,〈北陸〉,〈九州〉と続く。自宅から通学している学生が多く，〈両親と同居している〉学生は66.3%，それに対して〈一人暮らしをしている〉学生は22.6%であった。家族形態は，〈両親ともいる〉学生が，94.5%を占め，父の年代は，〈40歳代〉が40.7%,〈50歳代〉が38.0%でベビーブーム世代といえる年齢層である。また母の年代は，〈40歳代〉が63.6%,〈50歳代〉が17.1%であった。学生たちの年齢は，〈19歳〉が最も多く39.3%，ついで〈20歳〉が25.1%,〈18歳〉が24.9%,〈21歳〉が7.4%,〈22歳〉が2.1%であった。20歳前後の学生が調査対象者となった。

2．国際移動に関する考え

1）海外就職

〈どんな状況でも行く〉と答えた積極的な者は，8.5%，ほとんどは，〈場合によって行く〉60.6%であり，これらの回答をあわせれば約70%近くが海外就職を肯定的に捉えている。しかし〈できるなら国内にいたい〉22.5%,〈絶対

第2章　国際移動への志向はどのように生まれるか

日本を離れたくない〉7.0％と約30％近くは海外就職に否定的である。海外就職の渡航希望国は，〈西ヨーロッパ〉53.8％，〈アメリカ〉52.7％，〈オーストラリアとニュージーランド〉48.5％，〈カナダ〉32.4％と西欧諸国が大半を占めている（複数回答）。一方〈中国〉18.9％，〈東南アジア〉15.9％とアジアの国もあげられているが，欧米諸国に比すれば半分である。渡航時期は，〈独身の時〉が，52.9％と多く，ついで〈子どもを持った後〉26.8％，〈いつでもよい〉11.6％とつづく。海外就職したい理由を複数回答で聞くと，〈国際的思考などが身につく〉62.8％，〈自分の可能性が試せる〉47.1％，〈国際的キャリアができる〉40.4％，〈生活に変化ができておもしろい〉36.4％といった個人の内面のキャリア・アップや個人の生活の楽しみが動機に多くあげられ，〈職業上の地位が上がる〉4.0％，〈会社の人事命令〉3.5％，〈高い報酬が期待できる〉2.0％といった地位上昇志向はそれほど動機に関連していなかった。

2）国際結婚・結婚に伴う渡航

〈日本人と結婚したい〉と答えた者が一番多く47.0％，〈外国人との結婚も考えられる〉32.2％より上回っている。〈外国人とは結婚したくない〉と言いきる者も11.8％おり，国際結婚に否定的な意見の方が上回っている。国際結婚したい者の相手国として選ばれたのは，〈アメリカ〉50.3％，〈西ヨーロッパ〉41.8％，〈オーストラリアとニュージーランド〉38.9％，〈カナダ〉33.2％と欧米諸国が上位にあげられた。一方結婚相手に随行して渡航するかどうか尋ねたところ，〈場合によって行く〉50.0％，〈どんな状況でも行く〉36.7％と積極的な答えが得られた。〈できるなら国内にいたい〉という消極派は8.7％にしかすぎない。

3）海外居住

〈行ったり来たりしたい〉48.1％といわゆる回遊派が最も多く，〈人生のある時期暮らしたい〉24.6％という一時滞在派がこれにつづく。〈日本を離れたくない〉と答えた者も13.8％いる。〈いつか永住したい〉と答えた者は7.8％にしかすぎない。海外移住希望国は〈オーストラリアとニュージーランド〉52.7％，

〈西ヨーロッパ〉48.4%，〈アメリカ〉42.0%，〈カナダ〉31.6%の順に人気がある（複数回答）。海外居住時期は，〈独身中〉と答えた者が42.0%，〈結婚して子ども無しの時〉16.1%，〈結婚して子ども有りの時〉12.4%，〈自分や配偶者の退職後〉11.0%と海外就職と同じような傾向を示している。

4）海外留学

〈海外留学したい〉と答えた者は41.3%，〈わからない〉と答えた者は37.2%，〈したくない〉19.4%であった。留学したい国は〈アメリカ〉54.0%，〈西ヨーロッパ〉45.2%，〈オーストラリアとニュージーランド〉41.8%，〈カナダ〉31.7%と英語圏の国が選ばれる傾向にあり，またアジア圏の中では中国11.8%が一番多い（複数回答）。留学の時期は〈在学中〉40.7%，〈卒業後〉33.0%と続いている。

5）結婚相手の渡航に同行

〈結婚相手の渡航にどのような状況においても同行したい〉と答えた積極的な者が，36.2%，〈場合によって行く〉と答えた者が50.5%であった。〈できるなら国内にいたい〉と答えた者は，8.2%であった。結婚相手の海外赴任に関しては，単身赴任より家族同行を望む傾向であった。

なお，この調査サンプルの85%は女性であるが，以上のような〈国際移動〉に関する意識，〈海外就職〉〈国際結婚〉〈海外居住〉〈海外留学〉〈結婚相手の渡航に同行〉それぞれについての男女の有意な意識差はみられなかった。

3．地域の外国人居住状況

1）地域における外国人居住状況

〈近所では見かけたことがない〉者が44.5%と最も多く，〈少し住んでいるようである〉28.1%，〈ほとんどみかけない〉21.9%の順であった。約3割の者が〈少し住んでいる〉と意識していることは居住外国人の存在を身近に感じていることを意味している。アメリカと答えた者が33.9%，東南アジアと答えた者が24.4%，韓国18.9%，中国12.2%とアメリカとアジア系が居住外国人のほとん

などを占めている，と大学生は考えている。

2）外国人と顔を合わせる機会

〈街や電車などで見かける〉が一番多く59.0%，〈身近な所でみかける〉17.4%と実際の生活の中での交流は少ない。〈日常生活の中でつきあう機会がある〉と答えたのは7.1%にすぎない。

3）外国人と認識する基準

路上などで，日本人が外国人と意識するのは何を手がかりとするかという質問に対して，〈外見—目鼻立ちや頭髪，目の色など〉と答えた者が94.0%，〈言葉—日本語のたどたどしさや外国語を話していること〉71.8%，〈体つき—身長が高い〉27.1%などが認識基準としてあげられた。外見を手がかりに《外国人》としてのレッテルを貼る傾向がある。このことは，裏返せばアジア系の外国人は，直接話をしたり，言葉を聞いたりしない限り外国人として認識されない傾向があることを示している。

4）身の周りの外国人の増加

〈ある程度感じる〉者が，48.4%と約半数が増加していると感じている。

4．現在の外国人との交流状況

1）外国人教師の勤務の有無

〈中学校の時に勤務していた〉と答えたものが，56.7%であったのは，アシスタント・イングリッシュ・ティーチャーが約半数程度中学校においても配属されている状況を物語っている。高校に77.8%とさらに上昇するが，大学では52.7%と逆に落ちている。大学における外国人教師は高校よりも総数として多いはずなのに少なく認識されているのは，大学においては多くの科目から単位を履修するため，外国人教師が勤務していても担当授業を受ける機会が少なかったことが影響していると思われる。それに比べて，高校では，アシスタント・イングリッシュ・ティーチャーの授業が必修であることが多く，一度でも授業を受けた経験がこの高い数字に影響したと思われる。

2）ホームステイ受入経験の有無

近畿圏を対象としたこともあって、都市に居住しているので外国人と接する機会も多く相互の社会的距離は相対的に近いから〈自宅でのホームステイ経験の受け入れのある〉者が4.1%、総数で46名いた。

3）高校での海外からの留学生の有無

外国人教師にくらべて高校での留学生の受け入れは少なく、約60%が〈自分の高校に留学生がいなかった〉と答えている。35.0%は〈留学生はいたが、話をしたことがない〉と答えている。やはり言葉の壁で話をするきっかけを失っているようである。同年代の外国人と学校で接した機会は、少ないように思われる。しかし3.5%は〈かなり親しくなった〉と答えており、機会さえ用意されればこの数字はもっと大きくなると思われる。英語圏からの留学生が多く、やはり一番多いのは、〈オーストラリアとニュージーランド〉が留学生の国籍の44.5%を占め、ついで〈アメリカ〉33.2%、〈カナダ〉13.3%、〈西ヨーロッパ〉9.0%と続き、〈東南アジア〉13.0%、〈中国〉7.4%、〈韓国〉4.0%とアジア諸国からの高校への受入れは地理的に近いにもかかわらず少ない。

4）大学における留学生の数

〈留学生はいない〉と答えた者が72.4%、〈留学生はいるが少数である〉と答えた者が18.6%であり、高校時代より留学生との交流は少なくなっているようである。実際には多くの大学で留学生の受け入れは進んでいるが、今回の調査対象に留学生の受け入れの制度のない短大・大学が含まれていたことがこの結果に影響していると思われる。また実際に留学生がいても、広いキャンパスの中で出会い、交流する機会も少なかったことも影響しているのではないだろうか。

5）海外経験の状況

〈海外団体旅行の経験がある〉者が、17.1%、〈海外個人旅行の経験がある〉者が14.3%、〈語学研修の経験のある〉者が6.2%と少なく、〈海外経験の無い〉者が65.5%とかなりいる。経験のある者もほとんど観光旅行などの一時滞在で、

生活を共にした者は少ない。旅行，留学の行き先は，〈アメリカ〉が43.4%，〈東南アジア〉21.0%，〈オーストラリアとニュージーランド〉18.9%，〈西ヨーロッパ諸国〉15.4%，〈中国〉13.2%，〈韓国〉11.6%と西欧諸国とならんでアジア圏への海外経験が多い。この傾向は，外国人との交流相手国と同じ傾向がみられる。

6) 現在の外国人との交流

過去にも〈外国人と接した経験がない〉という者が58.8%にものぼる。しかし，〈親しくした経験のある〉者は25.6%，〈現在も親しくしている〉者は14.7%であった。接した外国人の国籍は，〈アメリカ〉が一番多く，40.6%であった。しかし〈韓国〉24.3%，〈西ヨーロッパ〉18.9%，〈オーストラリアとニュージーランド〉16.2%，〈中国〉14.9%，〈カナダ〉12.1%，〈東南アジア〉9.4%とアジア圏との交流もさかんであることがわかる。接した感想として，〈とくに日本人と変わらない〉と答えた者が53.9%と一番多く自然態で交際している様子がうかがえる。しかし，19.7%の者は〈多少違和感〉があると答え，さらに2.2%にすぎないが，〈付き合いにくい〉と答えている者もあり，言葉や生活習慣等に対する障壁の存在が見える。その反面，〈日本人よりつきあいやすい〉と答えた者も，9.9%に上り，自由な交際を楽しんでいる者も少なくない。現在交流のない者で〈今後外国人と接する機会を望む〉者は61.7%であり，機会がないだけで，外国人との交流を望む者は多い。

5．外国人に対する家族の考え

〈外国人が家族の話題にのぼったことがない〉者が59.0%にのぼる。13.9%が〈特定の外国人のよくない風評〉を聞き，4.5%が〈外国人一般のよくない風評〉を家族から聞いている。13.2%が〈特定の外国人のよい風評〉を聞き，6.6%が〈外国人一般のよい風評〉を聞いている。家族の話を聞いた者のうち48.2%が〈よくない風評〉を聞き，51.8%が〈よい風評〉と評価ははぼ半数に分かれている。風評を聞いたもののうち36.5%は〈中学校の時〉，26.4%は〈小学校高学年の時〉

と，比較的若い年代に聞かされている。

6．外国人と接する意味と不安

　外国人と接する意味は，〈国際的思考が身につく〉と答えた者が77.5%，〈生活に変化が生じおもしろい〉と答えた者が33.3%，〈なんとなく楽しそうだから〉と答えた者が23.8%であった。外国人と交際することで，自分にプラスになると考える者が多いのも日本の若者の特徴だろうか。しかしこの調査の感想をよせてくれた学生の中には，何か自分の得することのために交流するというのはほんとうの友達としての付き合いではないという意見もよせられていた。しかし〈国際的思考が身につく〉と答えた者が多いのは，日本にいながら外国人と接する機会を持つには，日本人から意図的に機会を作らざるをえない現状からすると，理解できる。外国人と接する時の不安として第一にあげられたのは，やはり〈会話が難しい〉79.0%という言葉の障壁であった。次に〈常識が通用しない〉31.7%，〈なんとなく気詰まり〉10.8%と言葉の問題だけでない生活規範レベルや，さらに人間関係レベルにまで不安を持っていることがわかる。

7．外国人の人権についての意識
１）路上の外国人に対してとる行動

　〈思わず振りかえったりした〉56.9%と，〈とくに意識しなかった〉35.3%を上回って回答された。「珍しい」という意識が残っていることがわかる。さらに〈英語で話しかけようとした〉11.3%と積極的な接触を試みた者もいるが，これらの者は〈手助けしようとした〉6.7%とは異なり，相手の意思に係わらず接触を試みようという傾向が見られる。その一方で〈話しかけられると困るので避けた〉という回答も8.2%あり，日本人側の語学力や外国人に対する態度が外国人に対してとる行動に大きく影響していることがわかる。いずれにしても外国人に対しては特別な行動をとる者が多いことがわかる。

2）日本で働く外国人の仕事—男性の仕事

〈特有の技能を生かした就職〉61.0%,〈工場などの単純労働者〉59.9%とほぼ同数の回答を得た。とくに国籍を指定せず聞いたので国籍別にイメージする仕事も異なると思われるが,〈外資系企業の経営者や管理者〉35.9%,〈高度な技術を生かして就職〉21.1%と幅のひろい職業がイメージされている。日本が単純労働に限らず,専門的な技能を必要とする労働においても,さまざまな労働力（男性労働力）を受け入れている状況を認識している。

3）日本で働く外国人の仕事—女性の仕事

上記の外国人男性の仕事イメージに比べて,女性の仕事イメージは〈風俗営業などの接客業〉に収斂する傾向がある。回答をよせた者（不明を除くと）の87.6%に上る現状は,日本人の外国人女性に対するイメージの偏よりを示していると思われる。日本人の女性の仕事に関する性別役割観が,より顕著に外国人女性にも投影されていると思われる。

4）日本で働く外国人の仕事—男女の仕事

〈外国語教師〉80.0%,〈医師,弁護士等の専門職〉29.8%〈飲食店・小売店等の経営〉23.2%と専門性の高い仕事や独立した自営業など,とくにスモールビジネスがイメージされている。

5）日本で働く外国人の生活水準

〈いろいろな水準の人がいる〉50.5%と多様性を認識しているが,〈日本人より水準がやや低い〉26.5%と答えた人が,〈日本人より水準が高い〉4.2%,〈日本人より水準がやや高い〉4.2%よりはるかに上まっている。先ほどの仕事イメージと関連していると思われるが,単純労働などの低賃金労働が外国人労働力に依存している日本の現状を鑑みての答えだと思われる。

6）就労外国人が増加する理由

〈発展途上国の人たちの出稼ぎ〉を理由として考える人が52.0%,〈円高によって魅力ある場所だから〉と考える人が42.8%,〈国際間の交流が盛んになったから〉と考える人が39.0%,〈局地紛争の結果〉と考える人が22.3%という結果

を得た。多くの人が，国と国との経済的格差を就労外国人の増加の理由と考えている。1987年に行われた，法務省入国管理局〈外国人の就労に関する意識調査〉では，〈国際間の交流が盛んになったから〉と答えた人が62.7%と一番多く，ついで〈円高によって魅力ある場所になったから〉と答えた人が45.1%と本調査と同じ質問でありながら，異なった傾向を示している。1987年から1997年にかけての10年間の日本の経済状況の変化が外国人労働の意味づけを変えたと思われる。

7）外国人の日本での就労について

〈必要なら区別なく認める〉72.7%，〈一定水準以上の知識，能力を持っている者なら認める〉18.2%と就労を肯定する者が多い。1988年に行われた，内閣総理大臣官房広報室「外国人の入国と在留に関する世論調査」によると，〈必要なら区別なく認める〉は35.1%，〈一定水準以上の知識，能力を持っている者なら認める〉は26.1%であった。1988年調査では，条件無しで外国人就労を肯定する者はこの調査の半数以下にしかすぎなかった。この調査結果は，今回の調査が大学生を対象にしたことによるのか，外国人就労にたいして肯定的な風潮が生まれたことによるのかはわからないけれども，若い世代は，外国人による日本における就労に肯定的であるという結果であった。

8）外国人労働の種類について

日本人の就きたがらない職業に外国人が就くことに関して〈希望により就いてもらう〉と考える人が54.9%と，〈押し付けるのはよくない〉26.8%と考える人をはるかに上回った。1988年の内閣総理大臣官房広報室「外国人の入国と在留に関する世論調査」では，〈希望によりついてもらう〉は，34.7%であった。現在の若者の中で外国人の単純労働やいわゆる3K労働について本人の同意があれば問題ないと考えている若者が多い。

9）外国人が超過滞在した時の医療問題

78.5%の〈改善するべきである〉が，7.1%の〈仕方がない〉を上回り，人道的立場での処置を求めている。超過滞在の場合，医療保険の関係で，健康診断

や早期治療が困難な場合が多い。ボランティアのレベルでは治療や健康診断が行われているが，政府レベルでの対応が望まれるところである。

10）外国人の職業が限定されていることについて

約半数の51.7%が〈改善すべきである〉と答えているが，31.0%が〈どちらとも言えない〉と態度を保留している。半数の若者が，本人の能力と希望に応じて職業の自由を認めるべきだと考えている。

11）外国人の滞在期間の制限について

職業の自由については半数が肯定的だが，滞在期間の制限については，38.8%の〈仕方がない〉が一番多く，ついで〈どちらともいえない〉35.7%と，滞在期間については厳しい。不法滞在などの問題を報道機関で聞くことが多いので，ビザの問題については慎重な意見が多い。

12）外国人の参政権

外国人が参政権を持つことに対して〈どちらともいえない〉と判断を保留する人が40.7%と一番多いが，〈改善すべきである〉32.7%と外国人の人権の問題として前向きに考えていこうとする傾向がみられる。

8．家族についての個人の価値観

1）シングル主義

〈結婚しなくてもよい〉に賛成が72.2%で，〈どちらかといえば結婚しなくてもよい〉の22.4%とあわせると94.6%の者が，シングル主義に賛成である。

2）家庭内の性別役割に対する価値観

〈どちかといえば反対〉36.2%と〈反対〉35.7%をあわせると71.9%が性別役割を否定している。

3）結婚後は家族中心か個人中心か

約半数である49.9%が〈どちらかといえば賛成〉と回答し，〈賛成〉15.5%も合わせれば4分の3近くが家族中心ということになる。〈どちらかといえば反対〉も25.7%いるが，結婚後はマイホーム主義に傾く。結婚に対しては個人の自由

であると考えるが，結婚後はその個人の自由も幾分束縛されたとしても仕方ないと考えている。

4）家族の人生の重要事項への関与

〈場合によっては相談〉が59.5%と一番多く，ついで〈常に相談する〉が24.4%であるから，家族の関与度が非常に高いことがわかる。

5）友達の人生の重要事項への関与

家族と同様〈場合によって相談〉が66.9%，〈常に相談する〉が19.9%と合わせると関与度が80%を超える。大学生にとっては家族と同様友達も重要な相談相手と考えている。

第4節　仮説の検証

仮説の検証については，カイ二乗検定によって独立性の検定を試みた。5%水準で有意差が認められた仮説に関しては括弧にp値を記した。以下には個々の仮説について確認を行う。

1．現在の外国人との交流 ←→ 将来の国際移動　仮説1

仮説1　若者が外国人と積極的に交流しているほど，国際移動（海外就職，国際結婚，海外居住，海外留学，結婚相手の渡航に同行）への志向が高くなる。

先に示した要因関連図から，現在の外国人の交流に関しては，現在の外国人との交流頻度と国際移動への志向についての関連がみられた。

外国人と過去にも接した経験のない人は，海外就職に関しても否定的で，〈できるなら国内にいたい〉とか，〈絶対日本を離れたくない〉という回答が多かった（$p<0.01$）。結婚相手の渡航に同行するかどうかについても，過去に外国人と接した経験のない人は〈どのような状況でも行く〉と答えた人は少なく，〈できるなら日本にいたい〉と思っている（$p<0.01$）。現在親しい人や，過去に親

第 2 章　国際移動への志向はどのように生まれるか

しくした経験のある人は，〈外国人との結婚も考えられる〉と答えた人が 4 割以上もおり，〈過去に外国人と親しくした経験のない〉人を上回って国際結婚に肯定的である（$p<0.01$）。海外への居住についても過去に外国人と接した経験のない人は，経験のある人に比べて〈日本を離れたくない〉と答えた人が多い（$p<0.05$）。海外留学に関しても過去に外国人と接した経験のない人は留学に関しても経験のある人と比べて非積極的である（$p<0.01$）。

表 2 - 3　現在の外国人との交流×海外就職

海外就職	現在の外国人との交流状況			総計
	現在親しい	親しくした経験あり	過去に経験なし	
どのような状況でも行く	26 27.1%	32 33.3%	38 39.6%	96 (8.6%)
場合によって行く	100 14.7%	188 27.6%	393 57.7%	681 (61.5%)
できるなら国内にいたい	27 10.6%	50 19.6%	178 69.8%	255 (23.0%)
絶対日本を離れたくない	10 13.0%	16 20.8%	51 66.2%	77 (6.9%)
総計	163	286	660	1109

注：総計（%）は縦計100%　$p<0.01$

表 2 - 4　現在の外国人との交流×結婚相手の渡航に同行

結婚相手の渡航に同行	現在の外国人との交流状況			総計
	現在親しい	親しくした経験あり	過去に経験なし	
どのような状況でも行く	70 17.2%	130 31.9%	207 50.9%	407 (37.7%)
場合によって行く	77 13.7%	132 23.4%	355 62.9%	564 (52.3%)
国内にいたい	11 10.2%	17 15.7%	80 74.1%	108 (10.0%)
総計	158	279	642	1079

注：総計（%）は縦計100%　$p<0.01$

表2－5　現在の外国人との交流×国際結婚

国際結婚	現在の外国人との交流			総計
	現在親しい	親しくした経験あり	過去経験なし	
外国人と結婚したい	6 26.1%	5 21.7%	12 52.2%	23 (2.2%)
外国人との結婚も考えられる	60 16.4%	118 32.2%	187 51.4%	365 (34.8%)
日本人と結婚したい	77 14.6%	116 22.0%	334 63.4%	527 (50.3%)
外国人と結婚したくない	11 8.3%	31 23.3%	91 68.4%	133 (12.7%)
総計	154	270	624	1048

注：総計（％）は縦計100％　$p<0.01$

表2－6　現在の外国人との交流×海外居住

海外居住	現在の外国人との交流			総計
	現在親しい	親しくした経験あり	過去経験なし	
いつか永住したい	14 17.7%	26 32.9%	39 49.4%	79 (7.5%)
人生のある時期暮したい	47 19.9%	85 30.6%	146 52.5%	278 (26.5%)
行ったり来たりしたい	73 13.5%	129 23.9%	337 62.6%	539 (51.3%)
日本を離れたくない	19 12.3%	28 18.2%	107 69.5%	154 (14.7%)
総計	153	268	629	1050

注：総計（％）は縦計100％　$p<0.05$

表2－7　現在の外国人との交流×海外留学

海外留学	現在の外国人との交流			総計
	現在親しい	親しくした経験あり	過去経験なし	
したい	97 20.9%	147 31.6%	221 47.5%	465 (68.1%)
したくない	21 9.6%	41 18.8%	156 71.6%	218 (31.9%)
総計	118	188	377	683

注：総計（％）は縦計100％　$p<0.01$

2．地域の外国人居住状況 ←→ 将来の国際移動　仮説2

　仮説2　地域における外国人の居住状況は，国際移動への若者の志向に影響
　　　　　を与える。

　地域の外国人居住状況については，学校や地域，路上で外国人と接触する機会はいろいろあるが，その中でも地域における外国人居住状況の多少と，国際移動への志向との関連をみた。

　若者が住んでいる地域にたくさん外国人が住んでいるほど，海外就職に積極的であった（$p<0.01$）。

表2-8　地域の外国人居住状況×海外就職

海外就職	地域の外国人の居住状況			総計
	近所で見たことはない	ほとんど見かけない	住んでいる	
どのような状況でも行く	39 40.7%	17 17.7%	40 41.6%	96 (8.7%)
場合によって行く	281 41.3%	165 24.3%	234 34.4%	680 (61.4%)
出来るなら国内にいたい	136 53.9%	47 18.7%	69 27.4%	252 (22.8%)
絶対に日本を離れたくない	43 54.4%	15 19.0%	21 26.6%	79 (7.1%)
総計	499	244	364	1107

注：総計（%）は縦計100%　$p<0.01$

3．外国人に対する家族の考え ←→ 将来の国際移動　仮説3

　仮説3　家族員が外国人に対していだくイメージがプラスであれば，国際移
　　　　　動への若者の志向が高くなる。

　外国人に対する家族の考えについては，外国人に対する家族の風評と国際移動への志向の関連を検討した。

　外国人一般のよい風評を聞いている者は，海外就職にどのような状況でも行くと答える者がその他の風評を聞いている者より多く，一方特定の外国人のよ

くない風評を聞いている者ほど〈できるなら国内にいたい〉と答える者が多い（p＜0.01）。国際結婚，海外居住，結婚相手の渡航に関しての積極性と外国人に対する家族の考えとは関連性がみられなかった（n.s.）。家族から外国人一般のよい風評を聞いている者ほど〈海外留学したい〉と答える者が多い（p＜0.01）。

表2－9　外国人に対する家族の考え×海外就職

海外就職	地域の外国人の居住状況				総計
	特定外国人良くない風評	外国人一般良くない風評	外国人一般良い風評	特定外国人良い風評	
どのような状況でも行く	12 24.5%	5 10.2%	25 51.0%	7 14.3%	49 (11.5%)
場合によって行く	98 36.3%	28 10.4%	93 34.4%	51 18.9%	270 (63.4%)
国内にいたい	46 43.0%	18 16.8%	26 24.3%	17 15.9%	107 (25.1%)
総計	499	244	317	47	426

注：総計（％）は縦計100％　p＜0.01

表2－10　外国人に対する家族の考え×海外留学

海外留学	地域の外国人の居住状況				総計
	特定外国人良くない風評	外国人一般良くない風評	外国人一般良い風評	特定外国人良い風評	
したい	68 31.5%	25 11.6%	84 38.8%	39 18.1%	216 (76.3%)
したくない	31 46.3%	13 19.4%	12 17.9%	11 16.4%	67 (23.7%)
総計	99	38	96	50	283

注：総計（％）は縦計100％　p＜0.01

4．外国人と接する時の不安 ⟷ 将来の国際移動　仮説4

　仮説4　外国人と接する時の不安は，国際移動への若者の志向を低める。

　外国人と接する時の不安については，不安の有無と国際移動への志向との関連を調べた。

　外国人と接する時に不安のある人は海外就職について否定的で〈国内にいたい〉と答えた人が多い（$p<0.01$）。外国人と接する時の不安と国際結婚に関しての積極性は関連がなかった（n.s.）。海外居住に関しても外国人と接する時に不安がない人ほど，海外居住に関しても〈永住したい〉と答える人が多く，〈外国人と接する時不安がある〉と答えた人は，〈日本を離れたくない〉，〈行ったり来たりしたい〉と答える人が多い（$p<0.01$）。海外移住に関しては，〈別荘のような形で行ったり，来たりしたい〉という回答が一番多かった。〈行ったり来たりしたい〉という回答をした者は，コミュニティーに溶け込み，そこで住民として生活するのではなく，海外で一時的に暮らすことを希望している。

　そこで，海外居住に対する志向と外国人と接する時の不安の内容をクロス集計した（表2－13）。その結果，有意差は得られなかったが，〈言葉の問題〉や〈気詰まり〉を感じる者ほど，〈行ったり来たりしたい〉，〈日本を離れなくない〉と回答する者が多かった。海外で実際に生活し，人間関係を持つことになると，

表2－11　現在の外国人と接する時の不安×海外就職

海外就職	外国人と接する時の不安		総計
	不安あり	不安なし	
どのような状況でも行く	80 83.3%	16 16.7%	96 (8.7%)
場合によって行く	634 93.1%	47 6.9%	681 (61.7%)
国内にいたい	305 93.6%	21 6.4%	326 (29.6%)
総計	1019	84	1103

注：総計（％）は縦計100%　$p<0.01$

表2−12　現在の外国人と接する時の不安×海外居住

海外居住	外国人と接する時の不安		総計
	不安あり	不安なし	
いつか永住したい	67 84.8%	12 15.2%	79 (7.5%)
人生のある時期暮らしたい	253 91.0%	25 9.0%	278 (26.4%)
行ったり，来たりしたい	516 95.3%	25 4.9%	541 (51.3%)
日本を離れたくない	143 91.7%	13 8.6%	156 (14.8%)
総計	979	75	1054

注：総計（％）は縦計100％　$p<0.01$

表2−13　海外居住×外国人と接する時の不安

海外居住	地域の外国人の居住状況			総計
	会話が難しい	常識が通用しない	気詰まりを感じる	
いつか永住したい	55（82.1%）	26（38.8%）	3（4.5%）	84（M.A.）
人生のある時期暮したい	206（81.4%）	94（37.2%）	25（9.9%）	311（M.A）
行ったり来たりしたい	460（89.1%）	160（31.0%）	62（12.0%）	682（M.A）
日本を離れたくない	123（86.0%）	58（40.6%）	26（18.2%）	207（M.A）
総計	844	338	116	1049

(n.s.)
注：総計をのぞいて横計100％　セル中の％は，海外居住の各項目に答えた人数を母数として％を記した。
　外国人と接する時の不安はマルチアンサーであるので，縦計と横計は一致しない。
　：カイ二乗検定は述べ人数回答数（157）を合計して，それぞれのセルの度数をカイ二乗検定にかけた。

必ず〈言葉〉の壁にぶつかる。〈日本と外国を行ったり，来たり〉を選択する理由は，生活のベースは日本に置き，外国の生活を覗き見程度と考えるからではないだろうか。海外留学に関しては，外国人に接する時の不安との関連性はみいだされなかった（n.s.）。

5．家族についての個人の価値観 ←→ 将来の国際移動　仮説5

仮説5　性別分業などの家族生活についての革新的な価値観を支持するほど，国際移動への志向が高くなる。

家族についての個人の価値観の中でとくに〈性別分業意識の有無〉と国際移動への志向との関連をみた。

性別分業意識を持っている人ほど結婚相手の渡航に同行することに消極的である（$p<0.05$）。また，性別分業意識を持っている人ほど国際結婚に消極的である（$p<0.01$）。調査結果から，ジェンダーにかかわる価値観，〈夫は外で働き，

表2－14　性別分業についての意識×結婚相手の渡航に同行

結婚相手の渡航に同行	性別分業に関して		総計
	賛成	反対	
どのような状況でも行く	114 28.1%	291 71.9%	405 (37.6%)
場合によって行く	140 24.9%	422 75.1%	562 (52.3%)
国内にいたい	39 35.8%	70 64.2%	109 (10.1%)
総計	293	783	1076

注：総計（%）は縦計100%　$p<0.05$

表2－15　性別分業についての意識×国際結婚

国際結婚	性別分業に関して		総計
	賛成	反対	
外国人との結婚も考えられる	78 20.3%	307 79.7%	385 (36.7%)
日本人と結婚したい	151 28.5%	378 71.5%	529 (50.5%)
外国人と結婚したくない	66 49.3%	68 50.7%	134 (12.8%)
総計	295	753	1048

注：総計（%）は縦計100%　$p<0.01$

妻は家庭を守るべきである〉という性別分業意識を持っている人ほど，結婚相手の渡航に同行，国際結婚に関しては消極的であることが考察できる。

6．人生の重要事の相談の仕方 ←→ 将来の国際移動　仮説6

　　仮説6　人生の重要な事柄を友達に相談するほど，国際移動への若者の志向
　　　　　が高くなる。

〈家族についての個人の価値観〉の中で，〈友達に人生の重要事を相談するかどうか〉という変数を，リプセットとベンディクスの理論で展開された達成動機にかかわる〈早期の親からの独立〉を測定する変数として採用した。

〈人生の重要な事を，友達に相談する〉人ほど，海外での就職に対して積極的であり（$p<0.01$），海外留学に関しても積極的に行く人が多い（$p<0.01$）。

表2-16　人生の重要事の相談×海外就職

海外就職	人生の重要事を友達に相談するか		総計
	相談する	相談しない	
行く	698 89.8%	79 10.2%	777 (69.7%)
国内にいたい	279 82.8%	58 17.2%	337 (30.3%)
総計	977	137	1114

注：総計（%）は縦計100%　$p<0.01$

表2-17　人生の重要事の相談×結婚相手の渡航に同行

結婚相手の渡航に同行	人生の重要事を友達に相談するか		総計
	相談する	相談しない	
行く	864 88.9%	108 11.1%	972 (89.9%)
国内にいたい	90 82.6%	19 17.4%	109 (10.1%)
総計	954	127	1081

注：総計（%）は縦計100%　$p<0.05$

第2章　国際移動への志向はどのように生まれるか

表2－18　人生の重要事の相談×海外居住

海外居住	人生の重要事を友達に相談するか		総計
	相談する	相談しない	
いつか永住したい	64 81.0%	15 19.0%	79 (7.5%)
人生のある時期暮らしたい	258 92.5%	21 7.5%	279 (26.4%)
行ったり来たりしたい	483 89.3%	58 10.7%	541 (51.4%)
日本を離れたくない	125 80.1%	31 19.9%	156 (14.7%)
総計	930	125	1055

注：総計（％）は縦計100％　p＜0.01

表2－19　人生の重要事の相談×海外留学

海外留学	人生の重要事を友達に相談するか		総計
	相談する	相談しない	
したい	422 90.4%	45 9.6%	467 (68.1%)
したくない	187 85.4%	32 14.6%	219 (31.9%)
総計	609	77	686

注：総計（％）は縦計100％　p＜0.01

また結婚相手の渡航に同行すること関しても〈友達に人生の重要な事を相談する〉人は積極的である（$p<0.05$）。海外居住に関しては〈友達に人生の重要な事を相談しない〉人は，日本を離れたくないと思っている人が多い（$p<0.01$）。

7．外国人の人権に対する意識 ⟷ 将来の国際移動　仮説 7

仮説 7　外国人の人権を擁護する意識の強い人ほど，国際移動への若者の志向が高くなる。

外国人の人権に対する意識は，多数の変数を設定した。その中で外国人の職業限定と外国人の参政権への意識は，大学生の国際移動への志向と関連してい

表 2－20　外国人の職業限定×海外就職

海外就職	外国人の職業限定について		総計
	仕方ない	改善すべき	
どのような状況でも行く	14 19.7%	57 80.3%	71 (9.3%)
場合によって行く	102 21.1%	382 78.9%	484 (63.5%)
できるなら国内にいたい	47 30.3%	108 69.7%	155 (20.3%)
絶対日本を離れたくない	20 37.7%	33 62.3%	53 (6.9%)
総計	183	580	763

注：総計（％）は縦計100％　$p<0.01$

表 2－21　外国人の参政権×海外就職

海外就職	外国人の参政権の無いことについて		総計
	仕方ない	改善すべき	
どのような状況でも行く	26 40.0%	39 60.0%	65 (10.0%)
場合によって行く	154 39.8%	233 60.2%	387 (59.6%)
できるなら国内にいたい	76 51.7%	71 48.3%	147 (22.6%)
絶対日本を離れたくない	28 54.9%	23 45.1%	51 (7.8%)
総計	284	366	650

注：総計（％）は縦計100％　$p<0.01$

第2章 国際移動への志向はどのように生まれるか

るという結果が得られた。

〈外国人の就ける職業が限定されている〉ことを改善すべきであると考える人ほど，海外就職にどのような状況でも行くと答える人が多い（$p<0.01$）。また〈外国人に参政権のないことを改善すべきである〉と考える人ほど，海外就職についてどのような状況でも行くと答える傾向がある（$p<0.01$）。自分が外国人になる可能性を認める人ほど，在日外国人の人権問題解決について積極的である。

第5節　国際移動への志向に影響する変数の相関

1．国際移動への志向（海外就職・海外居住・国際結婚・海外留学）と独立変数との相関

〈海外就職〉とは，〈家族の外国人に対する風評〉（ピアソンの相関係数−0.178**），〈外国人との交流状況〉（0.138**），〈地域の外国人の居住状況〉（0.110**），〈外国人の職業限定〉（−0.115**），〈性別分業意識〉（−0.148**）などの独立変数と相関がみられる。しかしいずれもその値は低い。むしろ，海外居住や国際結婚，海外留学，結婚相手の海外渡航へ同行などの従属変数同士の相関の方が，表2−22のように高い。

また〈海外居住〉とは，〈家族の外国人に対する風評〉（ピアソンの相関係数−0.167**）だけが相関がみられ，〈海外就職〉と同様に他の従属変数同士の相関が高い。

〈国際結婚〉に関しても，〈性別分業意識〉（ピアソンの相関係数0.228**），〈外国人の職業限定について〉（0.179**），〈外国人の参政権について〉（0.163**），〈家族の外国人に対する風評〉（0.130**）〈外国人との交流状況〉（0.121**），〈外国人の医療について〉（−0.119**）などの意識要因が相関を示すがその値は低い。

〈海外留学〉に関しては，〈外国人との交流〉（ピアソンの相関係数0.200**），〈外国人の居住状況〉（−0.134**），〈身の回りの外国人の増加〉（0.118**）などが相

表 2-22　国際移動への志向に影響する従属変数同士の相関〈大学生〉

従属変数	従属変数			
	海外就職	海外居住	国際結婚	海外留学
結婚相手の海外渡航に同行	0.401**	0.313*	0.235**	0.296**
海外居住	0.544**		0.378**	0.447**
海外留学	0.539**	0.447**	0.321**	
国際結婚	0.390**	0.378**		0.321**
海外就職		0.544**	0.390**	0.539**

＊p＜0.05　　＊＊p＜0.01

注：海外就職：どのような状況でも行く(1)→日本を離れたくない(4)
　　海外居住：いつか永住したい(1)→日本を離れたくない(4)
　　国際結婚：外国人と結婚したい(1)→外国人と結婚したくない(4)
　　海外留学：したい(1)→わからない(2)→したくない(3)
　　結婚相手の海外渡航に同行：どのような状況でも行く(1)→日本を離れない(4)

関を示すが，その値は低い。

　仮説では，〈海外就職〉，〈海外居住〉，〈国際結婚〉，〈海外留学〉のそれぞれに，独立変数が影響していると設定した。しかし表2-22のような変数の相関結果から，これら四つの従属変数もまた相互に相関を示していた。すなわち，〈海外就職〉を志す者は，〈海外留学〉を志し，さらには〈海外居住〉，〈海外就職〉も志すというように相互に強い関連があった。また，〈結婚相手の海外渡航に同行〉も，これらの変数と強い相関関係にあった。

　そこで，〈海外就職〉，〈海外居住〉，〈結婚相手の海外渡航に同行〉，〈国際結婚〉，〈海外留学〉のそれぞれの5項目を因子分析（主成分分析）にかけると，表2-23のように，1個の因子が抽出された。そこで，これらの5項目の信頼性をみるために，Cronbach's Reliability Coefficient Alfa を見てみると，$\alpha = 0.7261$ であった。そこで，この共通の因子を総合的な国際移動志向を測る尺度として使用することにした。

　国際移動は，〈海外就職〉，〈海外居住〉，〈国際結婚〉，〈海外留学〉，〈結婚相手の海外渡航に同行〉といった個別の従属変数に独立変数が影響しているとい

第2章　国際移動への志向はどのように生まれるか

表2-23　国際移動への志向測定項目の平均・標準偏差・因子得点

国際移動への志向測定項目	平均	標準偏差	因子得点 I
海外就職	2.28	0.72	0.824
海外居住	2.73	0.80	0.602
海外留学	1.78	0.76	0.628
国際結婚	2.74	0.70	0.756
結婚相手の海外渡航に同行	1.73	0.66	0.738

固有値2.552　寄与率51.0％

うよりは，〈どのような形でも国際移動を志向するか，しないか〉といった国際移動全般に関わる尺度を従属変数として設定した方が，独立変数の影響が測定できると考えられる。そこで，〈海外就職〉のカテゴリー（1から4）に，1点から4点を与え，また〈海外居住〉のカテゴリー（1から4）にも，1点から4点を与えた。さらに〈国際結婚〉（1から4）についても，1点から4点を与え，〈海外留学〉については，（1から3）について1点から3点，さらに〈結婚相手の海外渡航に同行〉（1から4）についても1点から4点を与えた。点数が高くなるほど，国際移動に消極的であるので，この尺度を国際移動消極性尺度と名づけた。国際移動消極性尺度は，最高19点を取るものが最も消極的であり，最低5点を取るものが最も積極的であることになる。分析に使用したサンプルは988ケースでその平均値は11.28であり，標準偏差は2.57であった。

２．大学生の国際移動への志向―２変量の単相関―

　国際移動の消極性と学歴や性別のダミー変数を入れて相関をみたが，独立変数どうしの強い相関はみられなかった。
　そこで，重回帰分析をすることによって，変数相互の影響を取り除き，それぞれの独立変数が，国際移動消極性尺度にどのような影響力を持っているか，いくつかのモデルを設定して測定をした。

3．国際移動への志向尺度を従属変数とする重回帰分析結果

18の独立変数を投入してステップワイズ方式で重回帰分析を行った。表2－24はその結果である。最適モデルでは，Adj-R^2は0.215で全分散の21.5％を説明している。最適モデルの変数は，〈家族の外国人に対する風評〉，〈学歴〉，〈外国人の居住状況〉，〈身の回りの外国人の増加〉，〈外国人の職業限定について〉，〈シングル主義について〉，〈人生の重要な事を友達に相談〉，〈性別分業意識について〉，〈外国人の医療について〉，〈外国人との交流について〉であった。

最も重要な影響要因は，〈学歴〉（β = 0.220, $p < 0.01$）であった。学歴が短大であるほど，国際移動に対して消極的になる傾向があった。次に高い影響力を持ったのは，〈外国人の居住状況〉（β = 0.181, $p < 0.01$）であった。外国人がたくさん住んでいるほど，消極的になる傾向が見られた。また，〈身の回りの外国人の増加を感じない〉（β = -0.138, $p < 0.01$）人ほど，国際移動に対して消極的である傾向を示した。さらに次に影響力のあった変数は，〈家族の外国人

表2－24　国際移動への志向尺度を従属変数とする重回帰分析の結果〈大学生〉

独立変数	標準偏回帰係数　β
家族の外国人に対する風評	-0.157**
学歴	0.220**
外国人の居住状況	0.181**
身の回りの外国人の増加	-0.138**
外国人の職業限定について	0.166**
シングル主義について	-0.142**
人生の重要事を友達に相談	-0.121**
性別分業意識について	0.143**
外国人の医療について	-0.096
外国人との交流について	-0.070
定数	10.868
Adj-R^2	0.215
F値	10.421**

* $p < 0.05$, ** $p < 0.01$

に対する風評〉（β = −0.157, p＜0.01）であった。家族が外国人に対して悪い風評を立てるほど，国際移動に消極的になる傾向がある。

また〈シングル主義に反対の人〉ほど国際移動に消極的である（β = −0.142, p＜0.01）。〈結婚はしなくてはいけない〉と思う人ほど，国際移動に消極的である。さらに，〈夫は外で働き，妻は家庭を守る〉という性別役割分業に関して賛成の人ほど，国際移動に消極的である（β = 0.143, p＜0.01）。このように保守的な家族観を抱く人ほど，国際移動に消極的である。

〈人生の重要事を友達に相談しない人〉ほど，国際移動に消極的になる傾向があった（β = −0.121, p＜0.01）。ゆえに家族の外に，〈人生上の重要な他者を持たない〉人ほど国際移動に消極的である。

このような国際移動に消極的な人は，外国人の権利については〈職業の制限は取り除くこと〉に消極的である（β = 0.166, p＜0.01）。

4．国際移動への消極的グループと国際移動への積極的グループの比較

次に，国際移動への志向尺度を使って，サンプルを二つのグループ，すなわち，国際移動への消極的なグループと積極的なグループに分け，重回帰分析で影響力を持った変数に関連のある名義的な水準で測定された変数も加えて，そのプロフィールを明らかにする。

図2−2のように，国際移動消極性尺度は5から19まで分布している。そこで，5点から11点までを国際移動への積極的グループとし，12点から19点までを国際移動への消極的グループとした。

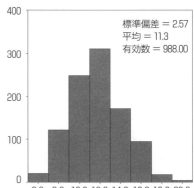

図2−2　国際移動への志向尺度のヒストグラム

(1) 地域の外国人の居住状況について

　地域に外国人が居住していると答えた人のみを対象として，積極的グループと消極的グループでその国籍の構成を比較した。

　国際移動への消極的グループのケースと国際移動への積極的グループを比較すると，表2-25のように国際移動への消極的グループのほうに，アジア系の外国人が居住していると感じている人たちが多かった。それに比して国際移動への積極的グループでは，欧米の外国人が居住していると感じている人たちが多かった。

表2-25　国際移動への志向別グループ×地域に居住する外国人の国籍

国際移動への志向別グループ	地域に居住する外国人の国籍		合計
	アジア系（韓国・朝鮮・中国・台湾・東南アジア）	欧米系（ヨーロッパ・アメリカ・カナダ・オーストラリア等）	
国際移動への積極的グループ	56（45.5％）	67（54.5％）	123（100％）
国際移動への消極的グループ	50（57.5％）	37（42.5％）	87（100％）
合計	106（50.5％）	104（49.5％）	210（100％）

注：総計（％）は縦計100％　$p<0.05$
＊地域に外国人が居住していると答えた者のみ210ケースを対象とした。地域にすむ外国人の国籍は複数回答で回答された。

(2) 学部について

　国際移動への消極的グループには，生活（家政）を専攻する短大生が多く，また国際移動への積極グループには，語学を専攻する学科の多い人文学部4年制大学生の占める割合が高い（表2-26）。学歴とともに専攻分野が，国際移動への志向に関連している。

第2章 国際移動への志向はどのように生まれるか

表2-26 国際移動への志向別グループ×学部

国際移動への志向別グループ	学部						
	文学	教養	人文	生活	音楽	教育	合計
国際移動への積極的グループ	100 (17.8%)	29 (5.2%)	196 (34.9%)	164 (29.2%)	50 (8.9%)	22 (3.9%)	561 (56.9%)
国際移動への消極的グループ	80 (18.8%)	17 (4.0%)	82 (19.3%)	201 (47.3%)	26 (6.1%)	19 (4.5%)	425 (43.1%)
合計	186 (18.3%)	46 (4.7%)	278 (28.2%)	365 (37.0%)	76 (7.7%)	41 (4.2%)	986 (100%)

注:総計(%)は縦計100% p<0.01

(3) 就労外国人の増加する理由

表2-27のように,国際移動への積極的グループでは,国際交流のため外国人が増加していると文化的要因を答える人が多い。しかし国際移動への消極的グループにおいては,円高によって日本が働く場所として魅力的になっているから外国人が増加しているという経済的な要因を答える人が一番多かった。

表2-27 国際移動への志向別グループ×就労外国人の増加する理由

国際移動への志向別グループ	就労外国人の増加する理由						
	円高	国際交流	労働力不足	外国の圧力	南北格差	局地紛争	合計
国際移動への積極的グループ	46 (21.4%)	68 (31.6%)	17 (7.9%)	10 (4.7%)	62 (28.8%)	12 (5.6%)	215 (57.2%)
国際移動への消極的グループ	57 (35.4%)	45 (28.0%)	9 (5.8%)	5 (3.1%)	32 (19.9%)	13 (8.1%)	161 (42.8%)
合計	103 (27.4%)	113 (30.1%)	26 (6.9%)	15 (4.0%)	94 (25.0%)	25 (6.6%)	376 (100%)

注:総計(%)は縦計100% p<0.01

(4) 外国人と顔を合わせる機会

国際移動への積極的グループは,〈生活を通じて交際する〉や〈挨拶や話を

する〉といった深い外国人との交流がなされているのに対して，国際移動への消極的グループは〈街や電車で見かける〉といった浅い接触にとどまっている。

表2-28　国際移動への志向別グループ×外国人と顔を合わせる機会

国際移動への志向別グループ	外国人と顔を合わせる機会					合計
	生活を通じて交際	挨拶や話をする	職場や近所で見かける	街や電車で見かける	ほとんどみかけない	
国際移動への積極的グループ	52 (9.5%)	68 (12.5%)	97 (17.8%)	310 (56.8%)	19 (3.5%)	546 (56.8%)
国際移動への消極的グループ	18 (4.3%)	25 (6.0%)	72 (17.3%)	281 (67.5%)	20 (4.8%)	416 (43.2%)
合計	70 (7.3%)	93 (9.7%)	169 (17.6%)	591 (61.4%)	39 (4.1%)	962 (100%)

注：総計（％）は縦計100%　$p<0.01$

第6節　地域に居住する外国人へのまなざしと国際移動への志向尺度

1．等質性分析

　重回帰分析の結果，大学生の国際移動への志向に影響を及ぼしている要因として，〈地域の外国人の居住状況〉が上がった。〈地域に外国人がたくさん居住しているほど，国際移動への志向が消極的になる傾向がある〉という実査結果はどのように解釈したらよいのだろうか。地域に外国人が住んでいると，接触の機会が増え，交流が多くなって，国際移動への社会化が進み，志向が高まるということが予想されたが，結果は逆に国際移動への志向は消極的になる傾向が見られた。表2-25のように地域に居住している外国人の国籍が，国際移動への志向グループに関連していることは明らかになった。ここでさらに分析の焦点を当てたいのは，大学生の地域に居住している外国人のイメージである。大学生が，身近に住むさまざまな国から来た外国人に対してどのようなイメージを抱いているか，また大学生のイメージのタイプによって，国際移動への志

向に高低が生じるかを明らかにしたい。

　分析の対象は，地域に外国人が居住していると答えた者に限定し，その国籍の種類を，〈アジア〉，〈北アメリカ〉，〈ヨーロッパ〉と3カテゴリーにまとめ，比較的少数であった〈その他の国〉と〈無回答・非該当〉については除外した。これらの3国籍の外国人に関わるイメージとして，〈家族の外国人に対する風評〉は，〈よい風評〉と〈悪い風評〉と，2カテゴリーとした。さらに〈外国人との交流〉については〈交流有り〉と〈交流無し〉の2カテゴリー，日本で働く外国人の生活水準を〈高い水準〉，〈低い水準〉の2カテゴリー，〈身の回りの外国人の増加〉を，〈増加有り〉と〈増加無し〉で2カテゴリーとした。いずれも，〈その他〉と〈無回答・非該当〉を除外した。これらのカテゴリーは，カテゴリーの間には順序関係のない名義データであるので，数量化によって，似ているカテゴリーを探す最適尺度法による等質性分析（HOMALS）を使って外国人の国籍に応じた外国人のイメージのタイプとその軸を求めた。

　カテゴリーの数量化を表したカテゴリーウェイト表が表2-29である。さらに回答に対して回答傾向の近いカテゴリーをグラフ上にプロットしたのが，図2-3である。

2．カテゴリー間の関係

　表2-29のカテゴリーウェイト表をみていくと，第1軸（X軸）のプラスの側のカテゴリーとして，〈身の周りの外国人の増加が無し〉0.577，〈外国人との交流経験なし〉0.399，〈北アメリカ〉0.308，〈在留外国人の生活水準は高い〉0.224などが見られる。第1軸のマイナスの側のカテゴリーとして，〈外国人との交流経験有り〉-1.981，〈身の周りの外国人の増加が有り〉-1.500，〈ヨーロッパ〉-1.024，〈日本で働く外国人の生活水準は低い〉-0.410，〈家族の外国人に対するよい風評〉-0.341，〈家族の外国人に対する悪い風評〉-0.275，〈アジア〉-0.168などが見られる。第1軸を概観すると，プラスの側には外国人との交流を敬遠し距離を置いたカテゴリーが見られるのに対して，マイナス

の側には外国人との交流の機会も増加し積極的であるカテゴリーが見られる。

第2軸は，プラスの側に，〈日本で働く外国人の生活水準が低い〉1.764のような高い絶対値をはじめとして，〈家族の外国人に対する悪い風評〉0.682，〈アジア〉0.308と地域の物心両面の暮らし向きの悪さのカテゴリーが布置されている。マイナスの側を見ると，〈外国人との交流経験有り〉−0.796，〈ヨーロッパ〉−0.734，〈在留外国人の生活水準が高い〉−0.720，〈家族の外国人に対する良い風評〉−0.622と地域の外国人の暮らし向きに対する大学生の高い評

表2−29 大学生の地域に居住する外国人のイメージ・カテゴリーウェイト表

アイテム	カテゴリー		度数	1軸	2軸
外国人との交流経験	無し	◇	956	0.399	0.140
	有り	◆	166	−1.981	−0.796
家族の外国人に対する風評	悪い風評	★	208	−0.275	0.682
	良い風評	☆	224	−0.341	−0.622
身の周りの外国人の増加	無し	■	839	0.577	0.016
	有り	□	286	−1.500	−0.013
日本で働く外国人の生活水準	低い	●	300	−0.410	1.764
	高い	○	730	0.224	−0.720
地域に居住している外国人の国籍	アジア	▲	124	−0.168	0.308
	北アメリカ	△	90	0.308	−0.443
	ヨーロッパ	▽	21	−1.024	−0.734

表2−30 判別測定

	1軸	2軸
固有値	0.334	0.293
外国人との交流経験	0.710	0.109
家族の外国人に対する風評	0.037	0.162
身の周りの外国人の増加	0.815	0.000
日本で働く外国人の生活水準	0.077	1.159
地域に居住している外国人の国籍	0.030	0.036

第2章　国際移動への志向はどのように生まれるか

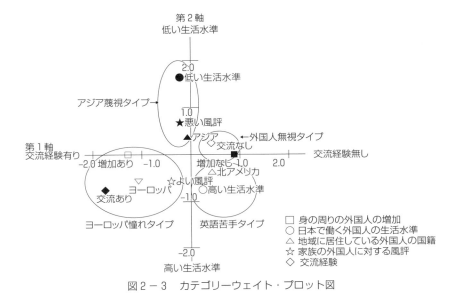

図2－3　カテゴリーウェイト・プロット図

価が表れている。

　そこで第1軸（X軸）を交流経験軸（交流経験有り―無し）とし，第2軸（Y軸）を生活水準軸（高い生活水準―低い生活水準）と名づけた。この第1軸と第2軸を組み合わせてプロットした図が図2－3である。

3．分析結果

　第一象限は，地域に居住している外国人を低い生活水準と認識しながら，交流経験を持たない〈外国人無視〉回答群である。〈交流なし〉，〈身近な外国人の増加無し〉に特徴づけられる。第二象限は，地域に居住している外国人を低い生活水準と認識しているが，日常のつき合いは持っている回答群である。〈低い生活水準〉，〈家族による悪い風評〉，〈アジア〉に特徴づけられる〈アジア蔑視〉回答群といえよう。第三象限は，地域に居住している外国人を高い生活水

準と認識し，進んで交流を持つ〈ヨーロッパ憧れ〉回答群である。〈交流経験があり〉，〈身の回りの外国人が増加している〉，〈ヨーロッパ〉，〈家族によるよい風評〉のカテゴリーに特徴づけられる。第四象限は，地域の居住している外国人を高い生活水準と見なしながらも，交流経験のない回答群である。〈高い生活水準〉，〈北アメリカ〉といったカテゴリーに特徴づけられるが，交流経験を持たないのはコミュニケーションに不安がある〈英語苦手〉回答群といえよう。

次に第1軸，第2軸のホマルスの値を尺度値として国際移動への志向尺度との関連を見た（表2-31）。それぞれの尺度値が0以上のものを2点のスコアーを与え，交流体験無し，外国人の生活低水準とし，0未満のものを0点のスコアーを与え交流体験有り，外国人の生活高水準とした。すると，一元配置の分散分析の結果，表2-31が示すように，交流経験があるほど，国際移動への志向が高く〈$F = 26.627$, $p < 0.01$〉，また外国人の生活水準を高いと認識するほど国際移動への志向が高い〈$F = 12.893$, $p < 0.01$〉という結果となった。

さらに，分析の手続きとして，〈交流経験有り〉のマイナスのオブジェクトスコアーに対して0点を，〈交流経験無し〉の0以上プラスのオブジェクトスコアーに2点を与え，次に〈生活水準が低い〉の0以上のプラスのオブジェクトスコアーに2点，〈生活水準が高い〉のマイナスのオブジェクトスコアーに

表2-31　回答者の居住外国人への認識・回答傾向別国際移動への志向（消極性）尺度値

各項目	カテゴリー		国際移動への志向尺度平均値	p
居住外国人への認識	外国人との交流経験	有	10.72	**
		無	11.59	
	外国人生活水準	高	11.04	**
		低	11.63	
居住外国人認識タイプ	ヨーロッパ憧れタイプ		10.45	**
	アジア蔑視タイプ		11.15	
	英語苦手タイプ		11.38	
	外国人無視タイプ		11.87	

注：尺度値が高くなるほど，国際移動への志向が消極的になる　　＊$p < 0.05$　＊＊$p < 0.01$

第2章　国際移動への志向はどのように生まれるか

1点を与えた。それらの回答者ごとにオブジェクトスコアーを足し合わせて，これらの2軸を組み合わせたタイプである第一象限の4点回答群を〈外国人無視タイプ〉，第二象限の2点回答群を〈アジア蔑視タイプ〉，第三象限の1点回答群を〈ヨーロッパ憧れタイプ〉，第四象限の3点回答群を〈英語苦手タイプ〉とした。これらのタイプの得点と国際移動への志向尺度との関連をみた結果が表2-31である。一番国際移動への志向が積極的であったのは〈ヨーロッパ憧れタイプ〉であり，次に〈アジア蔑視タイプ〉，〈英語苦手タイプ〉，〈外国人無視タイプ〉となった（$F = 12.952$，$p < 0.01$）。

以上の結果から，地域に外国人がたくさん居住していることが，国際移動への志向につながらない理由として，地域に居住する外国人のイメージによって，国際移動への志向が消極的になるといった地域のマイナスの社会化効果が影響していることが明らかになった。そしてこれらのイメージ形成には家族の外国人に対する風評が重要な役割を果たしていることが検証された。

すなわち，地域に外国人がたくさん居住していても，アジア系の外国人が多く居住する場合は，その人たちに対する家族の評判を耳にしながら育つがゆえに国際移動に対して消極的になる場合がある。また，英語圏の外国人が居住していても敬遠して交流しなければ，やはり国際移動への志向は弱くなる傾向があった。

第7節　まとめ

1．外国人に対するまなざし

大学生は，〈外見〉と〈言葉〉を手掛かりに〈外国人〉を認識する。路上でみかけた〈外国人〉に思わず振り返るのは，〈外国人〉を特別な存在として意識しているからである。

その点では，アジアから来た人びとと，在日の特別永住者である人びとは〈見えない外国人〉となる。この調査において大学生が居住していると考える外国

人の国籍を見ても，〈アメリカ〉33.9％，〈韓国〉18.9％と，実際に関西地域に居住する国籍別人口とは比例していない。〈見える外国人〉に関しても在留外国人のブラジル人口は多いにもかかわらず，中南米諸国と答えた大学生は5.7％にしかすぎない。

　外国人にむけられる〈まなざし〉は，欧米系外国人に集中している。それは国際移動への志向にも反映している。海外就職，海外居住，海外留学の希望先，国際結婚の相手国として，半数以上の大学生が，西ヨーロッパやアメリカ，カナダ，オーストラリアとニュージーランドを希望している。

2．国際移動への志向尺度と地域環境

　海外就職に関してのみ，地域に居住する外国人が多いほど，国際移動への志向が高まるという仮説は検証された。ここで多く居住していると思われた国籍は，人口的にはそれほど多くないアメリカ人であった。しかし，国際移動への志向（海外就職，国際結婚，海外移住，海外留学，移動に同行すべてに関しての積極性）の全体的な尺度構成をして，重回帰分析をすると，地域に居住する外国人が多いことは，かえって国際移動への志向を低めていた。居住する外国人がどの国の出身者かということが大きく影響していると思われる。国際移動への積極的グループより，国際移動への消極的グループのほうが，アジアの国々出身の外国人が多いという結果を得た。そこで等質性分析によって，地域に居住する外国人のイメージによって，どのように国際移動へ志向が変化するかを明らかにした。交流経験がないほど，また外国人の生活水準を低いと考えるほど，国際移動の志向は低くなった。さらに地域に外国人がたくさん住んでいても，〈外国人無視タイプ〉や〈英語苦手タイプ〉，〈アジア蔑視タイプ〉のように地域社会における外国人のイメージによって社会化効果が弱まることを確認した。

　さらに重回帰分析の結果，身の回りの外国人の増加を感じない人ほど，国際移動に消極的であった。さらに国際移動への積極的グループと国際移動への消極的グループの比較をすると，このような消極的グループの人は，外国人が円

高のために日本に働きに来ていると経済的理由をあげる人が多かった。

　以上のような結果から，関西地域には多くの永住者やアジアからのニューカマーと呼ばれる単純労働者が生活をする地域が点在することを考え合わせると，これらの地域やもしくはその周辺の地域に育った人たちの国際移動への志向が低くなると考えられる。

3．外国人の交流と国際移動への志向

　また外国人と現在交流を持っている者ほど，海外居住，海外留学，国際結婚の志向も高い。交流をしている外国人の国籍で一番多かったのは，アメリカ人であった。国際移動への積極的グループと国際移動への消極的グループの比較をすると，国際移動への積極的グループは〈生活を通じての交際〉や〈挨拶や話をする〉といった深い交流であるのに対して，一方国際移動への消極的グループの交際は〈街や電車でみかけるだけ〉といった浅い交際に終始している。マートンのいうように予期的社会化が外国人との交流によって行われているとしたら，〈規範としての準拠集団〉は多くの大学生にとってはアメリカが選ばれ，国際移動への志向に影響を与える準拠他者としての役割をアメリカ人が果たしている。

　日本にはアメリカから来た生活文化があふれている。ファストフード，ファッション，映画。音楽などのアメリカ文化は若者文化に浸透している。そしてこれらのアメリカ文化は，大学生の子どもの頃から，すでに彼らの親の世代（団塊の世代）やマスコミを通じて注入されつづけてきた。

4．外国人に対する家族の考えと国際移動への志向

　家族が外国人一般に対して持つ風評がよいほど，子どもの海外就職，海外留学への志向を高める。家族が特定の外国人に対してよくない風評を持つほど，海外就職への志向性は低くなる。重回帰分析の結果からも〈外国人に対する家族の考え〉が国際移動への志向尺度に大きな影響を与えていた。親の世代も子

の世代も欧米の文化を吸収した結果，自然とポジティブなイメージを欧米の外国人に対して与え，そのことがひいては子どもの国際移動への志向を高めていく。すなわち，家族は，若者にとって，異文化を持つ人びとへの接触への窓口としての役割を果たしている。カッツとラザースフェルトは，ある集団と，外部の世界との間をつなぐコミュニケーション通路を開閉する〈ゲート・キーパー〉が，外からのコミュニケーションが集団内に浸透するかどうかの〈重要な役割〉を果たすことを述べた。そのゲート・キーパーこそが，家族であることをこの調査は示している（Kats, E. & P. Lazarsfeldt／訳書，1978, p.127）。

　しかしあこがれだけでは，国際移動への志向へとは繋がらない。語学や現地での人間関係への不安は，国際移動への志向にブレーキをかける。〈英語ができること〉が国際移動への必須条件と考えられているからこそ，初対面の路上の外国人にも英語で話しかけることもいとわない。

5．外国人の人権に対する意識と国際移動への志向

　日本で働くアジア系や南米系の労働者に対して，大学生はどのような人権意識を持っているだろうか。重回帰分析結果からは，国際移動への志向の高い人ほど，外国人の権利に対して擁護しようという意識が高い。そこに，アメリカやヨーロッパで働く自分たちの姿を重ねあわす様子がうかがえる。権利を擁護しようとする者ほど，国際移動への志向が高い。

　憧れた国に国際移動しても，現に今，目の前にいるアジアや南米から来た外国人労働者と同じようなマイノリティーとしての地位が国際移動後，待ち受けているからこそ，在日の外国人労働者に対しても許容的であるのではないだろうか。

6．家族生活に関する価値観と国際移動への志向

　国際移動は，家族の離散を引き起こす可能性がある。性別分業などを保持する人たちは，国際移動への志向が積極的ではない。性別分業を支持する人たち

第 2 章　国際移動への志向はどのように生まれるか

にとって，女性が家族の外にでること自体が問題であるのに，海外で職を得たり，外国人と結婚したりすることは論外のことであろう。また家族で移動するより，単身で移動したほうが，たやすく移動しやすい。重回帰分析の結果から，シングル主義の価値観を持つ人ほど，国際移動への志向が高いという結果が得られた。同様に，国際移動をすると，日本に住む家族にいろいろなことを相談することは困難になる。移動先でいち早く友達を得て，相談ができることが，移動後の生活をスムーズに送ることを容易にする。より家族に依存的でなく，独立心の高い人ほど，国際移動への積極的志向を持っており，移動後の生活も容易である。

　国際移動を志向する者は，移動先の外国人を準拠他者として，交流を重ねている。憧れが現実になるためには，言語や人間関係の問題などの障壁が待ちかまえているが，より革新的な家族的価値観を持っている者は，早くに家族から独立し，より国際移動を現実のものとする努力を重ねている。

▶▶▶ 第3章

国際移動への志向とライフコース
──国際交流ボランティアのインタビュー調査から ▶▶▶▶▶▶▶▶▶

　このような若者の国際移動への志向は，どのような社会化の過程をへて生まれたのだろうか。

　移動に対して積極的で常に変化を求めている人たちは，異文化に対しても積極的に接触し，また自分の価値観を形成している自文化に関しても常にバランスをとっていく柔軟性がある。このような異文化に対して柔軟な態度は，世代間の文化や男女の文化に関しても同様に柔軟で，自国内のサブカルチャーに関しても敏感である。性別分業に関しても固定観念を持たず，集団の規範からも比較的自由なマージナルマンである彼らは，自身の選別眼をたよりに経験したいくつかの文化の規範を考慮し，生活環境の変化に適応していく人たちである。

　モノや人の流れが国際化する中で，日本も異文化に対してホストとして接触する機会が増加する。今後国際化，情報化の流れの中で，国際移動への志向はより積極的になっていくであろう。どのような社会化過程を経験した結果，国際移動への積極性が生まれたのであろうか。量的調査では明らかにできなかった大学生の社会化過程を，より国際移動への積極性を持つと思われる国際交流ボランティアを対象としたインタビュー調査によって明らかにすることを試みた。そこで，彼らのライフコースのインタビューを通じて，彼らと外国人との活発な交流を生み出し積極的な国際移動への志向を生み出した要因を探る。

第3章　国際移動への志向とライフコース

第1節　分析枠組み

1．分析の目的

　国際交流ボランティアのライフコースを分析にするために，第1章で展開したカーンとアントヌッチの理論から援用した仮説（pp.63-64）に従って，下記の点に留意しながら個人のライフコースの質的分析を行った。

① 地域に居住している外国人との交流はこれまでの生活歴の中であったか。
② 地理的移動（旅行，留学，転校・転勤など）の経験が，日本における外国人との交流に繋がったか。
③ 地位の変化（転職や結婚，団体加入，学校入学を経験することなど）が，外国人との交流のきっかけとなったか。
④ 家族における外国人の評判は現在の外国人との交流にどのような影響を及ぼしているか。
⑤ 学校における人権教育は現在の外国人との交流にどのような影響を及ぼしているか。
⑥ ライフコースにおける友人の比重が大きいほど，外国人との交流に積極的であるか。
⑦ 自分の所属する組織の外にいる人びと〔マイノリティーと呼ばれている人びと〕との交流経験のある人は，外国人との交流にも積極的であるか。

2．実査の方法

① インタビューの方法

　　国際交流団体のボランティアから約2時間インタビューを行い，面接時の録音テープを起こし，第一次データを作成した。ライフコースの年代順に整理しなおし，移動歴，学歴，職歴，家族歴，外国人交流歴，ボランティア活動歴について整理してライフコース・分析データを作成した。

② 実査期間

　　1998年12月〜1999年3月
③ 実査地点

　　大阪および奈良
④ 実査対象者

　　国際交流ボランティア団体へ依頼し，ボランティアリストの中から実査対象者を紹介してもらい，スノーボール方式によって実査対象者16名を得た。
⑤ 国際交流ボランティア団体のプロフィール

　　1995年1月17日，阪神・淡路大震災発生の5日後である1月22日に関西の外国人支援団体の有志によって発足した『外国人地震情報センター』は，13言語で対応する母国語ホットラインを開設し，外国人へ情報を提供し，相談を受けつけた。1996年に発行された外国人地震情報センター発行の『阪神大震災と外国人』によると6月15日まで1000件近い相談を受けている。

　　相談の内容は多岐にわたり，発足時に集まった20あまりの団体で相談内容によって互いに協力する体制をとっていた。また相談を受けるだけでなく，1月末から13言語でニュースレターを発行し，相談内容の需要度の高いものは記事に反映していった。

　　震災でボランティアたちはさまざまな経験をしたが，震災でみえてきた問題は，日常の問題でもあった。情報不足，言葉の壁，制度上の壁を日常の問題として捉え，電話相談やニュースレターによる情報発信に加え，外国人コミュニティーとの協力を活動方針の中心に据え，1996年，10月『外国人地震情報センター』は，『多文化共生センター』と名称を変え活動している。

　　「救われる側」と，「救う側」の垣根をなくし，共に考え行動するプロセスを重視したプロジェクトを実施している。多言語で電話相談や通訳・相談の派遣をする「多言語生活相談プロジェクト」，多言語健康相談や母子保険を行う「医療保険プロジェクト」，外国人によるメディア制作を支援する「エスニックメディア支援プロジェクト」，学校への通訳派遣や教材開発を行う「多文化子ども

プロジェクト」,「ことばの会」,「セミナー」,「ワークショップ」,在日外国人がおかれている状況を知るためのフィールドワーク〔多文化探検隊〕というようにたくさんのプロジェクトからなっている。現在大阪,神戸,京都に拠点を持っている。

第2節　実査結果ケースデータ

インタビュー記録をテープにとり,テープ起こしの結果を第一次データとしてまとめた。ボランティアたちに面接し,チェックした後,ライフコースケース・分析データとしてまとめたのが,表3－1である。

表3－1 Ｉ　国際交流ボランティアのライフコース・分析データ

	移動歴	学歴・職歴	家族歴	外国人との交流歴	重要な人
R 27歳女性	住所の移動はほとんどない ↓ 大学時代マニラへ	県立高校を卒業 ↓ 1年浪人 ↓ 外語大学 ↓ フィリピンのマニラ大学へ留学 ↓ 大学院の外国語研究科 ↓ 名古屋の国際開発研究博士課程へ進学	父母とも神戸 妹24歳で来年9月に結婚予定 弟大学生の自治組織で活躍	1995年震災直後,外国人地震情報センターの主要メンバーとして活躍 ↓ センターで被災直後の外国人に対して情報提供,相談などのカウンセリングを多言語で行う ↓ その後,外国人の日常生活相談に対応できる「多文化共生センター」のたち上げの中心メンバーとして活躍 ↓ 「救う側」と「救われる側」の壁をなくし,共に考え行動するプロセスを重視したプロジェクトの探検隊長として過去5回の探検隊の企画 ↓ 外国人地震情報センターで企画した調査プロジェクトの被災外国人への聞き取り調査実施 ↓ 現在ボランティアのコーディネートをしている	

表3－1Ⅱ　国際交流ボランティアのライフコース・分析データ

	移動歴	学歴・職歴	家族歴	外国人との交流歴	重要な人
A 30歳女性	北海道18歳 ↓ 東京19歳 ↓ アメリカ24歳 ↓ 東京25歳 ↓ 大阪28歳	大学院 日本美術史 ↓ 留学 ↓ 個人美術館 ↓ 議員秘書 ↓ 結婚して主婦	祖父 エトロフからの引揚者 ↓ 北海道の実家はロータリークラブ入会	北海道の実家の近くに製鉄工場　西洋人の研究生 ↓ ロータリーの留学生や日系のアメリカ人留学生と友達 ↓ アメリカ研修中 同期研修生としてイギリス・アメリカ・スイス・韓国・中国・フィリピン研修生と交際 ↓ 議員事務所時代 ミャンマー人とスーチーさん関係の仕事をする ↓ 結婚して関西へ移動，在日の問題，部落解放運動を知る ↓ 関西でイギリス人とタイ人の友達ができる ↓ 多文化共生センターのチーフ	中国語・ロシア語に堪能な祖父 ↓ 実家の家族 ↓ 同期の研修生 ↓ 現在の夫と知り合う
B 23歳女性	生まれた土地 ↓ 中学3年引越し被差別部落が隣り合わせ ↓ スペイン バルセロナ	小学 ↓ 中高一貫校 ↓ バルセロナアメリカンスクール ↓ 関西の大学	両親・姉・兄 姉は婚約中社会人・兄は京都の大学 父が最初に単身赴任 母と自分がスペインに渡航 先に自分が帰国して後から父母が帰国	高校時代，自分がスペインへ行ってから「外人」になって，「外人」と呼ぶのは悪いと思うようになった ↓ スペイン時代は学校が自宅から遠いからバルセロナに下宿 ↓ バルセロナの下宿の80歳のおばあちゃんの自立した生活を見て感動 ↓ 医療福祉に興味	バルセロナのおばあちゃん
C 33歳女性	別府市21歳まで ↓ 大阪4年 ↓ オーストラリア・ワーキングホリデー ↓ 帰国してOL	高校卒業 ↓ 歯科技工士専門学校 ↓ 歯科勤務 ↓ オーストラリア日本食レストラン ↓ OL	父母は大分 兄は福岡 兄も結婚をしていないし，親はCの結婚をあきらめている	英会話学校で知り合った友達とワーキングホリデー参加 ↓ オーストラリアの日本の駐在員はCのことを下に見ている。日本のビジネスマンはマナーが悪い ↓ オーストラリア現地人は親切 ↓ 帰国後もホリデー体験時の友達を交際し，オーストラリアから来た友人の住居探しを手伝う	友達は都合で参加せず，自分だけ行く ↓ 飛行機で知り合ったドイツ女性がホテル紹介 ↓ オーストラリア同僚

第3章　国際移動への志向とライフコース

表3－1Ⅲ　国際交流ボランティアのライフコース・分析データ

	移動歴	学歴・職歴	家族歴	外国人との交流歴	重要な人
D 26歳女性	大阪 ↓ 22歳でウランバートル ↓ 25歳で帰国し大阪	高校卒業 ↓ 大阪の外国語大学 ↓ モンゴル外国語大学 ↓ 大阪の外国語大学	父母と妹2人 ↓ 父は脱サラして餃子屋を始める	子どものころ，近くに外国人は誰もいない ↓ 高校の時，世界史の授業でモンゴルに興味 ↓ 大学生になり，欧米の文化よりモンゴルに傾倒 ↓ 22歳の時，モンゴルへ1年間留学する機会を得る ↓ 外から日本人を見る機会を得て，自分が日本人であることを意識 ↓ モンゴルの女子学生が自分を見る目が厳しいことに気がつく ↓ 先進国の日本からDが来て，偉そうにしていると思われた ↓ モンゴル人は短期滞在の日本人には「外の人を敬う」という慣習上，親切だが長期滞在だと異なる ↓ モンゴル人は愛国心や民族意識が高く，閉鎖的で村的まとまりが強い。 ↓ おおらかな草原の感じはなく，どろどろした人間関係がある。だから自分に近づく留学生を警戒した ↓ 帰国してモンゴルからの留学生の世話をして，日本に来た留学生はみんなで癒しあいながら集団で住んでいると思った。しかし，日本に長くいると，日本人化して多忙を理由に冷たい人もいる	父は自分の好きなことをしているので，自分にも許してくれる モンゴルでできた留学生の恋人 ↓ モンゴルから来日
E 23歳女性	3歳まで秋田 ↓ 高校卒業まで町田市 ↓ 大学は関西 ↓ 大学時代にカナダへ留学 ↓ 関西の大学	東京の進学校 ↓ 関西の無名の女子大 ↓ カナダの大学へ交換留学生	父も母も教師 ↓ 父は在日韓国人に対して偏見 ↓ 母は絵画教室も開き，近くの朝鮮人学校の先生と友達	子どものころは，在日朝鮮人学校の子と友達 ↓ 大学へ入ってから国際交流サークルに入会し，欧米系の外国人に関心が集中 ↓ カナダ留学時代，カナダの学生と仲良くなれず，一番の親友は韓国の友達であった ↓ 親友は戦争責任などの問題を指摘	母 在日の友達 韓国人留学生 「在日」の団体に参加

121

表3-1Ⅳ 国際交流ボランティアのライフコース・分析データ

	移動歴	学歴・職歴	家族歴	外国人との交流歴	重要な人
E			父は在日の問題に深入りするなという	卒論で「在日コリアンの問題」を取り上げる ↓ 在日も日本人の若者もそれぞれに壁を作っている ↓ 在日が本名宣言しない理由も共感できる。自分にも浪人時代に似た気持ちを感じたから ↓ アジアからの留学生と交流して日本のイメージを変えたい ↓ 在日問題を支援する日本人から共に双方の問題を考える立場に変換	多文化共生センターの仲間
F 31歳 男性	3歳の時大阪府内を移動 ↓ 旅行として国内旅行は頻繁 台湾・香港・アメリカ・イギリス・フランス・東欧・ソ連・中国と長期の旅行	高校 ↓ 予備校1年 大学受験失敗 ↓ 最初の会社1年半 ↓ アルバイト5種類 ↓ 現在の会社	親は自分のしていることを理解してくれない。父は、Fが韓国へ行くのを嫌う 最初の会社の上司が旅行好きで影響を受ける	子どもの頃、「韓国人」を親が嫌っていて、今でも「韓国」へ自分が行くことは反対 ↓ 旅行は気ままなあて先のない旅行 ↓ 無銭で世界旅行もした。行く先ごとに現地の人が助けてくれる。国に対する先入観で「怖い」と思うところもあるが、実際に行ってみてわかることがある ↓ 東欧で英語が通じなかったが、若い人が声をかけて助けてくれた ↓ 帰国してからは困っている外国人は知らぬふりができない ↓ 現在の会社に在日の人がいて、日本人の同僚が悪口を言うのを聞いて、習慣の違いも偏見に繋がると思った ↓ 韓国旅行へ行って、在日と韓国本国の人との溝を感じた ↓ 多文化共生センターでいろいろな国の人に出会うのが楽しみ	最初の会社の上司 多文化共生センターの在日の高校生

第3章　国際移動への志向とライフコース

表3－1V　国際交流ボランティアのライフコース・分析データ

	移動歴	学歴・職歴	家族歴	外国人との交流歴	重要な人
G 22歳女性	奈良から移動したことがない。	付属高校からエスカレーター式で短大へ ↓ 編入して大学へ	父46歳 妹公立高校生 父は反対・母は問題外 ↓ 父も折れて理解	高校時代は外国人に関心がなかった ↓ 短大時代に南京大虐殺。太平洋戦争について講義を受け，MBS人権レーダーに出演，レポーターをした ↓ 短大の卒論は人権問題・アジア図書館へ通う ↓ その後多文化共生センターのボランティアにおいて企画や広報 ↓ 中国へ留学したいと希望 中国人と近くなりたい自分があって，中国の文化も知りたい マイナスのところも見たいし，日本人ということで差別されるという不安なところもあるが，それも含めて知りたい 学費もアルバイト費でまかなう	マスコミ出身の短大の先生
H 33歳男性	18歳まで横浜 ↓ 19歳京都の大学 ↓ 26歳から大阪	高校から1年浪人 ↓ 京都の大学 ↓ 大学に6年在籍 ↓ 1年失業 ↓ 私立大学職員 ↓ ↓ 多文化共生センター専従職員	父母は疎開を経験 弟32歳 妹28歳	高校の時に，中華学校卒業生がいて友達になった。地域では彼らに対する差別があった ↓ 大学に入ると廃寮反対運動に参加，中心メンバーだった ↓ 釜ヶ崎越冬支援のボランティアに参加 ↓ 「カラバオの会」神奈川県外国人労働者支援の会に参加。今でも付き合いが続く ↓ YWCAの外国人相談窓口のボランティア ↓ アジアンフレンド発足 このころ，神戸の震災で外国人を支援する地震情報センターで活躍する。日本人から，避難所から追い出された外国人を支援	中華学校の友達 ↓ 学生運動の友達 ↓ 支援ボランティア団体のメンバー

123

表3-1Ⅵ 国際交流ボランティアのライフコース・分析データ

	移動歴	学歴・職歴	家族歴	外国人との交流歴	重要な人
I 20歳 女性	生まれてからずっと同じところ	府立高校 ↓ 女子短大 ↓ 卒業後浪人	父58歳 母51歳 姉26歳	就職内定していた会社に研修に行き挫折してやめた ↓ 「就職絶対内定」のサークルに入る ↓ 自分の殻に閉じこもっているので,人との関わりを学ぶためにボランティアをする ↓ 大阪府の子ども家庭センターのメンタルフレンド経験 ↓ 多文化共生センターで,中国の女の子の勉強を手伝う。さらに中国の男の子,ボリビアの女の子の勉強を手伝う ↓ 将来はカウンセラーなどの専門職になりたい	サークルの友人
J 23歳 女性	6歳まで大阪 ↓ 大分で高校卒業 ↓ 大阪短大入学	高校 ↓ 短大 ↓ 外資系企業勤務 ↓ 4年制大学社会学部編入 ↓ 将来は大学院か留学	父会社員と町の議員 母は共働き 夜は親がいない生活 中学校までは自分を干渉・母が強制的に習い事をさせる 高校時代に登校拒否 親は自分を死んだものとあきらめていた	大分の時,近所に興行ビザのフィリッピンの人が住んでいた。近所の人からあまり関わってはいけないと言われた ↓ 大学に編入して多文化共生のボランティアをしている。南米系の踊りが好きなので,ボランティア精神ではなく,文化に興味があってブラジル人やペルー人と交流 ↓ 貧しい国というイメージがあったが,今はみんな明るくて踊りやパーティーなどの明るい国というイメージに変わった ↓ 日本語が不自由なため,5歳児くらいの子どものように扱われた経験を聞いたとき,外国人の心情を察することができた	高校時代,登校拒否のとき,ダンスを教えてくれた先生 今はダンスが生活の中心

第3章　国際移動への志向とライフコース

表3－1Ⅶ　国際交流ボランティアのライフコース・分析データ

	移動歴	学歴・職歴	家族歴	外国人との交流歴	重要な人
K 30歳 男性	大阪からほとんど離れたことはない	中学 ↓ 高等専門学校 ↓ 工場の機械・設計 ↓ 21歳から大阪府職員 ↓ 現在職安	父55歳 母54歳 弟26歳 家族は転職に反対しなかった	中学の時は、同和地区が隣接していたので、人権教育の時間は多かった居住区は、在日の子も多かったが、友達はいない 高専時代、サッカーのマラドーナに心酔してスペイン語の勉強を始める。それまでアメリカ一辺倒だった 現在、多文化共生センターを通じて、スペイン語圏の人との交流が多い。ダンスを教えてもらうかわりに、コンピューターを教えている 子どもプロジェクトで子どもたちに勉強も教えている 自分の仕事（職安）とボランティアの仕事に接点があり、スペイン語が役に立つと思う ボランティアの関係では教会の活動に興味がある。宗教関係ではなく、在日外国人に対するアプローチの仕方で連携させてもらうこともある	マラドーナ
L 30歳 女性	大阪 ↓ 京都 ↓ 6週間　バークレイ語学研修 ↓ 京都 ↓	小学・中学 大学　↓ 予備校の子会社で教材の修正や構成	 父中学校教員63歳・非常勤講師 母中学校英語教師	母の影響で英語の絵本が身近にあった 住んでいる地域・同和教育の熱心な地域・朝鮮人部落もあった 友達が在日朝鮮人で小学校の時、本名宣言をした。「みんな同じだから仲良くしよう」という先生の言葉が気になった。意見を言うと、成績はいいけれど、人権問題はわかっていないといわれた アメリカ語学研修のとき、アジアグループとヨーロッパグループの衝突を経験。また韓国と日本の子のトラブルも経験した 「英語ができなければ差別される」というアメリカの経験からアメリカ留学を断念 予備校で働いている時教師になりたいと希望するようになった	母 在日朝鮮人の友達

表3-1Ⅷ 国際交流ボランティアのライフコース・分析データ

	移動歴	学歴・職歴	家族歴	外国人との交流歴	重要な人
L 30歳 女性	オーストラリア	オーストラリア留学 ↓ 大学の非常勤職員 ↓ 国際交流協会職員		オーストラリアでの留学は日本語研究科・オーストラリアの学生は、日本学生とコミュニケーションできるように日本学生へのインタビューの宿題をもらってレポートを書いている ↓ 日本語を教えてくれた先生は、文化庁や国語研究所・中国定住者センターに在籍した経験を持っており、日本語教師への道を開いてくれた ↓ 地域に住んでいる在日外国人の手助けがしたいと思って帰国した ↓ ボランティアで日本語教師をしている父の友達から多文化共生の子どもプロジェクトの話を聞き、活動に加わった	オーストラリアの大学の先生 父の友達
M 33歳 女性	18歳まで山口 大阪 ↓ 27歳 スキー場でのアルバイトのため3年間岩手県へ ↓ インド旅行シンガポール、ネパール、タイ、マレーシアを巡る	山口の高校卒業 ↓ 専門学校 ↓ 撮影の仕事で正社員 ↓ 染色の仕事に就く ↓ 編集関係の夜間学校へ ↓ 正社員でコピーライターの仕事に就く ↓ スキー場のアルバイト ↓ 派遣会社でコンピューターの仕事	父67歳 学校の教師 母68歳 祖母93歳	父は小さい時から在日の人が苦労した話をしてくれた。小さい頃、「あの人、中国人だって」と父にいうと、そういうことで、「好き・嫌いをいうのはいけない」と父は諭した 母は、「そういう人とつきあうな」といっていた ↓ 30歳のときに、何も決めないでインド旅行にでた。「行きと帰り」のチケットだけだった ↓ 外国を旅していると、求めている時に友達は現れる ↓ 旅行している時は、病気をすることも多かった。しかし友達はでき、帰国してからも訪ねてきてくれた。その友達を通じて日本にいる外国人が悩みを抱えていることを知った・表面的に付き合うだけではなく、外国人を深く知る機会を探していた ↓ 32歳のとき、多文化共生センターに加わった ↓ 今年から在日韓国民主協会に入った ↓ ナビは「韓国」の文化を伝えていこうという活動。友達3人で結成	父 外国で出会った友達 ボランティア仲間

第3章　国際移動への志向とライフコース

表3−1Ⅸ　国際交流ボランティアのライフコース・分析データ

	移動歴	学歴・職歴	家族歴	外国人との交流歴	重要な人
M 33歳 女性				↓ 在日の問題にも興味がある。知らなかった自分をしかってくれた在日の人にも感謝している ↓ 在日の人と韓国の人とは異なる。在日の人は二つの文化を持っている ↓ 日本と韓国の間を取り次ぐための相談係りになりたい	結成した韓国文化を伝えるナビのグループ
T 20歳 女性	大阪から移動したことがない	府立農業高校卒業 ↓ 酪農ヘルパーとして約2年働く ↓ ギックリ腰でやめる ↓ 以後カメラ屋さんのアルバイト	父47歳 母48歳 姉22歳 家は酪農家ではない	農業高校のとき，アメリカの牧場体験でホームステイをした 友達が自殺したのがショックだった ↓ 多文化共生センターでフェスティバルに参加。子どもプロジェクトにも参加	中学のとき友達が自殺 農業高校入学が自分の転機
S 23歳 女性	高校まで岡山 大学入学で大阪へ移動 ↓ タイ旅行 ↓ ↓ 多文化共生センターで専従	大学は国際関係学部 ↓ 大学3年生のとき，ダブルスクールで日本語教師養成講座 ↓ ↓ 多文化共生センターで専従 給料が安いのでパン屋さんで朝7時から10時までアルバイト		大学のとき 　オーストラリアへホームステイ 韓国からきた日本語学校研修生と友達になり，韓国へ訪問。中国人とも仲良くなって実家に呼んでくれた ↓ 大学4回生のとき 日本語を教える民間学校へ就職したいと思い，手紙をタイ，インドネシア，シンガポール，マレーシアと出した。タイから返事はあったが，通貨危機でダメになった ↓ 卒業後契約で週4回，午後1時から午後9時まで，多文化共生センターの専従として働いている 教育委員会へ団体登録をする通訳を派遣している 保母さんの講演会へも行っている（保母さんたちは，フィリピン，ブラジル，中国，アフリカなどの子どもたちの生活習慣を理解するために月1階から2回勉強会を開いている） ↓ 子どもプロジェクトは，毎週土曜にペルー・ボリビア・スペイン・中国からの子どもたちが集まってくる	大学のときの韓国・中国の友達

第3節　ライフコース・分析データの考察

1．幼少時の居住地域の外国人との交流
—地域に居住している外国人との交流はこれまでの生活歴の中であったか—

　幼少時から外国人との交流があったケースは，在日韓国・朝鮮人，および中国人との交流が多い。Eの場合は近くに朝鮮学校があり友達が在日朝鮮人だった。Hの場合は，高等学校の時，中華学校の卒業生がいて自分の友達だった。Fの場合，高校の時友達のお父さんのお葬式で初めて友達が在日韓国人であることがわかった。友達としての付き合いは変わらなかった。Lが小学校の時，親友が在日朝鮮人だからということで，いじめにあってみんなの前で〈本名宣言〉をすることになった。〈みんな，同じだからなかよくしましょうね〉という刷り込み教育には疑問を感じている。その後，自分がカナダでアジア人として〈言葉ができない〉〈生活習慣が違う〉と差別されて，〈みんな，同じである〉と，まとめてしまう教育にいっそう疑問を感じている。親しい友人が在日外国人であったことが，在日外国人の立場をわが身に置き換えて考える視点を育て，その後国際交流ボランティア活動をする原動力になったといえよう。Aの場合は近くに技術研修に来日している外国人家族と小学校時代，机を並べた経験を持つ。

　Jの場合は，近所にフィリピン人が住んでいたが，周囲の人が〈あまりかかわってはいけない〉といわれたのでつきあっていなかった。Kの場合は，小学校区の約3分の1が韓国籍ということを，後で知ったが，小学校，中学校の時在日の友達はいなかった。周囲に在日外国人が住んでいても，日本名で生活して，外見が日本人と変わらなければ，外国人と意識しないで友達になっている場合が多い。何かの機会に生活習慣の違いが明らかになったり，外国人学校にその後進学したりしたことで始めて〈外国人〉として意識されるケースが多い。幼少時外国人であることが分かった時も彼ら自身は友達としての関係は変わら

第3章 国際移動への志向とライフコース

ない。しかし，その後国際交流ボランティア活動をする中で〈在日外国人として日本の中で置かれた立場〉を学習するにつれて，その時の友達の心情を類推して逆に〈日本人の在日外国人に対する知識の無さ〉を反省しその頃の友人関係を思い起こすケースも多い。

2．地域移動の経験と外国人との交流
―地理的移動の経験が日本における外国人交流につながったか―

　留学により，外国人との交流が始まったケースは，A，B，D，E，K，L，T，S，Rと多い。留学先は欧米各国が多く，DやRのようにアジアへの留学はまれである。しかし，欧米諸国に留学したから欧米諸国の外国人との交流に終始したかというと，そうではない。留学によって，アジア諸国から集まった学生と友達になることも多く，アジアと欧米という関係に目を向けるきっかけが出来て帰国後はアジアから来た外国人との交流に力を入れたケースもある。Eのように，カナダに留学して韓国から来た学生と親しくなり日本の戦争責任や日本が韓国にしたことについて問われたことがきっかけとなって，アジアと日本の関係について興味を持ったケースや，アメリカ留学で自分がアジアの一員として差別を受けたLのケースからもわかるように，留学により〈外から見た日本人の姿〉や〈外国人としての自分〉に始めて気がついたケースが多い。Dの場合モンゴルへの留学は日本におけるモンゴル留学生との交流へ繋がっている。モンゴルで外国人として特別視され，モンゴルの学生の中に溶け込みにくい体験をしたDは，同じような体験をモンゴルの学生が日本でもしていることを指摘している。すべてがスピーディーに進んで行く日本社会の中でモンゴルから来た学生が〈冷たい人間関係〉に疲れること，また来日年数の長い学生が日本人のように忙しい生活を送ることに慣れて，冷たくなっていくことに危機感を持ち，帰国後はモンゴル学生の相談役を積極的にしている。Rは，フィリピンへの留学から，日本におけるフィリピンコミュニティーのサポートを続けている。阪神大震災の時も地元のフィリピンコミュニティーとの連携をして

多くの被災者の援助をした。その後はフィリピンの開発援助に興味を持ち進学をした。アンケート調査によると多くの大学生がアメリカ，イギリス，オーストラリアなどへの留学を希望しているのに対して，このボランティアたちは異なる。留学経験のない大学生Gは中国への留学を予定し，Jはブラジルの大学への留学を希望している。彼らは現在国際交流ボランティアとして接している外国人の国の大学を選ぶ傾向にある。

　旅によって外国人との交流がはじまったのは，FとMである。もちろん彼らの旅行もアジアから始まっている。企画されたツアー旅行でないことはいうまでもないが，一見無謀とも思える〈行き当たりばったり〉式の所持金を使い果たすまでの貧乏旅行であることも二人に共通している。また双方とも，その当時の職を辞して旅にでかけている。旅行というより，旅，〈巡礼〉といった表現の方が適切であるかもしれない。あえて計画もたてず，帰りのチケットも用意せず旅にでかけることは，彼ら自身の自分に対する挑戦であって，自分のアイデンティティを見つける旅であったと思われる。旅に出かける前の彼らは，転職を繰り返し，自分の拠り所を見つけることができない状態であった。

　Fは，仕事場の上司の影響をうけてアジア旅行に出発したのが始まりであったが，〈厳しいけれどもこの時しかできない人生の経験〉としてこの旅が人生を変える一つの転機と意味づけている。大学受験失敗から就職して1年半という時期にこの旅をしたことによって仕事上の人間関係では得られなかった〈一期一会〉的な暖かい人間関係を体験できたと考えている。Fの言葉を借りると〈旅行しているうちになんとかなる〉，〈旅行しているうちに現地の人たちに助けてもらったことがいっぱいあった〉〈困りはてていたら若いおねえさんやおにいさんが声をかけてくれた〉といったように旅行先の現地の人に対する純粋な信頼感がこの旅を支えていた。その後の彼の友達関係はこの旅の経験によって変化している。損得ずくの人間関係から切り離された友達関係を彼は人間関係の中心として考えるようになっている。

　Mは，大阪での人間関係に疲れ〈定職はないし，家庭はないし，お金はな

いし27歳の時全部終わったと思ってしまった，この先自分をどうすれば良いのか，自分に自信をつけないといけないと思った〉と考え，旅に出ている。そしてその旅において，Mの言葉によれば〈お金目当ての人は去っていってしまう〉〈必要な時に友達は必ず現れる〉，〈迷っていても明日の風は吹く〉式の現地の人に対する信頼感を頼りにして旅を続けている。また自分の状況打開力をも試すことができた旅と意味づけし，〈この旅行は自分自信の財産〉と位置づけている。この二人にとっては，旅の意味は自分の発見と定着したこれまでの人間関係にとらわれない人間自体のやさしさの発見であったといえよう。山折は，「漂白，遊牧の精神構造のようなもの，それは乞食の精神だということになりますが，そういう遍歴，漂白の精神が，初めて近代社会の作り出した差別の構造を相対化できるのではないか。そういう相対化への願望が，現代都市人たちの間にしだいにきざしはじめている」(1991, p.69) と述べている。FもMも旅をしたいという願望は，これまでの自分の人生すなわち定着した人間関係から，解放されたいと思った時に生まれている。旅にでて，複数の文化を渡り歩くことによって，文化の中で差異化された人びとに共感を覚え，帰国してからは，国際交流ボランティアの中心的存在となった。彼らは旅で得た自分の体験をもとに，Fは日本において切符を買う時など困っている外国人を見かけたら，言葉はわからないけれど〈助けてあげよう〉としている。またMも帰国後，旅先で親切にしてくれたインドやネパールの人たちのことを想い出し，日本に在住しているこれらの国々から来た人びとと親しく交流している。日本にいる外国人がいろいろ悩みを抱えているのを知って表面的につきあうのではなく，外国人を内面から知ろうと国際交流ボランティアに参加している。これまで見えなかった日本社会の中でのマイノリティーへの差別が，山折がいうように，旅によって相対化され，その後のFやMの国際交流ボランティア活動への原動力になっている。

　移住することによって，外国人との交流の糸口が開けたのはBである。Bは親の海外赴任に同行したにもかかわらず，親から離れて生活し現地の家庭で

下宿して生活している。一人で自立した生活をすることによって，日常生活の中でのさまざまな場面でバルセロナの人びとの外国人へのやさしさに触れて，その体験が現在のBの大学での専攻選択に繋がり，ボランティア活動や進路選択にも関係している。たとえば，市場での買い物の場面でも微妙な表現で苦労していると助けてくれたという体験や，高齢になっても外国人の自分を娘のように受け入れ自立した生活をしていた下宿のおばあさんとの関係は，現在の外国人との交流の基盤となっている。帰国子女という立場でありながら，親のサポートから離れて初めて自立した生活を送ったということと，その場所が海外であったということがバルセロナでの生活を特別な体験として意味づけている。事例のインタビュー調査結果からは海外における現地での友人関係をどの程度維持するかは，その後のライフコースにおける異文化への関わりに影響していた。同様にBが高校の段階で得た現地の人たちとの日常生活場面における直接の交流は，その後のBのライフコースへの大きな影響力を持ったと思われる。

　Cはワーキング・ホリデーをオーストラリアで経験して，〈外から見られている日本人の姿〉に愕然とした。自国では紳士であろう日本人男性が外国に出てあまりにもマナーが悪いので同じ日本人であることを自ら恥じている。そのようなことを見聞したからこそよけいにCはオーストラリアの同僚と働く職場環境に魅力と心の安らぎを感じている。このような体験が，その後Cが帰国しても外国人との交流に拍車をかけ相談にものるきっかけになった。

　留学，旅，移住，ワーキング・ホリデーなどの地理的移動は，単に身体の空間移動によって異文化に触れる機会に恵まれるということだけでなく，自分が所属していた集団を一時的にでも離れて，外からこれまで所属していた集団の規範やこれまでの自分の生き方を見つめなおす機会にもなるということが国際交流ボランティアの事例からみてとれる。海外赴任などの集団的移動は，地位や報酬の上昇を目指して移動が志向されることが従来からいわれてきた。しかし国際交流ボランティアにおける外国人との交流は，こうした上昇移動には結

びつかない。上昇移動を含めた職場における規範自体をみつめなおす機会が，異文化接触によって与えられる。

3．地位の変化と外国人との交流
―地位の変化は，国際交流ボランティア活動のきっかけとなったか―

　Aが国際交流ボランティアに参加するようになったのは，離職して結婚した時である。Aも述べているように結婚によってこれまでの友達と別れ，はじめて関西地域に住むことになったが，一時，関西の雰囲気になじめなかった時期にボランティアを始めることになった。またJは，大学に社会人入学は果たしたが，編入してすぐには年齢のこともあって同級生のグループの輪に入れなかった時期に，ボランティアを始めている。Tは，憧れていた牧場ヘルパーの仕事についたものの腰の痛みから離職した直後にボランティア活動に入った。他のボランティアメンバーも留学，旅の後にボランティアに参加した者が多い。職業上の地位の変化や，家族関係上の地位の変化，生活環境の変化はボランティア活動のきっかけとなっている。

　Aの言葉を借りると〈現在住んでいる関西は外から来た人には暮らしやすい地域ではない〉とA自身が受けた〈よそもの〉としての痛みが，その後の差別された人びとへの共感となってボランティアに結びついている。Aはこれまで友人と思っていた人が，被差別地域の解放運動に距離を置くのを知って失望したり，在日韓国・朝鮮人への差別に憤慨したり，国際結婚した友達夫婦に対する地域社会の冷たい視線に対して問題を感じたりしている。これまでの人生では経験しなかった差別の実態を実際に見聞きしたことも，ボランティア活動への目覚めに繋がったが，それ以上に自分が体験した〈周辺人〔外〕としての意識〉がボランティア活動に拍車をかけたと思われる。

　短大卒業後Jは，職場の中で学歴差別を経験し，4年制大学へ編入という道をたどったが，実際に大学に編入しても学生としての仲間意識を持てなかった。本当の友達はボランティアグループだという。同じクラスとか，出席番号で分

けられたグループは，卒業までしか関係は続かないが，ボランティアのスタッフは同じことを目指す同士だから一緒にいて楽しく，アットホームでこのメンバーでないとボランティア活動はやっていけないと考えている。Jは，小さい頃から親の決めた進路を歩かされてきて高校の時登校拒否をした経験を持つ。中学校の時，友達はいないのではないかと中学校の先生から指摘されたこともある。Jはボランティア活動に加わることによって，周囲によって決められた人生から抜け出して，自分で選んだ自分をほんとうに必要とする人間関係にめぐりあえたのではないだろうか。ダンスを通じて得た南米の友達との関係も同様に自分で開拓した人間関係である。彼らは，Jの南米に対する認識不足も躊躇なく正してくれたし，日本社会で冷たく扱われた経験をあけすけに話してくれる心通い合う人間関係である。Jいわく，新聞や人に聞いたりして持っていた既成のイメージとして，たとえば，南米に対して〈なんか貧しくて汚い村が多いというような暗いイメージ〉から，実際にブラジルと友達になって〈苦しい生活を送っていてもみんな集まって突然踊り始めるような明るいイメージ〉に変化したという。小さい頃から習い事ばかりの生活で親の期待や周囲の視線にさらされてきたJにとって，ボランティア活動や南米の友達との交流は既成の価値観から解放される転機となったと思われる。

　Tは高校時代から目指していた牧場のヘルパーに就職したが，体の不調で辞めざるをえなくなってしまった。生きがいを感じていた仕事だったがゆえに挫折感も大きかったと思われる。だからこそ自分を必要とされる活動に加わりたいという気持ちからボランティア活動を始めたと思われる。

　地位が変化すると，今まで属した集団の外から自分を見つめる機会も生じる。その結果，縛られていたこれまでの役割関係から解放される。地位が変化した時にボランティア活動に出会い参加して新しい人間関係の中で充足できる自分を見出した人も多い。とくに異文化交流を目的とする国際交流ボランティアであるからこそ，日本社会を外から見る機会を得ることができたともいえる。

第3章　国際移動への志向とライフコース

4．家族の外国人への風評と外国人との交流
―家族における外国人に対する風評は，ボランティアたちの外国人交流にどのように影響したか―

　ボランティアたちの年齢は，20歳から33歳，彼らの父母は戦後生まれが多く，戦争体験を持たないものが多い。最高齢のHさんの父で10代前半，母は疎開経験を持つ。ほとんどのボランティアは，父母から戦争体験を聞かされた経験をもたない。

　しかし祖父母の世代となると，Aのように択捉島(エトロフ)からの引き揚げ者という人もいる。中国語，ロシア語が堪能である家族が身近にいて，しかも常時留学生の受け入れを積極的にしていたAは国際色豊かな家庭で育ったといえる。Bの父の会社の仕事関係は海外経験者が多く，家族で渡航する以前から外国人の訪問も多かった。また父のスペインへの海外赴任において，家族で海外生活を経験することとなった。また，Mの場合のように父から在日朝鮮・韓国人がどのように差別を受けてきたか小さい頃から聞かされ，差別を許さないように教育された例もある。このような家庭環境はこのボランティアたちのインタビューでも少ないケースだ。そんなMの家庭でも母は，父とは違い，在日外国人とは付き合わないようにAにアドバイスしている。Eの母は，朝鮮人学校の教師と友人関係にあったので，Eは小さい頃から在日朝鮮人と友達であった。しかしEの父は在日外国人には距離をおくように言っている。このように国際交流ボランティアの家庭環境が特別に外国人に対して寛容であったケースはこれらの事例では少ない。

　一番多いのは外国人に関して全く話題にも上らないケースだった。このような状況は一般大学生と同じである。Kのように地域にたくさん在日韓国人が住んでいても彼らと交際はなかった。在日韓国人ということを知らなかったから交際していてもわからなかったケースもある。Lのように親友であったけれども日本名で生活していたから在日朝鮮人であるということが本名宣言によって初めてわかったというケースもある。Fの場合のようにあからさまに父母が韓

国人を嫌っていて韓国へ彼が旅行することさえ，止めているケースは稀である。しかしボランティアたちへのインタビューによって見え隠れしているのは，在日外国人について〈全く話題にも上らない〉ということは，くしくもEの言葉にあるように〈父は，韓国人に対して一般的偏見を持っているが，それほど根強いものではない。〉といわせるような在日外国人に対する〈距離感〉のようなものである。しかしこのような在日外国人に対する〈距離感〉を持った家庭に育ったから，ボランティアたちのその後の外国人交流に負の影響があったかというとそうではない。彼らの旅，留学などの経験がこのような家族の暗黙の外国人交流に対する否定的な考えに異を唱え，逆に家族に意見するほど大きな影響を与えている。

5．学校における人権教育と外国人との交流
　―学校における人権教育は，現在の外国人との交流にどのような影響を与えているか―

　関東と関西では同和教育や，外国人に対する人権教育に濃度差があるように思われる。ボランティアたちの出身は関西が多いが，A, E, Hは，関東出身であり，この人たちのインタビューからは同和教育や外国人の人権などについての話は出てこなかった。関西に住んでいても，実際に住んでいる地区に在日外国人が少ない場合は，Dの経験した授業例（在日外国人が強制連行されたビデオの視聴などの歴史的授業が1時間）のような人権教育も活発でない。またGは，関西に住みながら同和や外国人の人権に関しての授業はなかった。戦争に関しても学習しなかった。しかしKのように同和地区や在日外国人がたくさん住んでいる所に隣接している地区では，人権教育の時間は多かったようである。同様にLの場合も同和教育，人権教育がさかんに行われ，Lの場合は実際に小学校時代，級友の〈本名宣言〉も経験している。

　大学に入って初めて人権教育に出会い新鮮さを感じたのは，これまでまったくこのような教育に出会わなかったGである。南京大虐殺や太平洋戦争につ

いて講義で聞いただけでなく，自分がテレビ番組のレポーターという役割を得て，実際朝鮮学校を見学したり直接在日の人にあったりしてより一層興味をかき立てられた経験を語っている。しかしGのように在日外国人にスポットをあてた授業は大学教育の中でさほど浸透しているとはいえない。むしろEのように，国際理解という名目の講座では欧米系の外国人を対象とした授業の方が多いのではないか。留学して初めて外国の大学で，アジアの学生と交流する中で自分のルーツとしてのアジア，そして隣国に対する興味がわいたEのようなケースは稀ではない。

　このような教育の中で繰り返し強調されていることは，Lが疑問を呈しているように，〈みんな同じだからなかよくしようね〉という言葉やIがもらったプリントのように〈在日とわかっても友達として自然に付き合う〉という〈違いの無視〉である。〈みんな同じなのだろうか〉というLの疑問は当然である。いままで日本人と思っていた親友の〈本名宣言〉は，〈日本人と異なる文化を持っている〉という表明であった。勇気ある表明をしたにもかかわらず，差を否定して同じという括弧でくくってしまうことに疑問を持つのも当然であろう。Fの体験のように，クラスメイトのお父さんのお葬式でチマチョゴリを着た友人を見てはじめて在日韓国人であったことがわかるケースもある。〈違う・異なる〉ということをプラス志向で受け止めて人権教育がなされなければ，その後の人生の中での外国人との交流で躓くことも多いのではないか。実際Fのケースは，同じ職場で在日の人と日本人との間で生活習慣の差から人間関係にヒビが入っている。

　FやMの言うように，隣国に対する若い人びとの興味はむしろ日本人よりアジアの人びとの方が高いかもしれない。また在日韓国・朝鮮人の歴史や日本社会の中で置かれている状況に韓国の若者が疎いというなら，日系ブラジル人の歴史や日本社会に働きに来て置かれた環境に対して日本人はそれ以上に疎いといえよう。Kは中国から来た高校生によって〈日本は中国の隣であるから，中国語を小さい時から勉強しているのではないか〉という疑問を投げかけられ

ている。Kは，〈中国でも日本語より英語を勉強しているように日本でも英語が第二外国語として通用している〉と答えている。英語はアジアでも通用する言語であるが，万能というわけではない。ビジネスとしての〈有用性〉，〈共通性〉にこだわって英語教育に力を入れ，アジアから遠ざかった日本の国際理解教育のひずみは，日本に永く住んできた永住権を持つ在日外国人に対しても，アジアから新しく日本に入国し働く外国人に対しても大きなしわよせを与えたのではないか。

6．コンボイシステム形成と外国人との交流
―ライフコースにおける友人の比重が大きいほど外国人との交流に積極的であるか―

どのボランティアのケースでも友人関係に大きな比重を置いている。大学進学後，地理的移動によって家族から離れて生活の自立を遂げた人が多く，またその機会に友達関係の再編を経験した人が多い。就職している人も職場の人間関係とは別に自分と問題関心を同じくする同志ともいえる仲間集団に以前から所属していた人が多い。外国人と交流に積極的な人は，新しい友達関係を形成する力を持ち，また所属している集団に埋没することなく複層的な人間関係の中で自分のアイデンティーを見出している。

たとえば，Eは東京から関西の大学へ進学ということで，新しい友達関係の再編を経験している。東京の友達から関西でのイメージを悪くいわれながらも，そのようなステレオタイプを逆手にとって「関西弁を話せるようになりたい。関西の大学で大学生活を経験したい」と新しい友達関係に積極的である。東京の進学高校での友達関係は進学した大学の評価に左右されるような表層的関係であった。だから，新しく入学した大学の友達にも自分が一浪して，知名度に欠ける大学に入学したことを話せなかった。学歴社会の中で偏差値によってランク付けされた評価にこだわっている自分の気持ちは，在日韓国・朝鮮人が自分のルーツを明確にしたくてもできなく，通称名で暮らしている気持ちとどこか似ているとEは分析している。日本社会における階層関係に組み入れられ

た在日外国人の生活と，学歴社会における偏差値に影響された学校における友達関係をなぞらえたＥの指摘は鋭い。Ｅは，外国人との交流によって所属する集団の規範に絡めとられていない。自分の力によって開拓した友達関係を得た。

　Ｋは，職安の行政側担当者としての立場上，外国人を相手に仕事をすることが多く，ボランティア活動との接点も多い。中国残留の少年の事例やインドシナ関係の事例を職場で公務員として扱うと同時に，ボランティアでは子どもプロジェクトとして中国人の高校生に勉強を教えている。彼は〈行政は冷たい〉という風評を受けて，これは担当者の問題と分析している。職場の担当者が辞令で担当が決まるのに対して，ボランティアの方は自分の興味関心から最初より積極的であるという違いが，外国人との対応差，すなわち温度差にでると考えている。そういうＫは新しく赴任した上司をボランティア活動に誘っている。このようにＫの職場における外国人との交流は，ボランティア活動における外国人との交流と公的な立場における外国人との交流という重層的な人間関係をなしているといえよう。職場における人間関係を，ボランティアにおける友達関係からの視点で捉え直すことによって，またボランティア活動における壁も行政側の情報を活用することによって，双方の連携がとれ，新しい視点が見えてくるとＫは語っている。

　Ｆの場合も外国人との交流，旅への関心は職場の上司のアドバイスによって始まっている。職場の人間関係が，このような幅を持つことによって狭い職域から個人を解放し，職場における上下関係を度外視した個人と個人との平等な友人関係にまで広がる状況が，すでに日本でも始まっていると思われる。

　ボランティア活動の意味を友達作りに見出している人は多い。ある意味でボランティアの人たちは，損得関係や既存の価値観に左右されない人間関係に飢えている人びととの集まりといってよい。ボランティアというイメージから〈善意を与える人びと〉というイメージがあるかもしれないが，インタビューを終えた彼らの言葉からは，ボランティアこそ，外国人との交流によって新しい友達関係，新しく自分のライフコースを進んで行くための羅針盤を得た〈与えら

れた人びと〉である。もちろん自分の価値観が定まっていないため，ライフコースの羅針盤を得ていない人もいる。Ｉは，学生という地位から職業人という地位へという移行が受け入れられず，せっかく決まった職場を去ってしまった。現在は表面上就職活動サークルに入って就職を探しているように見えるが，実際はサークルの中での人間関係やボランティア活動における人間関係に安らぎを得ている状態である。自分のライフコースの方向性はいまだ見えずの段階にある。それは他のボランティアとは異なり，Ｉのボランティア活動の動機が，〈自分の感情を出す訓練として国際交流ボランティアに参加する〉という一方的なものだったからであろう。ボランティアという名を借りてサービスを受けることばかりを期待し，自分から働きかけない場合はいつまでたってもライフコースの羅針盤となるような友達関係は築くことはできない。自ら自主学習グループを作ったＥやＭのような積極性がみられないＩは，ボランティア活動でも周辺的であるし，満足感が得られていない。国際交流ボランティア活動では，外国人との交流を通じてサービスの交換が行われている。外国人がボランティアとの交流によって得るサービスが電話相談や子どもプロジェクトによる子育て情報，さらには日本における心を打ち明けられる友達関係であるとすれば，ボランティアは外国人との交流によって，外から自分のライフコースを見つめなおす機会を与えられるとともに，同じ目的を持った友達関係ができるというサービスを得ている。

7．マイノリティー交流経験と外国人との交流—他のマイノリティーグループとの交流経験は，外国人との交流にも影響を与えているか—

　ボランティア活動に参加する前から国際交流以外のボランティア活動に参加していたのは，ＨとＥ，Ｍであった。Ｈは大学で出会った廃寮反対運動の渦中で地域運動や学生運動との接触があった。在学中，これらの運動を通じて，京都のＹＷＣＡの外国人相談窓口でのボランティア活動や横浜の外国人労働者支援の会〈カラパオの会〉に参加，さらに釜が崎の越冬支援の会に加わったよ

うにマイノリティーグループの援助活動に積極的に関わっている。

　Hがこのような運動にかかわっていくのは，大学における廃寮運動から始まる。学費が払えない学生にとっての寮の意味を問う運動によって，大学側や地域の問題点が見えるようになる。そのことによって，社会の仕組みからはじきだされた人びとの生活に関心が行くようになる。Hは，現在でもホームレスたちの集う町コトブキに魅力を感じ，盆と暮れにはかならず訪れ，町の人びとと共に迎える休日に安らぎを感じている。Hは，大学卒業後，大学の事務職員として就職しているが，彼によるとこの職はあくまでも期限つきの仕事で，彼本来の目指す仕事は，やはりマイノリティーに関わる仕事であるという気持ちを強く持ち続けていた。Hのライフコースは，H自身も認めるように〈カラパオの会〉に参加した時点から大きく変化している。Hは，コトブキで出会うホームレスや外国人労働者たちに対して，「自分もいずれこうなるのではないか」という気持ちまで持っている。定年まで定職に居続けるというレールから外れた場合，次のレールの掛け方がわからないような日本のサラリーマンにとって，ホームレスや外国人労働者が今置かれている立場はまったく無縁なものでないと，Hは結論づけている。

　EやMは，多文化共生センターにボランティアとして参加する前に，在日韓国・朝鮮人を中心とする団体に加入し，韓国の文化を日本の若者伝えて行こうという〈ナビ〉というグループを作っている。Eの場合は大学院で在日問題を専攻したことがきっかけであった。Mの場合は旅をして日本に帰ってきて，在日外国人と付き合ううちに外国人の悩みをいろいろ聞いたことがきっかけであった。EやMの場合はこの在日韓国・朝鮮人を中心とする団体〈民団〉に参加するうちに，在日外国人として彼らが，自分たちの置かれた状況，差別されている状況は自分たちから運動をおこして変えていかねばならないという在日の人たちの意識改革運動を知った。EやMは，日本人として，この運動をサポートするだけでなく，変わらなければならないのは，日本人の方であることに気づき日本人の意識改革も共にしようということからグループを結成して

いる。日本人の意識改革ということならば，在日外国人を韓国・朝鮮人に限らず，ブラジル系や他の国籍の人に対する意識改革も考えたいということで多文化共生センターに参加している。

　H，E，Mなどのように，他のマイノリティー援助グループとの関わりは，現在の多文化共生センターの活動に大きな広がりを与えている。多文化共生センター自体の歴史は，震災時，他の外国人支援団体との連携を結ぶことから出発したけれども，現在の活動においては，ボランティア一人ひとりがプロジェクト企画を立て，企画の目的に沿った地域のマイノリティー援助グループへ関わることによって，より一層，連携の絆を強化している。

8．まとめ
1）幼少時の外国人との交流体験 ➡ 外国人との交流
　幼少時に，地域に居住している外国人と関わった経験は，その後の外国人との交流に大きな影響を与えている。幼少時，身近に外国人が居住していながら交流がなかったケースでも，その後の留学や旅，ボランティアへの参加によって外国人との交流が始まり，そこから得た体験によって幼少時の地域や家族の風評を思い起こし，在日の外国人に対する理解のあり方を再定義しなおしている。

2）家族の外国人に対する風評 ➡ 外国人との交流
　家族が外国人に対して積極的に負のイメージを加えたケースは少ない。しかし近くに外国人が住んでいながら，〈距離感〉を持って生活していた様子はうかがえる。そのような家族の外国人に対する〈距離感〉は，息子や娘が外国人との交流に力を入れるようになると〈かかわるな〉とか〈深入りするな〉といった言葉でしめされるように暗黙の外国人との交流を否定し始める。とくに欧米の外国人との交流には寛容であるが，アジア系の外国人との交流には親からストップがかかるケースが多い。それは，ボランティアの親の年代が，戦後まもなくの時代に少年時代を送り，在日外国人の歴史や人権の問題について，十

分な教育を受けた経験がなく，偏見に満ちた風評を聞いて育ったからであろう。ボランティアたちが家族の暗黙の反対にもかかわらず異文化交流ボランティアに参加したきっかけ要因となったのは，彼ら自身の留学や旅，海外移住，ワーキング・ホリデーといった地理的移動に伴う異文化経験による影響が大きい。

3）地理的移動に伴う転機 ➡ 外国人との交流

地理的移動は単に外国人と接触したという体験を彼らに与えただけではなく，移動によって一時的に所属していた集団を離れ，外からこれまでの自分のライフコースを見つめなおす体験を与える。このような旅や留学への決意は，地位の変化に伴って行われたケースが多い。地理的移動にいたらなくても，転職や編入学などのライフコースの転機に国際交流ボランティアになるケース，在日外国人と交流が始まったケースも多い。地位の変化によっていままで縛られていた役割関係から解放され，新しい役割関係の再編を経験することによってこれまで見えなかったマイノリティーの置かれた立場に共感を持ち国際交流ボランティアに参加することになったケースもある。

4）ボランティア活動 ➡ 外国人との交流

彼らのボランティア活動は外国人との互恵的な相互作用から成り立っている。外国人に対してボランティアとして，電話相談や子どもへの日本語指導に携わるサービスを提供したり，日本人に対して外国人が日本において置かれている状況を理解する講座やフィールドワークをしたりしている。そしてボランティアたちは，外国人との交流を通して広い視野で自分のライフコースを見なおすことによって新しい人生観を得ることができ，志を同じくする人たちとの交流を持つことによって人生の岐路を乗り切る力を与えられる。このような力を得たボランティアたちは国際交流ボランティア活動に留まらず，社会的に弱者の立場に置かれている人たちすべてに目をむけ，活動を拡大しているケースもあった。

5）学校における人権教育と外国人との交流

学校における人権教育は，20歳から30歳代のボランティアたちにはあまり影

響を与えていなかった。むしろその後の彼ら自身が体験した外国人との直接の交流こそが，かれらを国際交流ボランティア活動のきっかけとなったといえる。留学や海外への旅，ワーキング・ホリデーなどの機会は現在若者にはたくさん用意されている。しかしその行き先のほとんどが欧米の先進諸国に限られている。留学や海外旅行などを体験したボランティアたちは，むしろ海外で自分たちが外国人という立場になって初めて日本で外国人がどのような立場に置かれているか，外国人ということでどのような待遇を受けているかということに思いをはせている。一方現在，在日１世，２世，３世と呼ばれる人びと，近年増加しつつある外国人労働者と呼ばれる人びと，国際結婚の相手として選ばれる人びとはアジアや南米諸国出身が多い。今後地域社会の中でこのような人びととの共生を考えるには，日本における在日外国人の歴史，法律上の立場，労働をめぐる状況に関する学習も重要であるが，実際に在日外国人との交流を中心としたフィールドワーク学習がもっと行われることが必要である。

６）地位の変化と外国人との交流との関係

　この国際交流ボランティアたちのライフコースは，転職や大学への編入などの経験を経た者が多かった。このような一見回り道とも思えるようなライフコースを歩んで来たからこそ，異質な文化や自分たちが所属する集団以外の人びとへの目配りが可能であったともいえる。従来の日本人のライフコースは，小学校，中学校，高校と学歴を順調に進み，定職というように一つの会社に永年籍を置き，年功序列によって給料が保証されるようなライフコースがマジョリティーを占めていた。しかし経済の進歩が鈍化するに従って，また外資系企業の進出によって能力給が普及するに従って，個人の能力の評価やよりよい評価をもとめて転職をしたり起業したりする機会が増えてきている。ボランティアたちの中にも，〈自分は組織にからめとられたくない〉という気持ちで安定した職を去り，自分の夢を追求するためボランティア団体の専従という不安定で低い給料である職を選んだ者もいる。手堅い生活設計をすることよりも，成功や失敗を繰り返しても自分の力で生きているという実感を大事にしたい者もい

た。家族や職場の人間関係といった比較的長期間の安定した関係に自分の居場所を求めることから，いつ自分から去っていくかわからないが自分と志を同じくする仲間に囲まれて一時的にでも生活したいという人たちが多かった。

7）国際交流ボランティアの国際移動への志向

このような特徴から，国際交流ボランティアのほとんどは，国際移動に積極的な志向を持つといえよう。とくにF，H，M，Kなどはその典型的な例である。しかし，その一方でIのように，国際交流ボランティアに参加しながらも，〈ボランティアをすることによって，自分に利益になる〉ことばかりを追求し，自分の殻に閉じこもった国際移動に消極的な者もみられた。

第4節　考察と今後の課題

1．考察

交通・運輸手段の発達によって，国内移動のみならず，国際移動の必要性が今後，増加すると考えられる。現在の若者にとっての国際移動には，以前移民と呼ばれた日本人たちがたどった経済的地位の上昇を目指す永住といった意味の国際移動は少ない。また移動の目的は来日しているアジア圏の若者が目指すような経済的報酬をねらった出稼ぎ型ではない。日本の大学生は，国際移動によって，個人の内面のキャリアを磨くといった自分への投資の意味合いをこめての国際移動を考える人が多い。その意味では経済的報酬よりも社会的報酬を目的とした国際移動，所属している集団における上昇移動よりも〈国際的思考を身につける〉といったキャリア・アップするような国際移動を志向しているといえよう。

このような若者の国際移動相手国として選ばれるのは欧米諸国が主流である。実際には，中国をはじめとするアジア圏の国々の企業で活躍する長期滞在者が多く，日本国内にもアジア圏からの留学生・企業雇用者が多いにもかかわらず，アジア諸国を国際移動相手国に選ぶ者は少ない。その原因は学校教育，とくに

高校までの英語などの科目において出会う外国人がほとんど欧米出身であることが影響していると思われる。また，調査した若者の意識の中に根強い欧米志向があるのは，欧米諸国への国際移動がキャリア・アップに繋がると考えるステレオタイプがあるからではないだろうか。序章でも述べたように，若者の意識の根底には欧米崇拝とアジア蔑視がみてとれる。

　オルポートによればステレオタイプとは「あるカテゴリーに関する誇張された信念」であり，「そのカテゴリーに対する行動を正当化」する役割を果たすといわれている。実際在留外国人総数からするとアジア圏の外国人が多いのだから，アジア系の外国人との交流機会も多いはずである。しかしどの国の外国人が自分の身の回りにどの程度居住しているかどうかよりも，〈外国人は欧米系〉という捉え方が外国人に対する視野を狭め，さらに外見的特徴からも見えにくいアジア系外国人は，若者にとっては認識しにくい外国人としての意味合いを持っていた。また，アジア系の外国人と若者との交流も欧米系の外国人に比べて少ないという調査結果を質問紙調査から得た。外国人と接した経験のある者に接触相手国を聞くとアメリカ40.6％，西ヨーロッパ18.9％，オーストラリア・ニュージーランド16.2％と欧米諸国が多かった（複数回答）。

　異文化理解は自文化理解に繋がる。若者の外国人に対する処遇を考えることは日本人自体を見つめ直し自文化変容のひとつの機会である。それと同時に若者自身が国際移動をすることによって異文化と接触し自文化を相対的にみつめなおすこともまた自文化変容の機会である。だから，この調査における外国人に対する若者の価値観は，若者自身が海外就職，国際結婚，海外移住，留学などの国際移動によって，現地において外国人となった時の不安に影響を与えていた。また現在外国人との交流がある人は，将来における国際移動に積極的であった。また家族の外国人に対するよい風評を聞いた人は，外国人と接する時の不安がなく，外国人の人権について擁護したいという意識を持っており，日本に在住する外国人に対して距離を持たない。そのような人は，将来における国際移動に積極的である。反対に状況として外国人と接する機会にめぐまれな

かった人，そして意識の面からも家族から悪い風評を聞いて，外国人と接する時に不安を持つ人，外国人の人権に関して距離を持つ人は，国際移動に関して非積極的であった。以上のように調査からは日本において外国人と直接交流する機会を持ったかどうか，また家族からの風評を聞いて意識の面から外国人に対して心理的距離を持ったかどうかは，その後のその人の国際移動への志向性に大きく影響しているということが検証された。

　国際移動に積極的なグループの重回帰分析結果からは，外国人の居住状況，身の回りの外国人の増加などが，国際移動への積極な志向を生み出す重要な状況要因となっていた。家族が外国人に対する良い考えを持っていること，人生上の重要な出来事を友人に相談する傾向があること，シングル主義が意識要因として影響力を持っていた。また日本の外国人に対する人権意識については，外国人の職業限定の緩和をすること，外国人の生活水準を高いと感じていることが，同様に国際移動への積極的志向に繋がっていた。調査では移動を好まない，自文化の殻から出ることのない若者の姿も確認された。現状肯定，単一の自文化への同調などの圧力を感じている若者の姿も浮き彫りにした。

　しかし，その一方で，強く国際移動を志向する大学生も見られた。第3章の国際交流ボランティアのライフコース・分析データにおいては，幼少時に身の回りに住む外国人について家族から悪い風評を聞いた者も少なくない。質問紙調査の結果からは，家族の悪い風評は，外国人との交流のきっかけを摘み，悪い風評を聞いた者は，外国人との交流にも消極的であった。しかしインタビュー調査の事例の分析を進めると，たとえ家族から悪いうわさを聞いたとしても，その後の海外経験や国内における地理的移動などの機会に自分が〈よそ者〉としての経験を持つことによって，外国人の立場を理解し，その後国際交流団体のボランティアを始めたものも多かった。

　インタビュー調査から，このような外国人に対する視座の転換は，地理的移動の時のみならず，地位が変化〈転職や入院，結婚〉などする時にも起こっていることが確認された。質問紙調査では，このような視座の変換がいつ起こっ

たか，どのような人や経験が影響を与えたかを分析することは難しい。しかし，インタビュー調査を実施した結果，家族の外国人に対する風評は子どもの外国人との交流のきっかけを決める重要な要因ではあるけれども，その影響は一時的なものであり，その影響力は，子どもの発達段階において，友達や学校教育などの影響を複合的に受けて，変化し続けるものであるということが明らかになった。

2．今後の課題

　質問紙調査からは，より積極的に国際移動を志向する大学生は少ないという結論が得られた。日本の大学生が，国際移動を志向しないのは，単に日本は経済的に豊かで国際移動をしてまで職を得たり，教育を受けたりする必要性がないからだろうか。それとも，幼少時の親からの社会化によって，在日外国人に対する低い評価が，国際移動の志向性を弱くしているのだろうか。答えを得るためには，彼らが生きた社会背景がどのようなものであったかを，国際移動の社会化過程とともに明らかにする必要があった。しかしながら今回の調査の分析においてその観点は抜けてしまった。

　またインタビュー調査では，国際交流ボランティアをインタビューの対象として〈なぜ，彼ら（彼女ら）は，外国人と交流しているのか〉その意味を明らかにした。交流の基底にはボランティアたちが，他国から来た外国人との交流を通じて，自分の国のこと，自分のアイデンティティーを発見していくことが語られた。〈異文化接触によって，自文化が見えてくる〉過程をさらに分析するためには，質問紙調査においてもまたインタビュー調査においても〈日本の文化を，どのように捉えているか〉という観点からの質問項目が必要であった。今回の質問紙調査においても，インタビュー調査においても異文化接触の体験を語ってもらうことはできたけれども，自文化に関する項目が入っていなかった。

　今後の日本を取り巻く経済状況や政治社会状況を鑑みると，来日する外国人の数も増加するであろう。また海外とくにアジア圏に進出する日本人の数も増

加すると思われる。多文化を受けとめ理解するだけに留まらず，自分の文化的基盤をも揺り動かすような変動も経験するに違いない。

　国際化というと，コミュニケーションレベルにおける意思の伝達ができることが強調されるが，共に生活をする仲間としての〈深いところにおけるアイデンティティーで繋がる〉関係性を持った人間関係が必要になってくる。国際移動への志向をしている者が，異文化を持った人びとと〈深いところにおけるアイデンティティー〉で繋がる関係を構築しようとしているのか。それとも，〈ソジョナー〉といわれる人びとのように国際移動はするが現地の人びととの交流が全くないといった関係に甘んじようとしているのだろうか。このような国際移動の質の問題についてはインタビュー調査によっても深く分析できなかった。

　また影響要因を重回帰分析によって特定はしたが，どのような影響要因が社会化の各段階で複合的に関係しているかについてはまだ分析が進んでいない。

　この調査から問題が明らかになったのは異文化接触の機会に恵まれていない若者が，家族からの評判や比較的若い年代の〈同調性〉の強いサブカルチャーゆえに意識の面においても〈違い〉や〈変化〉に対して臆病になっていることである。自分の文化的基盤を再度問い直す主体的な学習がまさに求められる時代である。個人のライフコースにおける転機の意味やライフコースにおける移動の意味を考えねばならない時代がすでに到来したといえよう。このような国際移動への志向が消極的なグループは，年齢を重ねるごとにどのようにその国際移動への志向が変化するのだろうか。世代コーホートごとに国際移動への志向と影響を与えた社会化要因を検出することが，今後の研究課題である。

　注：本調査は，平成9年度～平成11年度科学研究費補助金【萌芽的研究】課題番号098878010の助成を受け実施した。

▶▶▶ 第4章
親から子どもへの社会化における異文化接触が与える影響 ▶▶▶▶▶▶▶▶▶

　本章では，これまで明らかにした，大学生の国際移動の志向性が，親から子への社会化の過程でどのように形成されるかを明らかにしたい。先述したように，実際に外国人と交流する機会が少ない大学生たちは，親から聞いた外国人の風評によって，外国人との交流を通路づけているのだろうか。本章では，子どもの国際移動志向を生み出す親から子への社会化過程に焦点を当てる。

第1節　分析枠組み

1．分析の目的

　国際移動への志向は，序章，第1章で分析をしたようにさまざまな要因の連関によって生み出される。とくに，親から子どもへの社会化において，親が異文化に対してどのようなまなざしを持っているか，またそのまなざしを子どもがどのように受け止め，異文化に対してどのようなイメージを付与するかということが，外国人との交流に影響し，さらに国際移動への志向へと繋がっていく。

　第2章では，日本に居住する外国人に対して異なる二つのまなざしが向けられていることが明らかになった。欧米系の外国人に対してはポジティブなまなざしを向け，そのまなざしは国際移動への志向と繋がっていた。また欧米系の外国人を〈見える外国人〉としてクローズアップすることで，アジア系や南米系の外国人はその影となっており，実際には地域に多数居住していながらも，〈見えない外国人〉となっている。すなわちあこがれの対象としての欧米系の外国人とは国内において進んで交渉しその国への国際移動を志向するが，そう

第4章　親から子どもへの社会化における異文化接触が与える影響

でない外国人，一般に外国人労働者と呼ばれるアジアや南米の人たちに対しては，その人たちの人権が認められていないことに対しても，〈仕方ない〉としてしまう。すなわちアジア系や南米系の外国人に対しては，外国人労働者というレッテルを貼り，分離して考える傾向がみられた。

　このようなまなざしは，どのようにして社会化の過程で醸成されるのだろうか。本章では，親から子どもへの社会化過程に焦点を当て検討する。

　第一に，外国人に対する家族の考えは，地域に外国人がたくさん居住するほどこれまでの生活便益がおかされるのではないかという不安から，家族は外国人に対してよくない風評を立てる傾向がある。

　第二に，家族が外国人に対してよくない風評をたてれば，子どもは外国人との交流に積極的にならない。学校における外国人に対する人権学習がなされなければ，家族の外国人に対する話合いが減少し，外国人に対する不安をますます増大させていく。

　第三に，外国人に対して不安を抱く人は，外国人との交流に対して消極的になる。

　第四にこのような外国人との交流が少ない人たちは，外国人に対してステレオタイプをいだき，外国人の生活水準を低くみつもりがちである。

2．作業仮説

　第1章で，先述した下記の作業仮説を，関西地域に住む大学生を対象として質問紙調査を行い実証した。

　仮説1　地域に外国人が多く居住すればするほど，家族は外国人に対するよくない風評をたてる。

　仮説2　家族が外国人に対してよくない風評を持っていると，外国人との交流も少なくなる傾向にある。

　仮説3　外国人についての学習の経験がなければ，若者が家族と外国人に対して話をする機会を減少させる。

仮説4　外国人と接する時に不安を感じる人は，外国人との交流は少なくなる。

仮説5　外国人との交流が少ないほど，外国人の生活水準イメージを低く見積もる傾向にある。

仮説6　外国人との交流が少ないほど，外国人の人権擁護に対して消極的になる。

仮説7　外国人の生活水準イメージを低く見積もるほど，外国人の日本における就職に対して消極的になる。

「外国人についての人権学習」については，外国人についての学習の有無，学習した教科についての変数を設定した。他の要因については，第2章で設定した変数を分析に使用した。

　その地域に居住する外国人をどのように認識するかは，外国人に対する家族の考えが大きく影響する。外国人のことが家庭で全く話題にも上らない状態なのか，それともよく話し合われる話題なのか，また外国人の評判はどうかによって，子どもが外国人との交流を始めるかどうかが規定される。地域における外国人が多いと，外国人の存在を家族で話し合い，交流の機会も増加する。し

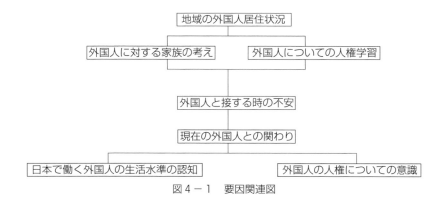

図4－1　要因関連図

かしその外国人が第2章でみたように，アジアや南米の〈見えない外国人〉，もしくは〈見ようとしない外国人〉であれば，地域における外国人の総数は，外国人に対する家族の考えには反映しない。

また学校における外国人に対する国際理解教育は，地域における外国人の存在をクローズアップし，共に生活するコミュニティーの仲間としての認識を子どもたちに与える。調査地点の大阪では民族教育など，すでに長い歴史を持っている。しかしそのような教育の機会がないと，家族の外国人に対する悪い風評は子どもたちにもそのまま受け止められ，子どもたちの外国人に対する不安となる。

外国人と接する時の不安は，実際の外国人との交流に影響を与える。交流を持とうとしない人は，外国人の人権や生活水準についても偏見に基づいたイメージをもちやすい。

以下の分析では，大学生を取り巻く家族，教育環境の影響が，外国人との交流にどのような影響を及ぼしたか，そして交流の頻度が外国人の生活水準イメージや人権に対する意識にどのように関わっているかを検討する。

3．実査方法・実査の背景

調査方法，調査の背景に関しては第2章の調査と同様である。

第2節　親から子どもへの社会化における異文化接触が与える影響実査結果および考察

1．若者の外国人に対する意識形成過程

仮説1　地域に外国人が多く居住すればするほど，家族は外国人に対するよくない風評をたてる。

外国人の居住状況と家族のイメージとの関連に対して，カイ二乗検定を行った後，有意差を調べた。地域における外国人の居住状況と，家族の外国人に対

する風評とは関連性がなかった。仮説1は検証されなかった。移民の歴史の相違や地域社会におけるマイノリティーの総数や国籍の差など，アメリカと日本とでの外国人を取り巻く状況の差がこの結果に作用していると思われる。調査対象となった地域においては外国人と日本人が富を奪い合う，集団として競争するといった事態が顕在化していないこと，調査対象者が学生であったことも一因であろう。

　仮説2　家族が外国人に対してよくない風評を持っていると，外国人との交流も少なくなる傾向にある。

仮説2で提示したように家族の外国人に対する風評と外国人との交流状況に関して検証を試みた。家族から外国人の悪い風評を聞いている者は外国人と接した経験のない者が多く，よい風評を聞いている者は外国人との交流に積極的である（表4－1）。家族の外国人に対する風評は若者の外国人との交流を促進したり抑止したりするキーとなっている。

表4－1　外国人との交流状況×家族の外国人に対する考え

家族の外国人に対する考え	外国人との交流状況		
	現在親しくしている	親しく接した経験がある	過去にも接した経験がない
外国人のよくない風評	39（46.4）	50（35.0）	119（58.3）
外国人のよい風評	45（53.6）	93（65.0）	85（41.7）
合計	84（100）	143（100）	204（100）

（　）は構成比　$p < 0.01$

　仮説3　外国人についての学習の経験がなければ，若者が家族と外国人に対して話をする機会を減少させる。

また仮説3で示したように外国人についての学習の機会を得た者は家族と話し合う機会を持つ者が多いが，学習経験のない者は家族と外国人について話し

合うことがないと答えている(表4-2)。家族からの外国人に対する良い評判にしろ,悪い評判にしろ,聞いた若者が,学校における学習の機会を持つことによって家族と情報を交換し,その情報を確かめることができる。

表4-2 外国人についての学習の有無×家庭内の外国人に関する会話状況

家庭内の外国人に関する会話状況	外国人に関する学習の有無	
	まったくない	学習した
話したことがある	33 (26.2)	465 (42.3)
話したことがない	93 (73.8)	634 (57.7)
合計	126 (100)	1099 (100)

( )は構成比　$p<0.01$

学校教育の場における外国人の生活に関する学習の機会は,家族からの影響に対して修正の機会を与えるであろうと期待されるが,家族が外国人に対して風評をたてる時期より遅れる傾向にある。学校教育の中で〈人権学習として特別に学ぶ機会を持った〉者が42.8%,教科としては53.3%(複数回答)であった。教科別では〈英語〉55.6%,〈世界史〉42.7%などが多く,語学や歴史の学習内容に偏る傾向があり家庭科などの日常生活レベルの学習では22.3%と比較的少ないように見うけられる(複数回答)。英語などの外国語教育が始まる時期に外国人に対する人権学習が始まるが,すでにその時までに家族からの外国人に対する情報が伝えられている。

仮説4　外国人と接する時に不安を感じる人は,外国人との交流は少なくなる。
　仮説4のように,外国人と接する時に,不安がある者は,外国人と過去にも接した事のない者が多い。また現在も親しくしている者は不安が少ない(表4-3)。

表4-3　外国人と接する時の不安×外国人との交流状況

外国人と接する時の不安点	外国人との交流状況		
	現在親しくしている	親しくした経験がある	過去にも接した経験がない
不安あり	137 (82.5)	265 (91.4)	633 (95.0)
不安なし	29 (17.5)	25 (8.6)	33 (5.0)
合計	166 (100)	290 (100)	666 (100)

( ) は構成比　$p<0.01$

仮説5　外国人との交流が少ないほど，外国人の生活水準イメージを低く見積もる傾向にある。

　仮説5のように抱かれる外国人イメージについても，現在交流経験の無い者は，外国人の生活水準を低く見積もる者が多いことが表4-4より考察される。仮説5で示したように交流経験のない者が，外国人の生活水準イメージを低く見積もる傾向があるのは，彼らのイメージの源泉が実際の交流体験から得られたものではなく，マスコミや家族からの情報を鵜呑みにしているからだと思われる。

表4-4　外国人との交流状況×外国人の生活水準

日本で働く外国人の生活水準	外国人との交流状況		
	現在親しくしている	親しくした経験がある	過去にも接した経験がない
日本人より水準が高い	9 (6.0)	13 (4.7)	25 (4.2)
日本人よりやや水準が高い	11 (7.3)	9 (3.2)	26 (4.4)
日本人と同程度の水準	8 (5.3)	15 (5.4)	39 (6.6)
日本人より水準がやや低い	43 (28.5)	65 (23.4)	189 (31.9)
いろいろな水準の人がいる	80 (52.9)	176 (63.3)	313 (52.9)
合計	151 (100)	278 (100)	592 (100)

( ) は構成比　$p<0.01$

第4章　親から子どもへの社会化における異文化接触が与える影響

仮説6　外国人との交流が少ないほど，外国人の人権擁護に対して消極的になる。

その結果，仮説6のように外国人と交流経験のない者は外国人の人権擁護に関しても消極的である。外国人と接した経験のある人や現在交流している人は，日本人が就きたがらない職業に外国人が就くことに関して〈押しつけるのはよくない〉と考える人が多く，外国人の参政権がないことに関しても〈改善すべきだ〉と思っている（表4-5）。一方，外国人との交流体験の無い者は，外国人が，日本人が就きたがらない職業に就くことに関しても〈希望により就いてもらう〉と答えた者が多く，職業が制限されていることや参政権がないことに関しても〈仕方がない〉と考える者が多い（表4-6，表4-7）。

表4-5　外国人との交流状況×外国人の職種

日本人が就きたがらない職業に外国人が就くことに関して	外国人との交流状況		
	現在親しくしている	親しく接した経験がある	過去にも接した経験がない
押しつけるのはよくない	59（37.1）	75（26.3）	166（25.2）
やむをえない	21（13.2）	52（18.2）	113（17.2）
希望により就いてもらう	79（49.7）	158（55.5）	379（57.6）
合計	159（100）	285（100）	658（100）

（　）は構成比　$p < 0.05$

表4-6　外国人との交流状況×外国人の就業限定

外国人の就業が限定されていることに対して	外国人との交流状況		
	現在親しくしている	親しく接した経験がある	過去にも接した経験がない
仕方がない	25（15.3）	35（12.3）	125（18.8）
どちらともいえない	53（32.5）	81（28.4）	213（32.0）
改善すべきである	85（52.2）	169（59.3）	327（49.2）
合計	163（100）	285（100）	665（100）

（　）は構成比　$p < 0.05$

表4-7　外国人との交流状況×外国人の参政権

外国人に参政権がない ことに関して	外国人との交流状況		
	現在親しくしている	親しく接した経験がある	過去にも接した経験がない
仕方がない	33（20.2）	69（24.3）	185（27.8）
どちらともいえない	62（38.0）	115（40.5）	282（42.4）
改善すべきである	68（41.8）	100（35.2）	198（29.8）
合計	163（100）	284（100）	665（100）

（　）は構成比　　$p<0.05$

　仮説7　外国人の生活水準イメージを低く見積もるほど，外国人の日本における就職に対して消極的になる。

　仮説7はこのような外国人の生活水準イメージと外国人の就職についての許容性に関するものである。表4-8や表4-9のように，外国人の生活水準は低いというイメージを持っている人は，外国人が働ける職業も〈限定すべきだ〉と考える人が多い。また滞在期間の限定に関しても〈仕方がない〉と答えている。

　家族の外国人に対する風評は，若者の外国人との交流を左右するきっかけ要因と位置づけることができよう。実際に交流することによって若者が抱く外国人のイメージは修正され，外国人に対しての自分なりの意見や価値観を持つようになる。しかし交流がないままに，家族から否定的価値観を受け継ぐと外国人を一つのステレオタイプでしか理解せず，外国人の権利や職業についても外国人は自分たちとは異なる集団だから差があっても仕方がないという意識を持つ傾向がある。家族の風評は小学校低学年から高学年にかけて聞かされているとすると，この時期に時を同じくして学校における人権学習がなされることが効果的である。人権学習を受けることによって，家族の中で外国人について話し合いがもたれ，外国人に関する情報の修正が行われるからである

第4章　親から子どもへの社会化における異文化接触が与える影響

表4－8　外国人の生活水準×外国人の労働者問題についての考え

外国人の職業の限定は	外国人の生活水準			
	高い	同水準	低い	いろいろな水準
仕方がない	10（12.3）	11（17.5）	67（22.5）	78（13.7）
どちらともいえない	19（23.5）	16（25.4）	86（28.9）	94（34.1）
改善すべきである	52（64.2）	36（57.1）	145（48.6）	97（52.2）
合計	81（100）	63（100）	298（100）	69（100）

（　）は構成比　p＜0.01

表4－9　外国人の生活水準×外国人の滞在期間の限定

外国人の滞在期間の限定は	外国人の生活水準			
	高い	同水準	低い	いろいろな水準
仕方がない	25（27.5）	22（35.5）	122（41.0）	42（42.7）
どちらともいえない	31（34.1）	25（40.3）	102（34.2）	11（37.2）
改善すべきである	35（38.4）	15（24.2）	74（24.8）	14（20.1）
合計	91（100）	62（100）	98（100）	67（100）

（　）は構成比　p＜0.01

第3節　まとめと今後の課題

　以上の調査結果から，親から子への社会化過程における異文化接触が与える影響は，下記の図4－2のようなチャート図に要約される。
　偏見は〈違い〉にこだわることからではなく，〈違い〉に無知なことから始まると言われている。健全な社会に不可欠な構成要因とされる外国人，高齢者，障害者のようなマイノリティーと呼ばれる人たちといかに共通の目的を持ち，人間として対等の立場に立って地域で生活をしていくかということがこれからの共生社会に問われている。街や建物，公共サービス，日常サービスもこのような視点を基本として設計され，外国人と日本の若者とが共に自分たちの住む

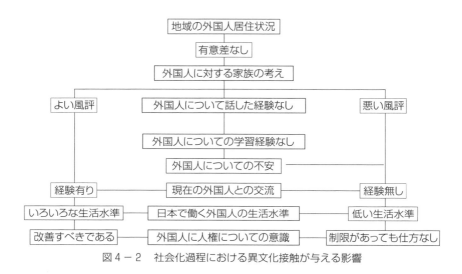

図4-2　社会化過程における異文化接触が与える影響

街に愛着を持って地域を担っていくことが，内なる国際化の課題になるだろう。しかし調査から若者が抱く外国人イメージは，実際の交流体験から得られたものではなく，家族の風評に大きく影響を受けて形成されていることが検証された。オルポートの仮説のように，家族が外国人に対して悪い風評をたてることは外国人との交流の機会を失わせる。実際の交流がないままで抱かれた外国人イメージは，外国人がおかれている社会状況やマイノリティーとして位置づけられた社会構造に関して情報が乏しいままで，単純労働や3K労働のような低賃金労働に関しても，外国人個人が選択したことだから仕方がないという矮小な解釈が加えられている。

調査から，大学生は，いろいろな生活水準があることは理解している。しかし低い生活水準と判断された外国人については，交流の経験もなく，人権の制限があっても仕方がないと考えている。その一方で，生活水準が高いと思える外国人との交流は積極的であるばかりか，権利についても改善すべきであると考える大学生が多い。序章で述べたように，日本で居住する外国人に対する序

列づけは存在し，親から子へと外国人の風評が伝えられることによって，子どもの異文化接触のあり方が規定されている。

　地域の外国人の増加は家族の外国人の風評の良し悪しとは関連はなかった。外国人が地域に多くなると，家族の風評が悪くなるというタイラーの仮説は棄却された。

　大学生は，より高い生活水準の外国人に対しては交流し，外国人の出身国への国際移動を志向する。しかし，その国へ国際移動したけれども，移動先の国ではマイノリティーとして認識され，さまざまな権利の制限を受けることもある。国際移動を志向することは，外国でマイノリティーとして生活することを意味する。日本における外国人労働者の姿は，国際移動した先の自分の姿と重ならないのだろうか。

　国際交流ボランティアのインタビューからは，欧米諸国へ行って初めて日本のマイノリティー問題に目覚めたという事例があった。次章では，海外経験が国際移動，社会化過程における異文化接触にどのように影響を与えているかを考察する。

　注：本調査は平成9年度科学研究費補助金【萌芽的研究】課題番号098878010の助成を受けて実施した。

▶▶▶ 第5章

帰国子女は国際移動への志向は高いか
――帰国子女受け入れ校の質問紙調査から ▶▶▶▶▶▶▶▶

第1節 分析枠組み

1．分析の目的

　海外に拠点を持つ多国籍企業の増加や海外へ成功の機会を求めて人的移動が活発化している。こうした異文化経験を得た帰国子女による移動国の文化への適応，さらに帰国後の母国文化への適応については，すでに多くの業績がある。しかしこうした異文化経験を年少時に得た若者が帰国して，どのように自国の外国人を認識するか，また異文化経験がその後のライフコースにいかに影響するかに関して，研究成果は少ない。調査の目的は，第一に，海外において異文化経験を持った若者と，そうでない若者では，どのように自国の外国人に対する認識に差がでるか，第二に，異文化経験が，彼らのその後のライフコース，とくに進学・就職・結婚などの国際性・海外移住などにどのように影響するかを明らかにすることである。

　異文化経験にもいろいろな種類がある。たとえば海外団体旅行の場合案内人がおり，外国語をさほど使うチャンスも少ない。このように，自分は自国の文化環境の中にとどめておいて外国の文化をさながらオペラグラスで観劇するような旅行は，ダグラス・ラミスによると，「潜水艦の旅行」といわれる。これに対し同じ旅でも異文化の中に身を置き，生活を共にしたり，外国人と共に働いたり感動するような FACE to FACE の直接的接触を基本とするものは，時として自分の持っていた価値観も揺るがすような異文化経験となる。

　そこで，実際に海外での異文化経験を持つ帰国子女高校生と，一般の高校生

を比較して異文化接触の質の違いが，帰国後の外国人との交流や将来のライフコース，国際移動に影響を与えるか，下記のように仮説をたて，検討をする。

2．帰国子女の国際移動への志向に影響する仮説
仮説1　帰国生の親のほうが，一般生の親より外国人との交流に積極的である。
仮説2　帰国生の親のほうが，一般生の親より外国人についての考えは好意的である。
仮説3　帰国生の方が，一般生より，帰国後の外国人との交流に積極的である。
仮説4　帰国生のほうが，日本で働く外国人についての不安が少ない。
仮説5　帰国生のほうが，日本で働く外国人の人権擁護に対して積極的である。
仮説6　帰国生のほうが，国際移動に積極的である。

さらに，帰国生のインタビュー調査を通して，帰国生の海外滞在時から帰国後にいたるまでの長いスパンでのライフコースの質的分析を行う。箕浦のいう文化アイデンティティーの変容がライフコースのどのターニング・ポイントで生じたかに関して，海外滞在時，帰国直後，現在までを分析範囲として，ライフコース理論の概念を使いながら分析する。

3．要因関連図
帰国子女受け入れ校の教育環境として，外国人教師の勤務状況を標識として設定した。また親の外国人との交流に関しては，自宅でのホームステイの経験を標識として設定した。

帰国子女受け入れ校は，帰国後の帰国子女の海外生活経験を生かすために教育課程を編成している。多くの語学のコースを組んでいるゆえに，外国人教師の勤務も多い。このような教育環境が，外国人と接する時の不安を和らげ，さらには外国人との積極的交流に繋がると思われる。また，帰国生は親も海外生活経験があるので，帰国後も外国人との交流を持ち，外国人について話す機会

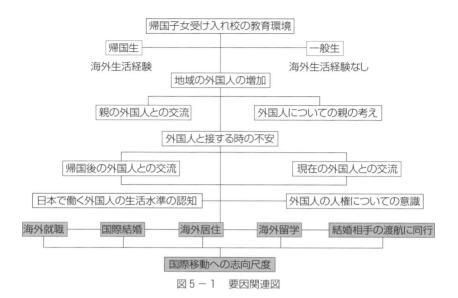

図5-1 要因関連図

も多く，外国人に関する風評も海外生活における実際の外国人との交流によって得られた実体験に基づくものと考えられる。

ゆえに，帰国生はすでに海外生活を体験しているから，外国人と接する時の不安も少なく，帰国後も国内・国外を問わず外国人との交流が活発であることが予想される。そのような帰国生ゆえに，日本で働く外国人の生活水準や人権についての意識においても，海外生活の体験は反映される。また国際移動に関しても，海外生活経験のある帰国生のほうが，積極的であると思われる。

第2節　実査の概要

1．実査の方法

関西における帰国子女受け入れ校であるK高校（私立）の協力を得て，1998年2月に同校の高校1年生を対象に調査を実施した。調査は，質問紙を高校の

先生に委託した。ホームルームの時間に生徒に配布され，担任の説明のもとに当日出席の生徒を対象に行われた。回収票247票中，その構成は帰国生161名，一般生（海外経験が1年に満たない者もしくは海外経験のない者）71名，不明15名であり，男女比は同数であった。

2．実査校の沿革

K高校の校長であった坂田直三（1998）によるK高校の沿革は，下記のように要約できる。

1980年　K高等学校開校

第1期　**同化を第一に考えた時期**（1980年4月から1983年3月）
- 日本語習熟の困難さから日本的な講義調の授業に対して帰国子女らから不満が出た。
- 海外で習得した言語を維持発展させる場が少なかった。
- 学習困難な学科に対する戸惑いがあった。
- 大学進学に対する不安があった。
- しかし帰国子女らしいユニークな特性を持っていた。

第2期　**同化教育からの教育方法の改善を試みた時期**（1983年4月から1986年3月）
- 教科ごとに教師の対応の仕方を反省した。
- 特性を生かしながらの同化教育を行った。
- 帰国子女の複眼的思考を生かすようにした。
- 自主自立の精神を養うようにした。

第3期　**異文化経験を生かす教育の発展**（1986年4月から1988年3月）
- 日本語科を教科に加え，日本語教育を他の教科でも試みた。
- 社会科も小クラス編成にした。
- アメリカ，欧州，東南アジア，オセアニア地域に教員を派遣して海外勤務の日本人に日本の教育事情を説明し，同時に海外在住地の生活事情，教育事情を視察した。

第 4 期　帰国子女の変化に対応した時期（1988年 4 月から1995年 3 月）
- 中高一貫教育の開始とその効果によって，習熟度の低い学生に対しては，週34時間のうち，17時間を日本語指導にあてた。
- 国語・数学・英語については習熟度授業を行うようにした。
- 入学時期を配慮して 1 年に 4 回の入学試験を行うようにした。
- 語学力の維持・発展と成績・評価に対する配慮をした。
- 生活習慣，服装，アクセサリーの自由と自己表現能力の活用を試みた。
- 日本人が多い現地校からの帰国生に対する配慮をした。
- 海外では塾の進出によって，海外において現地の教育になじむより，帰国後の生活を心配して国内志向の海外子女教育が行われ始める。
- K 高校も海外での入試を始める。

第 5 期　グローバル・スタンダードを備えた学校づくり（1995年 4 月から1998年 3 月）
- 生徒の個性を尊重する。さまざまなタイプの帰国子女に対応する受け皿をつくるようにした。
- 生徒の目線で理解する教師の育成を図った。
- 多様なカリキュラムを用意して，教師と生徒，生徒と生徒が協調して学ぶ場を作る。学年進行につれて，生徒自身が科目選択できる自由選択科目をとりいれる。英語，数学，社会，理科について，習熟度別クラスを編成するようにした。
- 生徒をいくつかのモデルに分けて考えるようにした。
- 完全 5 日制とし，メディア教育（情報発信教育）に力をいれるようにした。

　K 高校が帰国者の特徴の変化に伴いカリキュラム編成をしてきた過程を，K 高校の沿革は，如実に物語っている。帰国者のほとんどが現地の学校に通学し現地の教育を中心に生活していた第 3 期までは，帰国後の日本語教育に力を入れていた。しかし第 4 期から後は，帰国者の中には，すでに現地に滞在する時から帰国後の教育になじめないことを心配する者も多くなった。さらに日本の

第5章　帰国子女は国際移動への志向は高いか

塾の進出とも相まって，現地にいながらにして現地の教育を重要視せず，日本の受験を意識した勉強にいそしむ者が増加した。すなわち第1章で説明したように，ソジョナーとして海外で暮らしてきた帰国生が多くなり，とくに日本人が集中して住む地域では日本人学校に通い，海外に住みながら日本と変わらぬ生活をした生徒が帰国生として入学してくることとなった。

一方，海外に滞在した経験はないけれども，帰国生の受け入れ高校として語学に力を入れているK高校の教育の特徴に魅かれて激しい受験戦争を勝ち抜いてきた一般生の中には，帰国生よりも高い語学力を持ち，異文化に興味を持つ学生もたくさんいる。すなわち，一方では帰国生の現地教育の影響が薄れ，他方では国内生の国際化によって，両者の差が小さくなり，帰国生，一般生という二つの枠組みで捉えられなくなったため，生徒の個性に合わせた教育が第5期に行われるようになった。

このような生徒の多様化は，調査結果にも大きな影響を与えていると思われる。仮説6のように，帰国生だから国際移動志向が高く，一般生だから国際移動志向が低いとはいえないかもしれない。一度国際移動を経験した帰国生は，直接的な異文化経験としての外国人との交流体験を一般生より多く持っていることはいうまでもない。しかし情報化の進展した今日，日本国内において，異文化に憧れ，メディアを通じて異文化に接し，さらにこれまで受けた教育においても積極的に異文化に接して，いわば間接的な異文化経験を持つ一般生も充分国際移動を志向する社会化がなされている可能性が高い。ここではそのような直接の異文化経験として海外生活を経験した帰国生と，間接経験として国内で異文化に対して積極的に志向した一般生とを比較対照して，国際移動への社会化効果を分析する。

3．実査対象者の基本的属性

帰国者の海外居住年数は3年から5年未満が32.2%，5年から7年未満24.7%，7年から10年未満19.9%，10年以上14.4%と比較的長く，家族とともに渡航し

ていた。海外居住国は，〈アメリカ〉が最も多く61.4%,〈西ヨーロッパ〉36.7%,〈カナダ〉21.5%と西欧諸国がほとんどを占め〈東南アジア諸国〉は17.7%にしかすぎない。

また，一般生の中に1年以上の海外居住をした生徒はなく，海外旅行経験が無い者も45.1%いる。帰国生徒を異文化経験直接経験群と考え，比較対照群としてこのような異文化経験を持たない一般生群を設定し，日本における外国人に対する認識や将来のライフコースにおける異文化経験の選択性に関する比較を試みた。

第3節　実査結果

1．生徒を取り巻く家族や教育環境と外国人に対する意識
（1）自宅における外国人のホームステイ受け入れ経験

仮説1　帰国生の親のほうが，一般生の親より外国人との交流に積極的である。

表5-1のように，帰国生徒の家庭の約20%近くがホームステイを受け入れた経験があるのに対して，一般生の7.1%しか受け入れ経験がない。帰国生は家族で海外に暮らした経験を持つので，外国人のホームステイについても語学や習慣の面で積極的に受け入れる条件が揃っているということと，海外から帰国しても海外生活で得た友人が，帰国後日本に訪ねてくる機会も多いのでこのような結果になったと考えられる。仮説1は検証された。

表5-1　帰国後の自宅でのホームステイ

	合計	ある	ない
帰国生	159	32	127
%	100.0	20.1	79.9
一般生	70	5	65
%	100.0	7.1	92.9

（2）学校生活における外国人教師の有無

表5－2のように帰国生の58.6％は小学校の時から外国人教師に教わった経験を持っている。ということは，小学校時代を約半数以上が外国の学校に通っていた経験を持っている。中学校時代は帰国生も一般生も約87.7％が外国人教師と接する経験を持っており，中学からの英語学習の開始によって一般生と外国人教師との交流がスタートする。

表5－2　学校における外国人教師の勤務

	延べ人数合計	小学校	中学校	高校
帰国生	157	92	144	130
％	100.0	58.6	91.7	82.8
一般生	65	3	57	54
％	100.0	4.6	87.7	83.1

多重回答　$p<0.01$
注：延べ人数回答数を合計して，それぞれのセルの度数をカイ二乗検定にかけた。

（3）外国人についての家族の考え

　　仮説2　帰国生の親のほうが，一般生の親より外国人についての考えは好意
　　　　　的である。

表5－3のように帰国生のほうが，外国人について家族と話す機会を持った者は，一般生より多い。しかし表5－4のように帰国生と一般生では，家族に

表5－3　外国人についての会話

	合計	話す	話さない
帰国生	150	100	50
％	100.0	66.7	33.3
一般生	65	28	37
％	100.0	43.1	56.9

$p<0.01$

よる外国人についての風評はそれほど変わらない。仮説2は検証されなかった。

表5－4　外国人に対する家族の考え

	合計	良くない風評	良い風評
帰国生	100	33	67
%	100.0	33.0	67.0
一般生	28	12	16
%	100.0	42.9	57.1

n.s.

2．生徒の現在（帰国生にとっては帰国後）における外国人との交流
（1）外国人との交流経験

仮説3　帰国生の方が，一般生より，帰国後の外国人との交流に積極的である。

表5－5のように過去にも現在にも外国人と交流のない一般生が31.0％いるが，現在外国人と交流している一般生は54.9％と，帰国生47.8％を上回っている。このK高校が国際理解教育に力を注いでいることで志願をした一般生も多いので，いきおい入学してからの外国人との交流にも積極的であることが予測される。またそれに対して帰国生は過去に親しくした経験のある者が44.0％となっているのは，外国人との交流があったが，現在は交流が途絶えている者も少なくないことがわかる。帰国生の中で外国人と接した経験のない者が8.2％いることは，海外生活を送ったことがきっかけとなって，外国人との交流が活性化

表5－5　外国人との関わり

	合計	現在親しくしている	親しく接した経験がある	過去にも接した経験がない
帰国生	159	76	70	13
%	100.0	47.8	44.0	8.2
一般生	71	39	10	22
%	100.0	54.9	14.1	31.0

p＜0.01

第5章　帰国子女は国際移動への志向は高いか

していないケースと思われる。仮説3は，検証されなかった。帰国生であるから，異文化経験があり，外国人との交流体験が活発であると一括できないことが明らかにされた。

（2）接した外国人の感想

帰国生が異文化の中で長期間生活した結果，心理的に自文化（日本文化）より，居住国の文化により親近感を持ち帰国後も異文化と自文化の中で揺れ動くことはこれまでの研究で知られている。帰国生と一般生では，接した外国人に対する不安に差はあるだろうか。帰国生と一般生では，異文化との距離は異なるだろうか。

仮説4　帰国生のほうが，日本で働く外国人についての不安が少ない。

表5－6のように外国人と接する時の不安を聞いてみたところ，一般生の79.7%が〈会話が難しい〉という語学の不安をあげている。さらに〈常識が通用しない〉33.3%，〈なんとなく気詰り〉と答えた者も約20%近くおり，経験のなさがこうした不安を増長させているものと思われる。それに比して帰国生の中で〈会話が難しい〉と答えた者は，47.2%とかなり少なくなるが依然としてコミュニケーション上の障害を感じる者も約半数いる。また，〈常識が通用しない〉と習慣や文化の違いをあげた者も約30%近く存在する。帰国生の中に

表5－6　外国人と接する時の不安

	延べ人数合計	会話が難しい	常識が通用しない	なんとなく気詰まり	不安なし
帰国生	159	75	48	15	48
%	100.0	47.2	30.2	9.4	30.2
一般生	69	55	23	14	5
%	100.0	79.7	33.3	20.3	7.2

多重回答　$p < 0.01$
注：延べ人数回答数（157）を合計して，それぞれのセルの度数をカイ二乗検定にかけた。

も自文化と異文化との間でいろいろな距離のとり方のパターンがあることがわかる。しかし帰国生は，30％近くは，〈不安がない〉と答えたところを見ると，一般生よりは文化や，言葉に関する問題も日本における外国人との交流において障害が少ないことが調査結果より読み取れる。仮説3では，交流頻度においては棄却されたが，交流に対する不安は，帰国生のほうが少ないという調査結果から，〈外国人と交流する時の不安に関しては，帰国生のほうが，一般生より不安が少ない〉という仮説4が検証された。

(3) 日本で働く外国人の人権に対する意識

仮説5　帰国生のほうが，日本で働く外国人の人権擁護に対して積極的である。

日本における外国人の生活水準について質問したところ，一般生は〈いろいろな水準の人がいる〉と答えた人が63.1％を占めるのに対して帰国生は，〈同じ水準と答えた〉人の割合が一般生より高い。また日本人より水準が高いと答えた人の割合もやや高い（表5-7）。

このような外国人に対する人権に対する意識については，外国人の日本における就職の是非，外国人の参政権の是非に関しては帰国生と一般生についてほとんどの項目で有意差はなかった。しかし〈外国人の職業が限定されている〉ことに対しては，帰国生の方が約半数が許容しているのに対して，一般生の方が職業に限定を設けることについて反対の者が70％近くに上っている（表5-8）。

表5-7　日本で働く外国人の生活水準

	合計	水準高い	同じ水準	低い	水準いろいろ
帰国生	143	19	26	30	68
%	100.0	13.2	18.2	21.0	47.6
一般生	66	5	5	11	45
%	100.0	7.6	7.6	16.7	68.1

$p < 0.05$

第5章　帰国子女は国際移動への志向は高いか

表5－8　外国人が就ける職業が限定されている

	合計	仕方がない	どちらともいえない	改善すべきである
帰国生	158	33	47	78
%	100.0	20.9	29.7	49.4
一般生	70	10	10	50
%	100.0	14.3	14.3	71.4

$p < 0.01$

表5－9　日本人が就きたがらない職業に就くことに関して

	合計	押しつけるのはよくない	やむを得ない	希望により就いてもらう
帰国生	158	49	11	98
%	100.0	31.0	7.0	62.0
一般生	70	12	8	50
%	100.0	17.1	11.4	71.5

$p < 0.1$　フィッシャーの直接確率5％有意

帰国生は実際に外国で暮らすにあたって、ビザの取得などの機会に諸外国でも外国人の職業が限定されている事実を知り、日本だけが特別に制限している訳ではないことを理解しているからだと思われる。また有意差は得られなかったが、日本人が就きたがらない職業に外国人が就くことに関して、帰国生の方が〈押し付けるのはよくない〉と考える人が多く、マイノリティーとしての外国人の人権に敏感である（表5－9）。

3．異文化経験が国際移動への志向に与える影響

　仮説6　帰国生のほうが、国際移動に積極的である。

（1）異文化経験と海外就職

　表5－10のように海外就職に関しては一般生も帰国生もほとんど変わらない傾向を示している。仮説6は、棄却された。筆者が行った大学生対象の同じ質

表5-10 海外就職について

	合計	どのような状況でも行く	場合によって行く	国内にいたい
帰国生	160	33	107	20
%	100.0	20.6	66.9	12.5
一般生	71	14	50	7
%	100.0	19.7	71.3	9.9

n.s.

表5-11 海外就職したい時期

	合計	独身	結婚後	いつでもよい
帰国生	127	46	26	55
%	100.0	36.2	20.5	43.3
一般生	59	34	6	19
%	100.0	57.6	10.2	32.2

$p < 0.05$

問文の調査と比較すると〈どのような状況でも行く〉と答えた人の割合が大学生6.3％に対してK高校においては帰国生，一般生ともに20％程度と高い。

次に〈海外就職をするならどの時期が望ましいか〉という問いには帰国生は〈いつでもよい〉と答えた人が多いのに対して，一般生は〈独身の時〉と答えた人が多いのがわかる（表5-11）。また一般生のうち，〈独身〉と答えた人が約57.6％に対して帰国生の43.3％はいつでもよいと考えている。この質問に関しては，生徒の〈家族に対する考え方〉が大きく影響したと考えられる。というのは〈結婚後は家族中心の生活をすることに賛成かどうか〉という設問では，帰国生のほうが，家族中心の生活に賛成と答えた人が多かったからである（表5-12）。帰国生は家族という単位で海外渡航を経験し，親の海外就職というライフコースのターニング・ポイントにおいても家族ぐるみの移動を選択したという経験を持っている。そのような子ども時代における〈家族の紐帯を職業的移動の契機に維持した〉という事実が，やはり帰国生の海外就職の渡航時期

第5章　帰国子女は国際移動への志向は高いか

表5－12　結婚後は家庭中心の生活

	合計	賛成	どちらかといえば賛成	どちらかといえば反対	反対
帰国生	158	48	84	21	5
%	100.0	30.4	53.1	13.3	3.2
一般生	71	13	31	21	6
%	100.0	18.3	43.6	29.6	8.5

$p < 0.01$

表5－13　海外就職の時期×結婚後は家庭中心の生活

帰国生・一般生別 海外就職の時期		結婚後は家庭中心の生活				
		合計	賛成	どちらかといえば賛成	どちらかといえば反対	反対
独身	帰国生	45（57.0%）	14（73.7%）	28（62.2%）	2（16.7%）	1（33.3%）
	一般生	34（43.0%）	5（26.3%）	17（37.8%）	10（83.3%）	2（66.7%）
	合　計	79（100.0%）	19（100.0%）	45（100.0%）	12（100.0%）	3（100.0%）
		$p < 0.01$（フィッシャーの直接確率1%有意）				
結婚後	帰国生	81（76.4%）	27（84.4%）	38（82.6%）	13（59.1%）	3（50.0%）
	一般生	25（23.6%）	5（15.6%）	8（17.4%）	9（40.9%）	3（50.0%）
	合　計	106（100.0%）	32（100.0%）	46（100.0%）	22（100.0%）	6（100.0%）
		$p < 0.05$（フィッシャーの直接確率5%有意）				

選択にも影響を与えている。表5－13のように，海外就職をする時期は独身の時よりも，結婚後と思っている帰国生のうち，〈結婚後の生活は家庭中心にしたい〉と答えたものが84.4%，一方海外就職の時期は〈独身の時〉と思っている一般生の中で，〈結婚後は家庭中心の生活〉と答えたものが，26.3%であった。

　海外就職に対する積極性に関しては，帰国生と一般生とでは差がなかったが，次に海外就職の不安点について質問したところ，表5－14のように一般生は海外就職の不安点は語学にあると答えた人が多く，〈不安がない〉と答えた人はいなかった。一般生に比較して帰国生は，語学の不安は少ない。取引と業務・社会保障の仕組み・人間関係・収入などの不安に関しても一般生よりも不安が

表5-14 海外就職の不安点

	合計	語学ができない	取引業務の習慣が違う	収入の不安	ネイティブとの人間関係	雇用形態の違い	社会保険の仕組みの違い	ビザの取得
帰国生	161	61	45	21	62	32	38	28
%	100.0	37.9	28.0	13.0	38.5	19.9	23.6	17.4
一般生	71	63	26	22	34	12	24	13
%	100.0	88.7	36.6	31.0	47.9	17.0	33.8	18.3

多重回答　$p<0.05$
注：延べ人数回答数を合計して，それぞれのセルの度数をカイ二乗検定にかけた。

少なかった。親の海外就職体験が子どもの海外就職の不安を和らげていることがわかる。K高校の帰国生の親は多国籍企業に勤務する人が多く，海外渡航時の雇用条件や収入に関して日本企業から保障されているケースが多かったこともこの調査結果に影響を与えていると思われる。

（2）異文化経験と国際結婚

表5-15のように，国際結婚に関しては一般生のほうが許容的である。帰国生は，〈国際結婚したくない〉59.5％と国際結婚に関しては消極的である。その理由を〈国際結婚に関する不安〉に求めてみると，帰国生と一般生で有意差は得られなかったが，帰国生のほうが〈子どもの教育〉や〈子どもの言葉の問題〉に不安を持つ人が多く，自分が異文化の中で揺れ動いた経験から，国際結

表5-15 国際結婚について

	合計	できる	できない
帰国生	153	62	91
%	100.0	40.5	59.5
一般生	68	38	30
%	100.0	55.9	44.1

$p<0.05$

婚という永続的な異文化との繋がりに慎重な姿勢を示している。先の〈海外就職〉が一次的な海外への職業移動であり、フォーマルな人間関係が異文化との関わりの焦点となるのに対して、国際結婚は永住の可能性もあり、しかもインフォーマルな人間関係が継続することになる。帰国生はどんな形にしろ、リターナーである性格上、異文化の間を行ったり来たりした経験を持っているが、生活の基盤はやはり日本にある。国際結婚というのはこの生活の基盤自体を海外に移す可能性があり、しかも自分だけでなく生まれた子どもたちの文化基盤も左右するという深い読みから、このような国際結婚に対する慎重な姿勢が生まれたのではないだろうか。

(3) 異文化経験と海外移住

海外移住に関して帰国生と一般生の間では有意な差は見出されなかったが、帰国生の方が人生のある時期暮らしたいと答えた者が多いのに対して、一般生は行ったり来たりしたいという、定住型よりコミュート型を選ぶ傾向がある。そこで外国に住む不安に関して差をみると、帰国生と一般生の間に有意な差が得られた。一般生の不安が言葉の問題や治安の問題、風俗・習慣に集中するのに対して、帰国生の不安は言葉の問題がやはり第一にあげられているが不安は分散する傾向にあり、不安のない者も13.5%いる（表5-16）。とくに帰国生の

表5-16 外国に住む不安点

	述べ人数合計	言葉の問題があるから	風俗や習慣が違うから	経済的に問題が生じるから	人権侵害の心配があるから	両親に会う頻度が減るから	病気になった時心配だから	治安の問題	子供の教育に支障がでる	不安なし
帰国生	156	73	48	38	31	39	31	54	33	21
%	100.0	46.8	30.8	24.4	19.9	25.0	19.9	34.6	21.2	13.5
一般生	71	51	29	14	14	16	22	38	2	4
%	100.0	71.8	40.9	19.7	19.7	22.5	31.0	53.5	2.8	5.6

多重回答　$p<0.01$
注：延べ人数回答数（157）を合計して、それぞれのセルの度数をカイ二乗検定にかけた。

不安の中で特徴的なのは〈子どもの教育〉をあげる人が多いことである。自らが体験した教育に関する問題，たとえば〈母国語と現地語との習得バランス〉や〈教育制度の違い〉などに対しての気づかいがうかがえる。帰国生は，家族全体の結びつきを重視し，移住先の社会環境上の問題〈言葉，文化，治安〉以上に移動が家族に及ぼす影響に不安を感じていることがわかる。それに対して一般生は，不安は移住先の社会環境上の問題に目を向けがちである。

（4）異文化経験と海外留学

表5-17のように一般生の方が海外留学に関しては積極的である。とくに帰国生のほうに海外留学をしたくない者が少なからずいる。これまで海外の学校を経験して，日本の学校に帰って来た帰国生だからこそ，海外留学の希望が少なかったともいえる。また国際教育に力を入れている高校を自ら選択した一般生だからこそ，海外留学の希望や海外へのあこがれが強いともいえよう。

留学先の学校種を聞くと，一般生はそのあこがれを表わすかのように，高校レベルでの留学も約3割近くが考えており，帰国生の場合，大学以上を希望する者が多いのも，先に述べたような理由によると考えられる。さらに，留学したい国について聞くと，帰国生は滞在国であった西欧諸国に重なる傾向がみられるが，一般生の場合，東南アジアなどを含めて多種の国を留学先に選ぶ傾向がある。留学の理由に関しても，帰国生の場合学位取得や専門・新規の分野などの専門性を求める傾向に対して，一般生の場合，語学や国際的思考といった

表5-17 海外留学希望

	合計	したい	したくない
帰国生	102	72	30
%	100.0	70.6	29.4
一般生	51	45	6
%	100.0	88.2	11.8

$p < 0.05$

第5章　帰国子女は国際移動への志向は高いか

教養的な理由をあげる者が多い。また海外留学の不安に関しても帰国生は取得した単位の有効性や就職活動における留学の有効性など，留学後の実利的な面における不安まで考えるのに対して，一般生の場合は，語学の問題や治安の問題など，留学中の不安をあげている。

（5）国際移動への志向に関する帰国生と一般生の比較

帰国生のほうが，国際移動に積極的である仮説5は，検証されなかった。むしろ一般生のほうが，国際結婚や海外留学に積極的であるという結果であった。しかし国際移動に伴う不安は一般生の方が大きく，帰国生の異文化経験は，移動に伴う不安を減少させている。また国際移動も「個人移動」か「家族帯同の移動」かという観点から見れば，帰国生のほうが「家族帯同の移動」を，また一般生の方が，「個人移動」を選択する傾向にあった。

4．国際移動への志向に影響する変数の相関

帰国子女高校の在学する高校生の国際移動への志向においても，大学生の調査と同様に，表5-18のように，従属変数同士の相関が高い。

表5-18　国際移動への志向に影響する従属変数同士の相関〈高校生〉

従属変数	海外就職	海外居住	国際結婚	海外留学
海外就職		0.432**	0.309**	0.466**
結婚相手に同行して渡航	0.309**	0.359**	0.194**	0.237**
国際結婚	0.309**	0248**		0.346**
海外居住	0.432**		0.248**	0.273**
海外留学	0.466**	0.273*	0.346**	

$p<0.05$　$p<0.01$
注：海外就職：どのような状況でも行く(1)→日本を離れたくない(4)
　　海外居住：いつか永住したい(1)→日本を離れたくない(4)
　　国際結婚：外国人と結婚したい(1)→外国人と結婚したくない(4)
　　海外留学：したい(1)→わからない(2)→したくない(3)
　　結婚相手に同行して渡航：どのような状況でも行く(1)→日本を離れない(4)

大学生調査と同様に，高校生調査も国際移動消極性尺度を設定して従属変数として重回帰分析を行うことにした。

〈海外就職〉，〈海外居住〉，〈国際結婚〉，〈海外留学〉，〈結婚相手に同行して渡航〉は，相互に相関しあっているので，それぞれの5項目を因子分析（主成分分析）にかけると，表5－19のように，1個の因子が抽出された。そこで，5項目の信頼性を Cronbach's Reliability Coefficient Alfa によって求めると，$\alpha = 0.6855$であった。そこで大学生調査と同様に，〈海外就職〉，〈海外居住〉〈国際結婚〉〈結婚相手の海外渡航に同行〉のそれぞれのカテゴリーに1点から4点を与え，「海外留学」に関してはそれぞれのカテゴリーに1点から3点を与えた。点数が高くなるほど，国際移動に消極的になるのでこの尺度を「高校生国際移動への志向尺度」と名づけた。分析に使用したサンプルは245であり，平均値は9.70，標準偏差は2.46であった。大学生と比較すると，帰国子女受け入れ校の高校生のほうが，国際移動に積極的であった。

表5－19　高校生の国際移動への志向測定項目の平均・標準偏差・因子得点

国際移動への志向 測定項目	平均	標準偏差	因子得点 I
海外就職	1.93	0.60	0.777
海外移住	2.19	0.77	0.607
海外留学	1.66	0.75	0.605
国際結婚	2.63	0.71	0.692
結婚相手の海外渡航に同行	1.66	0.64	0.670

固有値＝2.267　寄与率45.33％

5．高校生の国際移動への志向－2変量の相関－

国際移動の消極性と性別などのダミー変数をいれて相関をみたが独立変数同士の相関は弱い相関しか示さなかった。

6．国際移動への志向尺度を従属変数とする重回帰分析

　国際移動への志向尺度を従属変数とし，性別や家族の風評など大学性の調査に用いた独立変数を投入し，ステップワイズ法で分析した結果が，表5－20である。最適モデルは，全分散の40.8％を説明している。

　最も重要な影響要因は，〈日本に住んでいる外国人をその国の代表として判断すること〉であった。その国の代表と思う人ほど，国際移動に積極的であった（$\beta=0.673$，$p<0.01$）。移動先の情報は，日本に住んでいる外国人から，その国をイメージすることで得ることができると考えている。だから国際移動に対して，積極的になるといえよう。

　高校生は，〈日本で働く外国人の生活水準は高い〉と考えることによって，国際移動への志向が高くなることがわかる。すなわち〈日本に住んでいる外国人〉を準拠他者として捉えるかどうかによって，国際移動への志向が決定する。当初，仮説で述べたように，帰国生か一般生かという海外経験の有無が，国際移動に大きく影響すると予測したが，〈帰国生であるか，一般生であるか〉は国際移動への志向に影響を与えていなかった。

表5－20　国際移動への志向尺度を従属変数とする重回帰分析の結果〈高校生〉

独立変数	標準偏回帰係数 β
外国人を国の代表として判断	0.673**
定数	3.412
Adj-R^2	0.408
F値	9.946**

＊$P<0.05$　＊＊$P<0.01$

第4節　まとめ

　異文化との直接交流の体験をライフコースの早い段階で得た者は，そうでない者に比して日本における外国人との交流頻度や外国人に対する認識，将来の

ライフコースにおける異文化経験の選択性に関してとくに積極的であるという仮説に関しては，肯定できる調査結果は得られなかった。それどころか，高校生段階における外国人との交流頻度，さらに国際結婚，海外留学に関してはむしろ異文化との直接交流の体験を持たない一般生の方が積極的であるという結果を得た。この量的に測定された外国人との接触という観点においては，理論枠組みで設定された異文化経験が個人の価値観の変容を生み出し，その後の個人のライフコースに影響を与えるという仮説は棄却された。K高校の沿革において述べたように，帰国生が海外に滞在している間も，親の赴任期間が3年から5年と短いことから，帰国後の受験を心配し塾通いをする者も多く見受けられ，現地の友人との関係が希薄になって，異文化の直接体験が充分積まれなかったことも原因の一つと考えられる。さらにマスコミなどによって帰国子女受け入れ校が国際交流の旗手としてのエリート校として報道され，R．グッドマンが言うように，エリート校としてのレッテルが貼られたことによって，国際交流に興味のある日本国内の一般生が集まり，このような一般生は地域の高校の一般生徒と比較すると，外国人との交流にかなり興味もある者が集まっていると思われる（Goodman／訳書，1992）。また，実際に異文化の直接経験を持たない一般生も，異文化経験を持つ者と場を同じくして国際理解教育を受けたから国際移動への志向が高い，という教育的効果も見逃せない。どちらの理由にしろ，海外で異文化との直接交流経験を持つ者でないと，国際移動への社会化効果が高まらないという仮説は棄却された。

　重回帰分析では，最も影響を与えている要因は，〈日本に住んでいる外国人を国の代表として判断すること〉であった。日本に住んでいる外国人を国の代表として判断する人ほど，国際移動への志向が高まるのは，国際移動に対する情報を，国内の外国人から得て国際移動に積極的になっているからである。すなわち，高校生を対象とした調査から明らかになったことは，高校生は，日本に住んでいる外国人を国の代表と捉え，準拠他者として，あこがれている彼らの国への移動を志していることである。日本に住んでいる外国人がなぜ準拠他

第5章　帰国子女は国際移動への志向は高いか

者になるかという原因の一つには，この高校の語学教育課程の特色が考えられる。すなわち豊富な語学コースを教える多くの外国人講師のイメージが帰国子女受け入れ高の高校生の外国人イメージに投影され，外国人のステレオタイプとして定着しているからではないだろうか。

　しかしこのような国際移動を積極的に志す者が，移動に伴う不安がないかというとそうではない。外国人との交流における不安や今後のライフコースにおける外国人との関わり合いをみると，帰国生と一般生では人間関係に関連する不安の有り様が違っている。現在の外国人との交流や将来の海外就職，海外移住，留学に関して不安なしと答える者は帰国生に多く，とくに語学や風俗，習慣などの文化，治安などに関しては不安が少ない。それに比して一般生の方は外国人と接触の意欲は強いが，語学や人間関係，文化，治安に関して不安が多い。現在の外国人との交流に関して接触した感想を聞くと，帰国生の方は，むしろ日本人よりも付き合いやすいと答えた者も3割近くに上り，密度の濃い交流であることがうかがえる。

　また，将来の国際移動志向における海外就職，海外移住に関して，帰国生は家族ぐるみの移動を想定して，こうした海外への移動が家族に与える影響を心配するのに対して，一般生の場合は，個人型移動を前提とし，職業上やフォーマルな場面における人間関係に対する不安が大半を占めている。その意味では，帰国子女が志向している国際移動は，自分たち家族が体験した家族型移動であり，一般生が志向している国際移動は個人型移動であるといえよう。

　帰国生の持つ海外滞在中の直接の異文化経験が，より国際移動への社会化効果を高めているという仮説は，〈国際移動への志向〉の高・低という尺度で測定すると検証されなかった。しかし〈国際移動への不安〉に関しては，帰国生の方が少ないという調査結果が得られた。

　注：本調査は平成10年度科学研究費補助金【萌芽的研究】課題番号098878010の助
　　　成を受けて実施した。

▶▶▶ 第**6**章
異文化経験とライフコース
——帰国子女のインタビュー調査から　　　▶▶▶▶▶▶▶▶▶

第1節　分析枠組み

1．インタビュー調査の目的

　帰国子女の異文化経験に関しては，これまで数多く研究されてきた。1988年，カニングハム久子の『海外子女教育事情』，1991年の箕浦康子による『子供の異文化体験』，1993年の岡田光世『ニューヨーク日本人教育事情』などにみられるように，そのほとんどは赴任国における子どもの適応状態や帰国後の適応状態に研究の焦点を絞ったものである。筆者の研究目的は，このような帰国子女のライフコースの一時点を輪切りにして適応，不適応というラベリングをすることでなく，それぞれが得た異文化経験の意味づけによって今後のかれらのライフコースへの考え方がいかに変化したかを探るものである。

　前章で得られた結果は，異文化と接触する直接体験を人生の早い段階で得た者は，そうでない者に比して将来のライフコースにおける国際移動を積極的に持つであろうという仮説6は検証されなかった。しかし，幼少時異文化経験を持った者（帰国子女）ほど，ライフコース上の国際移動に関する不安が少ないという仮説4は検証された。また帰国子女ほど，家族帯同の国際移動を選択する傾向があった。

　1999年に行った帰国子女対象のインタビュー調査では，仮説6の精錬をすすめるために幼少時の異文化経験の有無という独立変数を見なおした。個人個人の異文化経験への意味づけや異文化経験におけるコンボイの存在の有無が，多様な帰国子女のライフコースパターンを生み出し，国際移動への志向に影響す

るのではないかと考えるにいたった。

　海外移住の不安として「子どもの教育の支障」を多くの帰国子女があげているにもかかわらず，国際移動をするとしたら帰国子女は家族帯同の国際移動を選択する傾向がみられた。この背後仮説として，帰国子女の価値観として〈結婚後は家族中心の生活をする〉というマイホーム主義の傾向があることが影響していると思われる。インタビュー調査では異文化経験の意味づけにどの程度家族がかかわり，コンボイとして影響をおよぼしたかを明確にする。

　そこで仮説の精錬をすすめるために，異文化経験の有無ではなく，先述の個人個人の異文化経験の意味づけが，多様な帰国子女のライフコースパターンを生み出すのではないかと考え，インタビュー調査を通じて，仮説の精錬を試みようとしている。帰国子女の異文化経験の意味づけは滞在時期，滞在期間，帰国後の年数，家族との同居状況，滞在国などによっても大きく影響を受ける。また帰国子女を取り巻く家族の異文化経験の意味づけや海外や帰国後の友達との交流状況も，異文化経験の意味づけに関わってくると予測される。そこで，帰国子女の異文化経験の意味づけを探るために仮説索出の過程としてライフコース分析に着目してケーススタディーを企画した。

　D. W. プラース（Plath, 1980）が言うようにライフコース分析は各人にとってのライフコースの主観的意味づけ，個々人のライフコースを彩るさまざまな出会いや偶然とも言える諸事件，それらを通してのその人ならではの人生を作っていくレトリックを探し出そうとする試みも含まれる。またライフコース分析に基づくケーススタディーで重視されるのは，転機となったいくつかの節目でのきっかけ要因，促進要因，阻害要因さらには個人のそうした転機に対する主観的意味づけなどの解明である。その際ライフコース論で注目されるのは，そうしたライフコースを共有し，その人のライフコース証人であって，また決定的影響を与え，支援者であったような人生上の重要な他者の存在である。近親者や友人，先輩，上司，恩師などに人びとがコンボイと呼ばれ，個人をめぐる重要な他者として存在している。ケーススタディーでは，以下の3点からライ

フコース分析を行う。
① 海外在住した時，帰国時などの転機で異文化経験にどのような主観的意味づけが加えられたかを解明する。
② ①の異文化経験に対する主観的意味づけが帰国子女の将来のライフコース設計にいかに影響したか。
③ 帰国子女をめぐるコンボイの存在と，帰国後におけるコンボイの存在の変容を明らかにする

2．実査方法

1999年1月から2月にかけてK高校3年生の帰国生7名の協力を得て筆者による個別面接を実施した。一人につき2時間から3時間行い，その際，録音テープ起こしから得た第一データをもとに時系列の流れに着目して編集したのが，下記のケースデータである。表6－1は，各ケースの家族構成，滞在国，滞在歴，移動歴，海外在籍校を示したものである。

表6－1　ケースのプロフィール

ケース	家族構成	滞在国	滞在歴	移動歴	海外在籍校
B（男）	父・母・姉・弟	香港	6年半	福岡→広島→小1千葉→小3香港→K高校（現在父母香港）	日本人学校
Y（男）	父・母・姉・弟	香港	4年	島根→大阪→小1奈良→小5香港→中2奈良→K高校	日本人学校
S（女）	父・母・弟	イギリスイタリア	8年4年	3歳イギリス→11歳イタリア→K高校	現地校日本人学校
A（女）	父・母・姉・弟	アメリカ	9年	奈良→3歳ダラス→K中学	現地校
T（男）	父・母・姉	イギリス	1年半	大阪→高知→小1大阪→小3神戸→中2ケンブリッジ→K高校	現地校
K（男）	父・母・兄	イギリス	4年	京都→小1ロンドン→小4日本→K中学	現地校
F（男）	父・母・兄	イギリスイタリア	8年4年	香港→4歳日本→7歳アメリカ→中3京都→K高校（父香港）	現地校

第6章　異文化経験とライフコース

第2節　実査結果ケースデータ

表6-2 I　帰国子女のライフコース・分析データ

ケース	海外在住時の異文化経験の意味づけ	帰国後の日本体験の意味づけ	異文化経験のライフコースへの影響	異文化経験におけるコンボイ	帰国後の変容
Y	*香港へ行くかも知れないと聞いて嫌だった。地元が楽しかったし言葉が心配だったから。 *日本人学校主催の現地校との交流会もあったが、その場限りのものだった。	*地元の中学に戻ってきて勉強に遅れはなかった。高校入学後は、英語や成績がふるわず大学にエスカレートには入れるのではなく、成績順と知ってあせった。	*将来は香港で働いて住んでもよいと思っていたが、自分で職を見つけに行く気はしない。 *国際結婚は相手によるが日本人の方がよい。 *マレーシアとかタイとか、自分の中に先入観があり移住したくない。	*日本人学校へスクールバスで通い、遊ぶのも日本人、食べ物も日本食中心であった。 *現地の人とは公園でバスケットをするぐらいであった。	*最初溶け込むのは難しい。 *何もかも自由だけど、グループで固まっていた。 *渡航前の地域の友達は変わっていた。

表6-2 II　帰国子女ライフコース・分析データ

ケース	海外在住時の異文化経験の意味づけ	帰国後の日本体験の意味づけ	異文化経験のライフコースへの影響	異文化経験におけるコンボイ	帰国後の変容
B	*香港より欧米諸国にあこがれる。 *自分の中に香港人との交際について構える所があった。 *戦争の影響より、日本人が成金ということで馬鹿にされた経験がある。 *友達の家の現地の家政婦さんが、寸借詐欺をしたといううわさが広まっていた。 *公園で現地の人に絡まれた経験がある。	*親が香港にいるので寮生活を余儀なくされた。 *自分のことを自分でするのには慣れたが、生活を拘束され先輩・後輩関係に苦労した。 *激しい受験戦争を潜り抜けた人たちだから最初はちょっとついて行けない感じがした。しかし最後にはうちとけた。	*就職は日本でしたい。 *国際結婚は考えられない。 *香港にはまた住んでもよい。タイやインドは観光で行くのはいいが、住むのはきついかも知れない。もし行くのならオーストラリアへ行きたい。 *帰国生は海外で言葉だけではない貴重な体験を持っている。絶対どこかで役立つと思っている。	*日本人学校の友達が多く、現地の同年齢の友達は一人もいない。 *日本人同士が固まって住み、家庭を訪れる現地の人は会社関係の人のみである。 *香港時代に日本の友達は関東出身者が多かった。 *塾ばかりの生活でクラスの半分以上は塾に行っていた。	*香港時代の日本人の友達は関東出身者が多いので、1年ぐらいで連絡も途絶えた。 *帰国後は同じ高校の帰国生同士のバンドを結成し親友として付き合っている。

表6-2Ⅲ　帰国子女ライフコース・分析データ

ケース	海外渡航時の異文化経験の意味付け	帰国時の日本体験の意味付け	異文化経験のライフコースへの影響	異文化経験におけるコンボイ	帰国後の変容
S	＊イギリスではレディーファーストのようなマナーに馴染んできた。思ったことを率直に言う文化だと思う。＊イタリアではこのマナーは薄れ，日本人はお金持ちというイメージからスリや空き巣ねらいが多く警戒心があった。	＊寮生活でプライバシーはなく友達に生活を拘束され先輩・後輩関係に気を使った。＊日本は好きではないが，日本に慣れてしまった。交通の面でも安全，便利で自分でどこでも行ける。	＊自分から海外には行かない。自分の母国が一番である。＊国際結婚についても絶対にない。同じ国の人に親近感がある。＊アジア・中東系の人に対して自分の中に偏見があるような気がする。	＊イギリスでは3歳から現地の友達に囲まれて暮らした。母も現地の友達とオープンに交際しイギリスとピッタリあっていた。＊イタリアでは日本人学校，塾通いとで，がらっと環境が変わった。	＊環境が変われば友達も変わり，寮を出て友達も増え色々な人と仲よくなった。＊イタリア時代の日本の友達と連絡がある。

表6-2Ⅳ　帰国子女ライフコース・分析データ

ケース	海外在住時の異文化経験の意味づけ	帰国後の日本体験の意味づけ	異文化経験のライフコースへの影響	異文化経験におけるコンボイ	帰国後の変容
A	＊ダラスで現地の友達を中心に楽しんで学校生活を送った。先生とのコミュニケーションが大切にされ友達同士励まし合ってオープンだった。＊ダラス自体，危険な所と，新しいきれいな所が分かれていた。＊アメリカの女性は仕事を持ち生きがいがあるように思う。＊気持ちを伝えるには英語で話す方がぴったりする。	＊日本に住んだ記憶がなかったのでショックだった。＊テスト前に勉強すれば点数がとれる勉強や一方通行の勉強の仕方に疑問を持った。＊中学時代はアメリカに帰りたいとばかり思っていた。＊母は私に日本の良さ・歴史を教えたかった。＊クラブ活動での先輩・後輩関係，日本的トレーニングを辛いと思った。	＊アメリカの大学へ行きたかったが親に反対された。＊大学院はアメリカに行って就職したい。＊日本の大学へ行く時は一つの分野にこだわらない。日本とアメリカの両方の視線を持ちたいから。職は国際的に活躍できる仕事がいい。色々なところを転々としてベースはアメリカがよい。時間の流れが違うし，生活を楽しめるから。＊国際結婚もOK。	＊現地の公立校へ行っていた時は近所の友達とよく遊んでいた。＊私立の学校へ行った時は学校友達と放課後も遊んだ。＊母も日本人の友達よりアメリカ人の友達の方が多い。＊補修校へも行っていたが赴任の子はすぐ帰るから永住の子と友達になった。＊姉妹同士英語で話していた。	＊母の仕事上，外国人が家庭を訪れることが多い。＊帰国後，日本の文化のよさに気づいた。＊帰国後すぐに友達は出来たが帰国生ではなかった。＊アメリカの友達と頻繁に連絡しあっていた＊中Ⅱと高Ⅱの時，ダラスへ行き友達と再会した。

第6章　異文化経験とライフコース

表6-2Ⅴ　帰国子女ライフコース・分析データ

ケース	海外渡航時の異文化経験の意味づけ	帰国後の日本体験の意味づけ	異文化経験のライフコースへの影響	異文化経験でのコンボイ	帰国後の変容
T	＊最初は英語づけの生活がいやになったが、3ヶ月くらいで授業についていけるようになった。 ＊イギリスの生活時間はルーズというかマイペースのように感じた。 ＊イギリスは個人主義の国、自分たちが一番という感覚を持っている人たち。 ＊バングラディシュの人たちが宗教や生活を守っているのが印象的だった。	＊帰国を聞いてうれしかった。早く帰りたいと思っていた。 ＊イギリスの学校が好きではなかったので、日本の高校に入ってこのくらいちゃんとしていないとダメだと思った。 ＊日本での外国人差別を目にした。子どもの頃差別に無関心であったり、「仲間はずれ」にしたりするなどの現実問題の解決が必要だと痛感した。	＊海外就職はしない。リストラがこわいので教師になりたい。 ＊国際結婚は抵抗ないが、自分はしたくない。 ＊イギリスは好きではないので留学は音楽関係でアメリカへ行きたい。 ＊イギリスにいた時、近くの親しいアメリカ人が国際養子をもらっていたが、複雑な気分だった。	＊担任の先生が紹介してくれた2人が最後まで仲がよかった。 ＊そのうちの一人とは、音楽を通じて親友となった。放課後も彼の家で過ごした。 ＊同じ学校に日本人もいたが、半年ごとに入れ替わり友達にはならなかった。	＊同じ趣味の友達が親友である。 ＊民間の寮にいたが、先輩・後輩関係はなく和気藹々とした関係であった。

表6-2Ⅵ　帰国子女ライフコース・分析データ

ケース	海外渡航時の異文化経験の意味づけ	帰国後の日本体験の意味づけ	異文化経験のライフコースへの影響	異文化経験でのコンボイ	帰国後の変容
K	＊英語がわからないので最初の数日間は泣いて暮らしていた。 ＊1年もたてばいつのまにかわかるようになっていた。 ＊学校では担任の先生がその日に何をやるか決めて、適当にのんびりとやっていた。 ＊毎日のんびりと暮らし、家族でオーストラリア、アメリカ、フランスなど旅行にばかりいっていた。	＊日本に帰ってきて自分は帰国子女ではあるが、身の回りの帰国子女が海外特有の考えを持っていることに驚かされる。 ＊日本の学校の英語はアメリカ英語だったので聞き取りにくいが他の勉強は大丈夫だった。	＊海外就職はしたくない。海外移住も日本の方が落ち着くのでしたくない。 ＊国際結婚は日本人の方がよい。日本人の方が気を使わなくてもよい。 ＊海外へ行くのは一人だと心細いので家族と行くほうがよい。 ＊兄と同じ学部を志望した。将来は父のように会計士になりたい。	＊イギリスではほとんど現地の日本人と交流していた。 ＊自分も友達も現地の人とは話はするが、それほど深い付き合いはしていない。 ＊会社関係の現地人が何度も遊びに来て頭をなでるだけであった。	＊イギリスの友達との交流は全くない。

表6－2Ⅶ　帰国子女ライフコース・分析データ

ケース	海外渡航時の異文化経験の意味づけ	帰国時の日本体験の意味づけ	異文化経験のライフコースへの影響	異文化経験のコンボイ	帰国後の変容
F	＊現地校はすごく楽しかった。始めはやっぱり話せなかった。ジェスチャーとかで遊んでいると自然と話せるようになった。＊いろいろな国の人がいて，全体的に受け入れてくれる。＊初めて出来た友達が韓国人だった。彼の家で遊ぼうとしたが彼の祖母が戦時中日本人にいじめられたという理由で家にこないでくれと言われた。しかし家以外で彼とは遊び友達になった。	＊帰国を聞いた時はショックだった。父親は中1の時帰国し自分と兄と母は残った。＊帰国して祖母が韓国人に対する偏見を語るのを聞き反発した。＊日本の教育は暗記が多く，アメリカの方がよいと思う。＊アメリカは「ホモ」ばかりとか，「銃社会」という一面的な見方しかできない日本人はおかしい。＊日本人はみんなに同調し，自分の体験で確かめないし，他に影響されやすい。＊韓国や東南アジアに関しても悪いイメージが先行しているが，父から聞いた話から発展というよいイメージを持っている。	＊本当は自分ひとりでも残ってアメリカの高校へ行きたかった。＊アメリカの大学へも行きたかったが，親の希望で日本の大学へ行く。＊親は大学を卒業したらアメリカの大学へ行きアメリカで就職した方がよいとアドバイスしている。＊自分は日本の大学を卒業してサラリーマンになるよりは，アメリカの実力主義でやりたい。夢をかなえるチャンスがある。＊将来は海外就職をし，国際結婚もOK。＊海外移住はアメリカがよいと思う。他の国は行ってないのでわからない。＊日本よりアメリカがよいと思う。	＊近所の韓国人の友達の祖母から拒否された時は母が理由を聞いてきてくれた。＊韓国の子，中国の子，アメリカ人とバラエティーに富んでいた。＊スポーツクラブにも所属し友達はいろいろいた。	＊父は家族が帰国直後香港に転勤になった。しかし帰国のたびに僕たち兄弟に中国の発展を熱く語ってくれた。＊アメリカの友達とは今でも連絡をとっている。

第3節　ライフコース・分析データの考察

1．海外在住時，帰国時の異文化経験の意味づけ

　7ケースのうち6ケースが父親の企業の命令による海外赴任によって家族が移動したケースである。Tのケースは父と母双方が大学教員で留学に伴う移動であった。だからTのケースはあらかじめ移動の時期が予測されそれに伴う準備もされたが，残りの6ケースは転勤命令に伴いあわただしく家族で移動したと思われる。またこれらのケースは移動歴をみてもわかるように，日本国内における転勤経験も多く，赴任国も複数に渡るケースが多い。また赴任する時は

第6章　異文化経験とライフコース

家族同伴で移動するが，帰国はB，S，T，Fのように家族全員が一緒に帰るケースは少ない。

また帰国しても，父親が国内で単身赴任というSのようなケース，またBやFのようにいまだ父母は海外で滞在し，さらに他国への転勤が予想されているといったように，国際移動，国内移動の激しさを窺い知ることができる。子どもが学歴期になると，入学のタイミングと父親の職業移動のタイミングが合うことは難しいようである。

海外赴任に同伴された時期がそれぞれ異なるけれども，同伴に関して帰国子女の意思が反映されたケースは少ない。YのケースやBのケースは行き先が香港ということで，〈欧米諸国のほうがよかった〉という正直な感想も述べている。低年齢時より東南アジアより欧米諸国へのあこがれがみてとれる。海外赴任時の異文化経験の意味づけには，このような赴任前のその国のイメージが影響していると思われる。現地の文化に触れ，どのケースもさまざまな愕きや戸惑いがみられる。毎日泣いていたというKのケースや学校で迷子になってしまったTのケースはその例である。

BやYは香港に住んでいても，日本人学校に通い，遊び友達や家族の交流も日本人に限られている。さらに受験勉強のため放課後は塾に通う毎日で，日本にいるのと同然の中学校生活を送っている。現地の学校や地域社会との交流は一時的なもので，異文化に囲まれながらも周囲（学校や家族からの）の接触への動機づけが少ないことがわかる。

Sは最初の移動地イギリスでは異文化に十分接触しながらも，第二の移動地イタリアでは，日本人学校へ通ったためBやYと同様な生活を送ることになる。またKはイギリスで現地校に通いながらも家族同士の交際はイギリス在住の日本人に限られたため，現地の人との交流は少なかったようである。海外在住時に現地校に通ったか，日本人学校に通ったかということ，家族がどの程度地域の人たちと交流があったかが，異文化への接触機会の質を左右するように思われる。接触の機会は少ないがBもYも香港での体験は貴重で有益だと評価して

いる。

　AやS，Fは異文化経験に大きな意味づけを与えている。そしてこれらのケースすべてにおいて異文化接触に母親が大きな役割を果たしていることがわかる。コンボイとして，母が子の新しい友達ネットワーク構成を担っている。Aの場合，滞在時は地域のボランティア活動に積極的に参加していることや英語が堪能であったこともあって，帰国後も日本と外国との掛け橋のような役割を果たしていることがわかる。そのことがAの異文化経験を豊富にし，そして帰国後もその体験を膨らませていることがみてとれる。Sの場合，やはり母親の友達がイギリス人中心であったのでSの友達も現地の友達が多い。しかしイタリア移動後は日本人学校の友達と変化している。Fは友達作りの最初の段階で，戦争中における日本と韓国の関係という歴史的な出来事の影響を受けていた。しかしそのような事件を乗り越えて友達関係を維持できたのは，本人の努力もあるがそのような事件をうやむやにせず，原因説明を求めたわが子に説明をした母の姿勢は，その後のFの異文化に対する考え方に影響を与えている。Tは現地校の先生から紹介された友達によって帰国後も熱中することになるドラムのてほどきを受けている。わずか1年半の滞在の中にも人生に影響を与えることになる友達を得たのだ。

　帰国時には，異文化経験を持った帰国子女は，日本文化に向きあうことになる。Kは10歳で帰国し日本の小学校4年生へ編入，Aは12歳で帰国しK中学（帰国子女受け入れ校）へ入学，B，Sは15歳で帰国し，K高校（帰国子女受け入れ校）へ入学した。Yは予定より1年帰国が早まったので地元の中学に戻り中学3年生を送っている。Tは中学3年の秋から，渡航前在校していた地元の中学へ編入し，同様にFも中学3年の3学期から地元中学へ短期間だが在籍している。だから帰国後の生活に対する受け止め方は，受け入れ校ではなく日本の公立学校へ編入した場合や，帰国時の年齢，帰国時家族と一緒であったかによっても異なってくると思われる。BとSは帰国直後の寮生活を振り返って，集団生活や，先輩・後輩関係に疑問を持つ。またAはクラブ活動で日本的なス

ポーツトレーニングや先輩との上下関係に悩む時期があった。TやFは公立中学に短期間在籍中に日本における外国人の立場について考える機会を得た。Tは外国人という立場の自分に対して，偏見なしに友達関係を構築できたイギリスでの経験から，日本で外国籍ということで差別された友達のことに大きな怒りを感じるとともに学校での同和教育のあり方に疑問を感じている。またFは日本人の一面的なものの見方，外国や日本における外国人に関する報道のされ方に違和感を持っている。

AやFは日常生活にとどまらず，K高校の教育方法が帰国子女受け入れを標榜しながらも日本的な受動的勉強方法に偏りがちであり，暗記をして点数主義であることを指摘している。これは海外を経験していても，BやSのように日本人学校出身者からは話題にでない。Tはイギリスの教育より，帰国子女受け入れ校の教育を評価している。

AやFがとくにアメリカの教育経験に大きな意味づけを見出し，K高校の評価を加えたものと思われるし，Tは在住期間が短いこともあるが，日本の教育がTの意味づけの基盤にあってK高校を評価したものと考察される。たとえばAは，中学から入学して何度もアメリカ生活に帰りたいと思いながら過ごしていた。AもFも親から帰国決定を聞いた時には，双方ともショックを受け，帰りたくないと思ったほど，現地の教育に適応していた。しかし帰国後かれらはこのようなアイデンティティーを持ちながらも決して日本の教育に不適応であったわけではない。むしろAの言葉にあるように両方の視線を持ちながら幅広く物事をみたいという姿勢に近い。この点AやFが帰国後の日本の生活に対して多文化共生の価値観を持っていたことが認められる。

2．異文化経験が国際移動志向へ及ぼす影響

日本人学校に通っていた経験を持つBやY，Sは海外で就職することや，国際結婚には消極的である。理由は〈自分たちの言葉が理解される〉，〈日本は便利だから慣れてしまった〉〈母国が一番という気がする〉と日本のよさを強調

している。Sはイギリスで現地の友達関係を持ち，またSの家族も地域社会に溶け込んでいたようだが，その一面，イギリスでの生活はマナーにうるさい緊張を強いられる生活でもあったようだ。年齢的に自分で自由に行動できる年でなかったためか，〈日本は好きではないが，日本に慣れてしまったから他のところで住むのは考えられない。海外は不自由〉と考えている。イタリアに移った後にイギリスの友人たちとの交際はなくなっている。

またTやKも同様に〈海外で生活することに抵抗はないが，日本の方がおちつく〉〈日本人の方が気を使わなくてよい〉という同様の意見を持っていた。TやKはイギリスで友達はできたが，その友達関係は表層的であったようだ。Tの言葉を借りると，〈イギリスは個人主義の国なので友達関係は濃密でない〉ということになるが，Tの場合は滞在期間が比較的短期間であったこと，Kの場合ほとんどイギリスに住んでいる日本人家族と交流していた点などが影響していると思われる。同じ異文化経験でも，日本人に囲まれて，コンボイシステムを日本人だけが担ってしまった場合や比較的短期間の滞在であったこと，実際家族ぐるみの交流はあっても，帰国子女本人の交際は必要に迫られての表層的交際であった場合は，将来のライフコースにおいて，海外へ志向していくことは消極的になる傾向がみられる。その意味で，B，Y，S，T，Kは，帰国子女であっても，国際移動への志向は，低いといえよう。

それに対してAやFは，在住開始年齢が異なるにもかかわらず，海外就職，国際結婚，留学，海外移住に対して積極的である。二人とも滞在国がアメリカであることや，滞在中家族が地域社会に溶け込み，現地校の教育になじんでいたことなどの共通点がある。Aは公立小学校から私立の学校に転校することで，これまで形成していた友達ネットワークが再編される経験を持っている。またFも同じ地域でありながら3回も移動を経験したので公立の小学校を4校も経験している。とくに最後の在籍校では，父親が先に帰国して母と兄と自分でアメリカに残っていた。Fも転校を経験することによって現地での友達ネットワークを何度も作り直している。帰国後も，Aは6年の長きに渡ってその友達関

第6章　異文化経験とライフコース

係を維持し，またFも電話や手紙で頻繁に連絡をとりあっていた。このようなことから，異文化を体験する中で帰国子女本人のコンボイシステムがどれだけ地域社会と結びついていたか，そして本人の新しい環境における友達再編能力といったものが，将来のライフコースにおける海外への展開につながると思われる。ゆえにA，Fは，国際移動の志向は高いといえよう。

3．異文化経験におけるコンボイの存在と帰国後の変容

　Bは香港滞在時，日本の友達を中心にコンボイシステムを形成していた。帰国後は寮生活を3年間送る中で同年齢の帰国生と共同生活を経験している。しかしBにとって意味のある友達は寮の友達ではなくK高校の帰国生の友達を中心に音楽バンドメンバーが自分にとって重要な友達であると話している。両親は香港にいて絶えずいろいろと相談はしているが，Bは夫婦単位の生活を送ることを了承しており，両親と別に生活することで巣立ちをしたと自認している。

　またYも同様に香港滞在時は日本の友達を中心にコンボイシステムを形成していたが，帰国して地元の中学に通った時は，香港へ行く前の友達との関係を復活させようとした。しかしその時は中3という受験期でもあり，4年の間に日本の友達が変化したと感じている。また以前の友達からも自分が変わったと言われている。日本人学校へ行って関西弁を話さなくなったことも一因のようだ。K高校入学後は，帰国生を中心として友達関係をつくるが，3年間の間に帰国生以外にも友達が増えていっている。

　Sはコンボイシステムの変容を何度も経験している。最初は，生活習慣の違いから溶け込むのに苦労した様子がうかがえる。しかし母の援助も得て現地のコンボイシステムを形成している。イタリアに移ってからは母の友人関係も日本人中心になるに従い，Sも日本人学校中心の友達関係へと変化する。Sだけが一年先に帰国したので寮生活となるが，寮に束縛された友人関係に不満を持っていた。家族帰国後は，寮を出ることによって寮中心の友達からネットワークを拡大させている。彼女は環境の変化によっていろいろな友達と出会い新し

いネットワークを形成していくことが楽しみとまで話している。このようなことからSの重要な他者であり，役割モデルは母であることはまちがいない。

　Aも同様にコンボイシステムの変容を経験しているが，同じ土地での友達の変化であった。Aの場合，Sと同様Aの母が地域社会に溶け込みAの友達関係をサポートしている。アメリカ在住中は，小学生ということもあって，公立から私立への転校時のように母主導型で友達関係が形成されていった。帰国後もAの母の国際的ボランティア活動や仕事の影響を受けて常にアメリカの友達と連絡を取り合う関係を維持していた。また同時に，K中学の友達関係も発展させていった。Aにとっては高校のきびしい部活動は一つの転機であった。先輩・後輩関係を知り，母の力を借りることなくそれを乗り越えることによって自分にとって一番つらい時といいながらも，コンボイシステムがこの経験によって拡充されている。しかしながら現在でもAにとっては，Sと同様母は役割モデルであり，人生上の重要な他者でもあるので，卒業後の留学を反対されると，結局は両親の意見に従って日本の大学へ進んでいる。

　Tは短期間の滞在ながら，現地校の先生の紹介で友人を得ている。この2人の友人の手ほどきで現在熱中している音楽への道が開かれた。この友人関係から得た音楽関係の興味は，帰国後Tの生活の重きをなすようになり，帰国後の友達関係は音楽を中心に形成されるようになる。Tの両親は帰国していたが，通学が不便だったので民間の寮施設に入っていた。学校の寮と違い，上下関係もなく仲間意識で生活し3年間を過ごすが，彼にとっては音楽仲間との関係の方が重要である。短期間の滞在ながら彼にとってイギリスにおける友達は，コンボイネットワークを根底から変える人生上の重要な他者であるように思える。

　Kは，イギリスに在住している時から日本人中心のコンボイシステムで暮らし，帰国後，日本の小学校へ編入した年齢も低かったせいか，日本での友達関係を再編するのも早かった。K中学へは帰国生枠で入学したKは，日本の小学校に3年も在籍したので帰国生という自覚はあまりないようである。Kにとっての異文化経験は表層的なもので，イギリスにおける友達関係はそれほど深く

第6章　異文化経験とライフコース

なかったようである。

　Fの生まれは香港であるが，香港を3歳の時に離れたのでこの時の友達関係はそれほど印象に残っていない。7歳から渡米して初めてできた現地の友達関係に横槍がはいるが，母のサポートによって回復，その後も転校をくりかえすが，現地の友達中心のネットワークを拡大してゆく。そして帰国の時は，自分ひとりでも残りたいと言うまでに深い友達関係へと発展する。帰国後は短期間だが地元の公立中学に戻り渡米前の友達関係をもう一度出会うことになるが，友達から外国人に対する差別的な発言を聞いて憤慨することになる。K高校入学後は，アメリカ滞在時の友達関係を維持しながらも帰国生を中心に友達関係を形成している。Kにとって今は，香港に単身赴任している父が海外からの情報をもたらしてくれ，将来のライフコースの先導をするような役割を果たしている。

　以上のような7ケースのコンボイシステムの変容から考察できたことは，海外で何年生活したかということも異文化経験を推し量る一つの尺度ではあるが，このケーススタディーで明らかにされたように，海外で形成したコンボイシステムの内容，そして帰国後そのネットワークをどの程度維持してきたかということもまた異文化経験を知る一つの尺度であるように思う。また比較的若い年齢で海外に在住した帰国子女にとって海外における友達ネットワークをどのように形成するかについては，二つのキーがあるように考えられる。第一のキーは現地校か日本人学校かということ，第二のキーは親がどのようなサポート役割を果たしたかということである。箕浦康子は，「養育者たる親自身が母国の文化に対して，またアメリカの文化に対してまちまちの志向を持ち，国際派といわれる親からアメリカにいながらも日本を向いて暮らしている親まで，子どもの社会化環境として家庭内の雰囲気のアメリカ度，日本度はかなり違い，それが子どものアメリカ化を促進あるいは抑制することが考えられる」（箕浦，1991，p.257）と述べていることと符合する。

4．仮説の修正

以上の考察から質問紙調査仮説6は以下のように修正された。

修正仮説A 個人個人の異文化経験への意味づけ，異文化経験におけるコンボイの存在の有る・無しが，多様な帰国子女の国際移動への志向を生み出す。

① 日本人の多い所に住み，コンボイシステムが日本人だけに担われた場合や現地の人に対するよくない風評を聞いて滞在にマイナスの意味付けをした場合，家族ぐるみの交際はあってもビジネス上の表層的交際であった場合は，将来のライフコースにおける国際移動に消極的になる。

② 帰国子女や家族のコンボイシステムが地域と結びつき，帰国後も引き続き異文化経験時のコンボイと絆が結ばれていて，帰国子女の友達再編能力が高い場合は，将来のライフコースにおける国際移動に積極的になる。

修正仮説B 海外滞在時の帰国生への家族のサポートは，帰国生の将来のライフコースにも影響を及ぼし，帰国生は家族単位で国際移動を考える傾向がある。

帰国子女がマイホーム主義的価値観をもつ傾向にあるのは，異文化経験において家族の果たすサポート役割が大きいことを帰国子女が過去の体験から知っているからである。家族は異文化から家族を保護する壁や，積極的に異文化を取りいれるパイプの役割もはたす。いずれにしろ，家族の絆はそれによって補強され帰国後も継続して帰国子女の重要な人生上の他者として機能している。

5．まとめ

近年帰国子女にとって教育の門戸が開かれ，R．グットマンがいうように〈日

第6章 異文化経験とライフコース

本社会における新しい国際的エリート〉としての評価も加えられつつある。ここで紹介した帰国子女達のケースは，日本経済がバブルの時代に海外へ家族とともに赴任したケースがほとんどである。また彼らが海外に出た時はこれまでにない在外邦人数が上昇した時でもあった。海外赴任の期間は特定されていないので，いつ帰国するか，何年滞在するか予測が立てられない。ケースの中でも家族がバラバラに帰国し，現在でも離れ離れになっているケースが多い。そのような状況の中で親は，帰国後の教育環境を考えてベストという状況を想定し用意せざるを得ないのが現実であろう。このケースの中にも7例中，4例で，塾通いが大変だったと述べている。このように帰国後の国内教育への適応ばかりに力を注ぎ，現地で得られる経験に背を向ける家庭教育のあり方に一部批判の声もあがっている。しかし帰国時期もわからず，次に派遣される国も分からない状態で彼らのライフコース設計はきわめて困難であることもまた事実である。

　海外で生活する子女は，海外での経験を積むことによって，日本と外国をつなぐ架け橋としての役割を持つと社会からは，帰国子女の国際移動への志向に対して大きな期待が寄せられている。帰国子女は企業の都合で家族の国際移動を繰り返し，帰国後はその語学力や経験が国の人的資源となるような国際的なライフコースが期待される。しかし帰国子女というレッテルが貼られたゆえに豊かな語学力やその国際的なライフコースを期待されることに反旗を翻す例もあることが，ケースの中にも見られる。

　帰国子女であること，すなわち家族単位の国際移動を経験することによって得られるものは，語学力や派遣先の文化に対する知識だけに矮小化される異文化経験ではないことがこれらのケースから読み取ることができる。社会的環境の変化を乗り越える人間関係調整力や家族の凝集力はその一例であろう。自分が外国人として生活をした経験から日本国内の在日外国人問題に目覚める例もある。

　産業界が期待するような国際感覚を持って海外に飛躍する日本のビジネスマ

ンといったライフコースは，帰国子女のライフコースにおいては，ほんの1パターンにすぎない。むしろ彼らが日本にいて，外からの視線で日本を見つめなおすこと，すなわち複眼的思考によって教育システムや日本における外国人の人権問題などに一石を投じる帰国子女のライフコースも描かれていることをケースデータより確認できた。

第4節　質問紙実査とインタビュー調査のまとめとその課題

1．まとめ

　馬渕（2002）はその著『「異文化理解」のディスコース―文化本質主義の落とし穴』の中で「海外・帰国子女の救済主義的視点から教育が，国際化という掛け声のもとに，次第に個性伸張をめざす教育に変わっていく様子や，文部省が，海外・帰国子女教育を日本国民教育として位置づけていく様子が窺えた。同時に1980年代以降に，この問題の研究者や教員によって，国際理解教育の必要性が唱えられ始め，その見解の浸透とともに，海外・帰国子女教育問題が，国際理解教育問題の中に収斂されていく」（馬渕，2002，p.110）と述べている。海外子女教育が海外の日本企業からの欲求によってスタートし，その後ハンディーを持った子どもたちへの保護教育といった視点からの日本語教育の提供から，その特性を生かす教育へと転換していった。

　坂田（1988）によるK高校の沿革はそれを如実に物語っている。R．グッドマンは，この時代の帰国子女教育を「特権的エリートとしての帰国子女」と評し，「かわいそうな帰国子女」から劇的変化を遂げた時期であったと評している。しかし1990年代になると，外国人労働者の増加，とくに日系ブラジル人の増加は，帰国子女教育にさらなる転換を促した。外国人子女の学校教育の問題が，帰国子女教育を含めた「国際教育」として一括され，2001年の文部科学省再編の時には「帰国・外国人児童生徒と共に進める教育の国際化推進地域事業」として進められた。

第6章 異文化経験とライフコース

　帰国生徒と外国人生徒は，社会からのまなざしが大きく異なることは第2章の調査結果からは明らかである。帰国生の大多数は，親が海外赴任した先進諸国から帰国し，外国人労働者の多くは，開発途上国から移動して来たという背景の違いが，このまなざしの違いを生んでいる。帰国子女受け入れ校の質問紙調査の重回帰分析結果から，国際移動への志向に最も影響を与えている標識は「日本に住む外国人を国の代表として判断している」という変数であった。
　帰国子女へのインタビュー調査からは，アジアの日本人学校に滞在した経験を持つ者から，複数の国を移動してそれぞれの国で異なる経験を持った者まで多様なパターンが確認された。帰国生へのインタビュー調査からは，国際移動への志向が高い帰国生は，帰国子女や家族のコンボイシステムが地域と結びつき，帰国後も引き続き異文化経験時のコンボイと絆が結ばれていた。またそのような帰国生は，海外在住時の体験に照らして，日本に在住する外国人に対してもその権利の擁護に敏感であった。彼らは，何度も移動を繰り返す中で，自らの文化と異なる文化に対峙することによって，自らの文化によって形づくられている自らの内にあり意識しなかった価値観や行動様式に気づいている。
　箕浦（1991）の分析にあったアメリカ文化にすっかり同化された帰国子女のパターンは，質問紙調査においても，インタビュー調査においても，そのパターンの一例にしかすぎない。
　いまや帰国子女はその海外経験ゆえに特別の能力を持ち，国際移動に積極的に志向するという一つのパターンで，語ることは難しくなってきている。序章で述べたように，P. C. P. シウ（Siu, 1952）は「滞在している国に自ら進んで永住者として加入することがない」者をソジョナー（sojourner）と呼んだ。親の海外赴任に伴われ，各国を移動する帰国子女はソジョナー（sojourner）として考えれば，海外体験が希薄になるグループも存在することが理解できる。もともと海外に滞在している時から，日本人の多く住む地域に居住し，滞在国の人たちと交流のなかった帰国子女は，帰国してからも外国人との交流も少なく，国際移動への志向も低いと思われる。またその家族も，帰国後の外国人との交

流に消極的であると思われる。

　帰国子女のうち，帰国後，外国人との交流を積極的に持っている者は，インタビュー調査から二つのパターンに分類できる。一つのパターンは海外の友達関係が帰国後も電話・手紙・メールなどを通じて維持されているグループである。もう一つのパターンは，海外においてアジアの友達と交流し，その交流体験から日本におけるマイノリティー問題に関心を持ち始めたグループである。前者は，帰国後もコンボイを通して滞在国の文化アイデンティティーを維持し続け，将来は滞在国に戻り，活躍するような国際移動に積極的なグループである。また後者は，外から見た日本の姿に気づき，自分が外国において経験した体験と日本のマイノリティー問題とを重ね合わせている。このパターンは国際移動には積極的でないが，国内で外国人と交流することには積極的である。

　帰国子女の国際移動への志向やその社会化に関しては，いろいろなパターンが存在する。しかし彼らのライフコースの中で，海外生活経験という国際移動の経験が，少なくとも，彼らの帰国後の外国人との交流や外国人に対するまなざしに影響を与えていることは確認された。その影響が，国際移動にプラスの社会化効果となっているか，またマイナスの社会化効果になっているかは，帰国生の滞在中及び，帰国後のコンボイの存在が大きな意味を持っている。ゆえに質問紙調査でこのような多様な帰国生を一括して，一般生と比較しても，国際移動への志向に差は見出せなかったのかもしれない。

２．今後の課題

　帰国生の海外生活における直接の異文化経験が，国際移動に対して社会化効果があるという仮説は，帰国生の多様なパターンを無視し帰国生を一つのステレオタイプに集約するものであった。また帰国生の異文化接触は，帰国後も国内において継続されているにもかかわらず，量的調査において測定したのは，国内に在住する外国人との接触であり，海外生活から継続している外国人との交流は質問文から外れてしまった。インタビュー調査ではこの継続性が，国内

の外国人との交流や国際移動への志向に影響を与えている事実が確認されたにもかかわらず，質問紙調査では〈海外生活においてできた外国人の友達〉が抜け落ち，〈日本に居住している外国人〉にのみスポットが当てられてしまった。

　また調査した高校が帰国子女受け入れ私立高校という特色を持った高校ゆえに，帰国生のみならず，一般生も国際交流にある程度関心のある生徒ばかりが集まっている可能性もある。私立高校ゆえに，一般に生徒の父母は裕福な家庭が多く社会階層的にも〈偏った調査対象〉であったともいえる。さらに帰国子女受け入れ校という教育環境のゆえに語学教育や国際交流教育に力をいれたカリキュラムが組まれて，この高校の生徒の〈日本に在住する外国人イメージ〉が，外国人の語学教師のような一つのステレオタイプに集約されてしまったともいえる。公立の普通高校を対象とすれば，帰国生の海外経験が国際志向へと及ぼす影響がもっとクローズアップできたかもしれない。さらに今後は変数の再検討と調査対象をさらに広げて，帰国生の持つ異文化経験を浮き彫りにしていきたい。

　注：本調査は，平成10年度科学研究費補助金【萌芽的研究】課題番号098878010の
　　　助成を受けて実施した。

▶▶▶ 第7章

ダブルス(国際移動から生まれた子)は国際移動への志向が高いか——国際結婚を考える会会員への質問紙調査から ▶▶▶▶▶▶▶▶▶

第1節　分析枠組み

1．分析の目的

　第5章，第6章では，ライフコースの一期間に海外ですごし異文化経験をした子どもを対象として，異文化経験が彼らの将来のライフコースにいかに影響を及ぼしたかについて，量的調査と質的調査の両面から分析を行った。その結果，異文化経験の意味づけと，異文化経験におけるコンボイシステムの存続，滞在時から帰国後までの家族のサポートが，帰国子女の将来のライフコースに大きな影響を与えていることが確認できた。本章では，第5章，第6章の帰国子女のケースのように，国際移動によって家族外から異文化経験を得た場合とは異なり，すでに出生の時点において国際結婚した両親から複数の文化を社会化されたであろう子どもを対象とする。

　ライフコースの途中で二つの文化が交錯する帰国子女のケースでは，すでに先行研究がある。箕浦は以下のように述べている。

　　ピアジェは，知的能力のある発達段階を4段階に分けて，第1段階を，言葉が出現する前の感覚運動期，第2段階を前操作期，第3段階を具体的操作期，第4段階を形式的操作期と呼んでいる。事物をその差異によって分類することができるようになるのは，ピアジェによれば，七歳から八歳くらいである。これができる以前の時期を前操作期，それ以降の時期を具

体的操作期と区別した。この説は，アメリカに行った日本の子供が，日本にいた時に友達とアメリカ人の友達の差異をいつ頃から認知できるようになるかを示唆している。また具体的な個々の行為の背後にある目に見えない文化文法を体得しだすのは，形式操作段階に達してからであることも示唆している（箕浦，1991，p.248）

　箕浦は，ピアジェの認知発達の理論に基づいて，文化文法の体得過程には臨界期があるという前提のもとに，臨界期は，具体的操作期の後半から形式的操作期の初期，年齢では，9歳から14歳，15歳頃にあるという仮説をたてた。さらに箕浦はこの9歳から14歳，15歳頃までに，一つの文化文法の形が出来上がると考え，それまでの子どもは可塑性があって，どの文化にも抵抗なく同化できると述べている。帰国子女の帰国ショックは，この臨界期以後に帰国したことによって，9歳までに身に付けた文化文法と日本の文化文法が噛み合わないために起こるショックと結論づけた。国際結婚から生まれた子どもは，この箕浦の仮説ではどのような社会化を果たすのだろうか。生まれた時から複数の文化に接することは，複数の文化に対してアイデンティティーを成立させることができるのか，それともこのような可塑性のあるときに，二つの文化を同時に社会化することは，アイデンティティーの混乱をもたらすのだろうか。すでに第1章で先述したParkやWilson, Motoyoshiの説では，親の社会化の仕方や周囲の環境がアイデンティティー形成に影響を与えることが，実証されている。

　実査では，家族内に二つの異なる文化が存在した場合，①親からその二つの文化をどのように社会化されるか，②社会化の結果，二つの文化を維持した子どもはどのように国際移動への志向をするか，という点を明らかにしたい。

2．ダブルスの国際移動への志向に影響する仮説

　①のような問題意識に基づき，二つの文化が家庭内に存在した場合，子どもはどのように社会化されるかを明らかにするために，下記のような仮説を立て

た。〈どのように社会化されたか〉を測定するために,「二重国籍選択」をはじめとした国際移動への志向を従属変数として設定し,二つの文化の維持度をみた。

仮説1　子どもが親の出身国の文化に興味を示すほど,海外就職を希望する。
仮説2　子どもが親の出身国の文化に興味を示すほど,海外居住を希望する。
仮説3　子どもが海外就職を希望するほど,二重国籍を選ぶ傾向がある。
仮説4　子どもが海外居住を希望するほど,二重国籍を選ぶ傾向がある。
仮説5　親が出身国の文化を重要と思い教えるほど,子どもは二重国籍を選ぶ傾向がある。
仮説6　親の国へ子どもが訪問すればするほど,子どもは二重国籍を選ぶ傾向がある。
仮説7　友達ネットワークに外国人が多いほど,子どもは二重国籍を選ぶ傾向がある。
仮説8　親の国の外国語の習得度が高いほど,子どもは二重国籍を選ぶ傾向がある。
仮説9　近所に外国人がたくさん住んでいるほど,子どもは二重国籍を選ぶ傾向がある。

さらに②のような問題意識に基づき,〈二つの文化を内在した子どもが,いかに国際移動を志向するか〉に関して,〈二重国籍選択に対する態度〉と〈海外就職希望〉,〈海外居住〉の3変数からダブルスの〈国際移動志向尺度〉を作成し,社会化に影響した子ども側の独立変数と,親側の独立変数が,どのように影響しているかを分析した。

3．要因関連図

両親の二つの文化への社会化は,将来の国籍選択において二つの国籍,すなわち二重国籍の維持という選択に繋がる。従属変数として「二重国籍選択」を

第7章　ダブルスは国際移動への志向が高いか

親側の独立変数
親の国籍取得に対する考え
（親の国籍数）
（子の国籍取得に対する考え）
地理的移動変数
（外国居住年数・訪問回数）
（将来の海外居住・就労）
地域満足度
（居住地満足度）
（地域の外国人居住）
差別に対する価値観
（差別経験）
（差別に対する態度）
家族の価値観
（日本の暮らし方重要度）
（親の国の暮らし方重要度）
使用言語
（家庭内使用言語・呼称）
（職場使用言語・呼称）
関係ネットワーク
（親族・友人・職場）

子ども側の独立変数
子の国籍取得に対する考え
（国籍選択の法律の認知）
（二重国籍の長所・欠点）
地理的移動変数
（外国居住年数・訪問回数）
（将来の海外居住・就労）
地域満足度
（居住地満足度）
（地域の外国人居住）
差別に関する価値観
（差別体験）
（差別に対する態度）
子どもの価値観
（日本の暮らし方重要度）
（親の国の暮らし方重要度）
使用言語
（家庭内使用言語・呼称）
（学校使用言語・呼称）
関係ネットワーク
（親族・友人・学校）

図7-1　子どもの国籍選択および国際移動への志向に影響する要因

設定し，先行研究から得られた独立変数として図7-1のような要因関連図を設定した。

　調査は，先行研究の成果から親の価値観や親のエスニック・グループとの交流が，子どもの二重国籍取得に大きく関わるという点，すなわち社会化に着目し，親子ペア票として調査票を設計した。また，子どもの国籍選択の前提としてどちらの国籍を選ぶかということではなく，現在与えられている二重国籍の保持か，一つの国籍を選択するか，国際移動への志向が高まるかという点を分析の焦点とした。

ここでいう社会化の概念は，親から子への一方的社会化ではない。地域社会や職場などの環境において親たちも社会化の波を受けながら，子へ国籍に関する情報や出身国の文化的な情報を伝えていく。また，子も一方的に親からの社会化を受けるだけではなく，その生活集団である地域社会や学校，友達ネットワークから文化的な情報を受け取り，親からの情報とミックスしていく。そして，時には子から親への社会化の過程も存在するという相互的社会化として概念定義し，親と子の社会化標識を設定した。

　以上のような概念定義のもとに，親と子，双方の社会化の指標を，個人，家族，地域の三領域において標識化した。個人に内在する価値観を測定する社会化の標識として，〈親の国籍取得に対する考え〉，〈子の国籍取得に対する考え〉という独立変数を設定した。また，家族における社会化の変数として，〈家庭における暮らし方の中に日本の文化とともに親の祖国の文化をいかにとりいれているか〉を測定するために，〈両国の暮し方重要度〉，〈家庭内の使用言語・呼称〉を採用した。さらに地域における社会化に関する変数として，〈関係ネットワーク〉，〈職場・学校における使用言語・呼称〉などを独立変数とした。

第2節　実査の概要

1．実査方法

　1979年に結成された「国際結婚を考える会」の会員全員に2003年1月から2月にかけてアンケート調査を実施した。「国際結婚を考える会」は，外国人の夫をもつ7人の女性が創立メンバーで，当時〈父系〉の国籍法を〈男女両系〉の国籍法に改正する原動力となった会である。会の由来からわかるように，国際結婚でも夫外国人，妻日本人のカップルが多く，この調査ではその会員構成から夫日本人，妻外国人の場合が少ないというデータの偏りがあることは考慮に入れねばならない。国内では東京，名古屋，大阪，福岡に支部をもち，毎月定例会を開いたり，会報を発行したり，国際結婚に関する相談をしたりと多彩

な活動を行っている。また国外にも100名近くの会員を持ち，海外メンバーは主としてEメールを中心に活動している。調査では，国内会員全員（328名）に郵送で配布し，親票141票，子ども票75票を回収したが，親子すべての票のうち親子ペア票は，70票であった。

2．実査結果の概要
（1）実査対象者の属性
1）子どもの基礎属性

子ども75名の基礎的な属性については次のとおりであった。〈男〉46.7％，〈女〉53.3％で，年齢層は〈7歳から12歳まで〉34.7％，〈13歳から15歳まで〉12.5％，〈16歳から18歳まで〉19.4％，〈19歳から22歳まで〉9.7％，〈23歳以上〉9.8％であった。〈外国居住経験のある者〉は44％，〈居住経験のない者〉は56％であった。父親の出身国は〈アメリカ〉28％，〈日本〉20％，〈東南アジア〉6.7％，〈インド・パキスタン〉5.3％という構成であった。母親の出身国は〈日本〉76％，〈韓国〉5.3％，〈東南アジア〉4.3％であった。在学・出身校では，〈日本の公立学校〉41.7％，〈私立学校〉19.4％，〈インターナショナルスクール〉13.9％であった。

2）親の基礎的属性

この会の会員構成を反映して，親141名の男女構成は，〈男〉15.7％，〈女〉84.3％で女性に偏っている。回答者の国籍は〈日本〉83.6％，〈東南アジア〉5％で，日本国籍の女性の回答が多い。パートナーの国籍は，〈アメリカ〉26.2％，〈ヨーロッパ諸国〉22.7％，〈日本〉14.2％で日本人妻と欧米諸国出身の夫という夫妻の組み合わせが大半である。パートナーの国籍を取得した二重国籍である親は2.2％にしかすぎない。本人の年齢は〈35歳から39歳〉が一番多く22.3％，ついで〈45歳から49歳〉が18％，〈40歳から44歳〉が16.5％と各年齢層に分散している。子どもと同様に外国居住歴がある者は45.7％，居住年数は〈5年未満〉が34.9％と一番多い。また学歴〈大学〉40.3％，〈大学院〉14.9％と高学歴

の者が,半数以上も占めている。雇用形態では,〈正社員〉で働いている者が29.8%と一番多い。

3)調査回答者の偏りについて

〈母日本人,父外国人〉の総数は,平成13年の統計によると8,999人であるが,全国統計で多いのは〈韓国・朝鮮〉の父を持つ子どもが最も多く3,437人,〈アメリカ〉1,402人,〈中国〉820人,〈イギリス〉296人の順である。韓国・朝鮮国籍や中国国籍の父の中には,日本で育った永住者が含まれていることを考慮しても,この調査のサンプルは,国際結婚から生まれた子どもの中でも〈母日本人,父欧米人〉のカップルに偏っていることに留意しなければならない。

第3節 実査結果

1.国際移動への志向と複数の文化の社会化

仮説1 子どもが親の出身国の文化に興味を示すほど,海外就職を希望する。

図7-2のように,親の出身国への興味を持っているほど,海外就労の希望

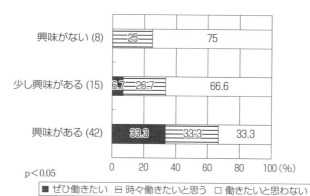

図7-2 親の出身国への興味と海外就労希望

第7章　ダブルスは国際移動への志向が高いか

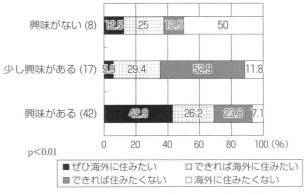

図7-3　親の出身国への興味と海外居住の希望

が高い。

　仮説2　子どもが親の出身国の文化に興味を示すほど，海外居住を希望する。

　また図7-3のように，親の出身国へ興味を持っているほど，海外居住の希望も高い。仮説1と仮説2は検証された。大学生や国際交流ボランティア，帰国子女，いずれにとっても異文化とは，家族の外にある文化である。しかし国際結婚家族の場合，家族内にすでに二つの文化が存在する。居住国の文化とともに，自然と親の祖国の文化に触れ合う機会が家族の中にあるということこそ，国際移動への志向を高めるには最もふさわしい状況であることを，図7-2，図7-3は示している。

2．国際移動への志向と二重国籍選択

　仮説3　子どもが海外就職を希望するほど，二重国籍を選ぶ傾向がある。
　仮説4　子どもが海外居住を希望するほど，二重国籍を選ぶ傾向がある。
　海外就職をしたいと希望する子どもほど，二重国籍を選択する傾向がある（図7-4）。また海外居住をしたいと希望する子どもほど，二重国籍を選択する

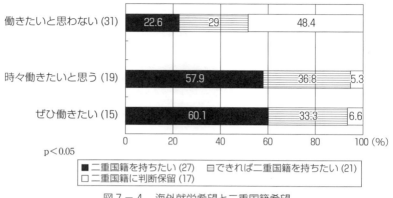

図7－4　海外就労希望と二重国籍希望

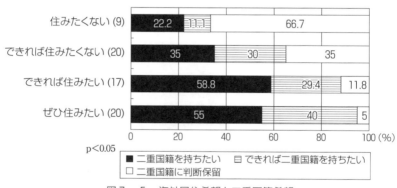

図7－5　海外居住希望と二重国籍希望

傾向がある（図7－5）。仮説3，仮説4は検証された。国際結婚から生まれた子にとっては，二重国籍を選択することが，国際移動の条件として捉えられている。

　以上のように，国際結婚から生まれた子どもにとっては，国際移動への志向は，二重国籍選択として捉えたほうがより妥当性がある。なぜなら，二つのパスポートを持つことによって，国際移動は容易になり，しかも長期の滞在や就

労の自由を得られるからである。

ゆえに，国際結婚から生まれた子の場合の国際移動への志向は，二重国籍選択という測定変数を使用する。

3．二重国籍選択に対する親と子の態度
1）子どもの二重国籍選択に対する態度

22歳時における国籍の選択については，〈二つ持つことが当然〉と答える子どもが42.3％，〈できれば二つ持つことが望ましい〉と考える子どもが31％であわせると約7割の子どもが二重国籍を望んでいることがわかる。しかし，国籍選択の法律について知らない子どもも37％いる。この調査では，〈日本国籍だけを選択〉と答えた子どもは5％にも満たず，〈外国籍だけを選択〉と答えた者はいなかった。これだけ二重国籍を選択したい者が多いにもかかわらず，一国籍を選択しなければならない現在の法律が，いかにこの調査における子どもたちの意識にそぐわないものかが明らかになった。

2）子どもの二重国籍選択の理由

国籍が二つ必要であることの理由として多くあげられたのは，〈両方の国を自由に行き来できる〉67.6％，次にあげられたのは，〈両方の国で居住する可能性〉58.8％である。

将来の海外居住希望を聞くと，〈できれば住みたい〉という意見も合わせると，約半数以上が海外居住を希望している。親の出身国へ1年に1回以上渡航する者が約半数おり，頻繁に海外渡航していることも海外居住を動機づけていると思われる。

〈二重国籍を持って心配な点なし〉と答えた者は44.6％と多いが，昨今の時勢の影響もあって，〈両国の関係悪化が心配〉27.7％，〈入隊など日本にない法律が心配〉18.5％という回答もあった。

3）子どもの二重国籍選択の文化的・地域的背景

このような頻繁な海外への移動とともに，二重国籍を自然なこととして考え

る理由として，約半数以上の家庭において，家族が日本語と外国語を話しており，また親から子への出身国の言語，文化を伝えられている者が，過去に伝えられた者も含めると，約8割以上いる。このような文化的背景も子どもの二重国籍選択に影響していると思われる。

　居住地域に外国人の数はそれほど多くはなく，約半数は少ないと答えている。しかし〈自宅へ外国人が訪問する〉と回答した者は7割近く，さらに在日外国人の友人を持つ者は約半数と，個人的なネットワークを作って異文化経験をする機会を設けている。

　しかしこの調査で見逃せない問題として，地域における外国人に対する差別の問題がある。〈外見の違いから注目された〉と約半数が回答し，そのうち65％が〈嫌な思いをし，そのまま我慢をした〉と回答した。

4）親の子どもの二重国籍選択に対する態度

　子どもを持つ者のみの限定質問であるが，子どもの二重国籍取得に関しては，〈なんとかして二重国籍を取得させたい〉と答えた者が41.9％，〈できれば取得させたい〉と答えた者が36.8％で両者を合わせると78.7％となり，子どもと同様に親も二重国籍への希望が高い。

5）親から見た子の二重国籍が必要な理由

　二重国籍が必要な理由として，やはり子どもと同様に〈両方の国に居住できる〉84％，〈自由に二つの国を行き来できる〉77.9％，〈両方の国で働ける〉68.7％があげられている。

　親の29.9％が将来外国で働く予定を持っており，外国での居住を予定している者も50％近くいる。

　さらに親の外国訪問の主たる目的は，58.7％が〈父母に会いに行く〉であり，1年に1回以上外国へ渡航する者が約50％近くいる。

　二重国籍を持つことによる心配に関して，親は子どもと同様に〈二つの国の関係が悪化すると困る〉40.5％，〈入隊など日本にない法律が心配〉35.7％と答えている。子どもより心配している様子がみられるが，〈心配なし〉と答える

者も28.6％いた。親の心配は，役所への届出などで煩雑な手続きをした経験から生じている。役所で〈国籍のことで困ったことがあった〉者が50％，〈どちらかというと困った経験を持つ〉者が21.1％であった。

6）親から子への文化的方向付け

親が子どもの二重国籍取得を希望する背景には，日本語と外国語の両方が53.3％の家庭で使われていること，出身国である父または母の国の言語・文化の教育を現在も受けている者が69.2％と多いことがあげられる。

地域の外国人の居住状況は，子どもの調査結果とは異なり，〈どちらかといえば多い〉が44％，〈多い〉9％という状況で，親と子どもでは地域社会の広がりの認識や外国人とのネットワークの持ち方が異なる。すなわち，子どもは学校で一日のほとんどを過ごしているが，大人は生活圏が子どもより広く，本人やパートナーの出身国のエスニックグループと地域でのネットワークを形成しているということから，認識に差がでたと推測される。また，子どもと同様に親も注目されたり特別視されたりして嫌な経験をした者が51.1％にものぼり，そのうち，無視や我慢した者が70％近くになっており，日本社会の外国人差別にストレスを感じている。

4．二重国籍選択と影響する要因の関連

1）基礎属性と二重国籍選択

性別や年齢，子どもの学歴，親の日本における居住年数，外国居住年数などは子どもの二重国籍選択とは関連性がみられなかった。しかし父親の国籍，親の学歴によって，二重国籍の選択に差異がみられる（表7-1）。

親が欧米諸国出身者である子どもは，二重国籍を持ちたいと希望し，親が欧米諸国以外である子どもは，二重国籍を持つかどうか判断を保留する者が多いことがわかる（図7-6）。欧米諸国が多い理由として，その国籍をもつことによってより今後の職業移動の可能性や地理的移動の機会が高まると考えられているからとみることができる。

表7-1 子どもの二重国籍選択と独立変数との関連性

	独立変数名	χ^2値	P値	判定
基礎属性	子どもの性別	3.150	0.207	
	子どもの年齢	7.360	0.498	
	子どもの学歴	0.520	0.773	
	子どもの外国居住年数	0.730	0.948	
	父親の国籍	11.670	0.020	＊
	親の学歴	10.945	0.027	＊
子側の独立変数	国籍選択の法律の認知	14.470	0.001	＊＊
	親の国への渡航回数	16.580	0.011	＊
	海外就労の希望	16.570	0.002	＊＊
	海外居住の希望	12.060	0.002	＊＊
	居住地域満足度	2.140	0.344	
	注視された差別体験	6.130	0.408	
	能力を伸ばしたい	10.860	0.028	＊
	早期自立に対する考え	8.111	0.044	＊
	学校・職場での言語	2.804	0.423	
	家庭での使用言語	0.008	0.996	
	親の出身国言語教育	0.107	0.948	
	親の出身国文化教育	0.033	0.984	
	自宅周辺外国人の多少	3.754	0.289	
	在日外国人友人の多少	14.180	0.028	＊
親側の独立変数	親の子への二重国籍希望	1.782	0.182	
	親の出身国への訪問回数	7.446	0.024	＊
	親の外国居住年数	1.490	0.474	
	親の将来の外国居住予定	2.850	0.827	
	親の差別体験	3.107	0.375	
	親の日本の教育制度満足度	10.640	0.031	＊
	近隣の友人有無	1.632	0.201	
	親の日本の暮らし方重要度	4.886	0.027	＊
	親の出身国の暮らし方重要度	4.805	0.028	＊
	親の外国語習得度	9.500	0.050	＊
	自宅周辺の外国人の多少	12.320	0.015	＊
	親の同国の友人との交流	4.408	0.221	

＊ $p<0.05$，＊＊ $p<0.01$

第7章 ダブルスは国際移動への志向が高いか

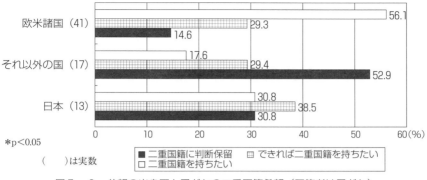

*p＜0.05
（　）は実数

図7－6　父親の出身国と子どもの二重国籍希望（回答者は子ども）

また親の学歴が高いほど，子どもは二重国籍を選択する傾向がある。

（2）子どもの二重国籍選択への子の独立変数の影響

表7－1のように，子どもの二重国籍選択には下記のような独立変数が関連している。

1）自身の国籍取得に対する考え

国籍選択の法律を知っている者ほど，二重国籍を希望する者が多い（図7－7）。

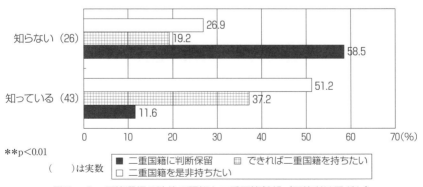

**p＜0.01
（　）は実数

図7－7　国籍選択の法律の認知と二重国籍希望（回答者は子ども）

217

国籍法では，22歳時にいずれか一方の国籍を選択することになっているが，この法律を知っている者ほど，二重国籍を望む者が多いという結果を得た。

2）地理的移動変数

仮説6　親の国へ子どもが訪問すればするほど，子どもは二重国籍を選ぶ傾向がある。

親の出身国への渡航頻度の多い子どもほど，二重国籍を持ちたいと思う者が多い。1年に1回以上，親の出身国へ渡航する子どもは，二重国籍を持ちたいと思う者が多い傾向にある。仮説6は検証された。子どもの社会化の過程で，海外に住む親類を訪問し，その国の文化に触れる機会が増加することは，住んでいる国以外のもう一つの国に対するアイデンティティーを高める。また将来の地理的移動，海外居住や海外就労に対する意識も二重国籍選択の要因となっている。子どもが将来，海外で働きたいと考えるほど，二重国籍を選択したいと思う者が多い。また海外に居住したい希望があるものほど，二重国籍を持ちたいと思う者が多い。子どもの二重国籍希望と，海外居住，海外就職は深く関連している。

3）地域満足度・差別に対する価値観

この調査では，地域に対する満足度や差別に対する態度と，子どもの二重国籍選択との有意差のある関連はみられなかった。

4）子どもの価値観

自分の能力を伸ばしたいと積極的に思う子どもほど，二重国籍を選択する傾向が高い。先述の海外就職の希望と二重国籍選択に高い関連がみられたが，高い自立意識を持つ者ほど，二重国籍を希望していることがうかがえる。

5）使用言語

仮説8　親の国の外国語の習得度が高いほど，子どもは二重国籍を選ぶ傾向がある。

家庭における使用言語や呼称が複数であることと，子どもが二重国籍を選択することは関連しなかった。仮説8は検証されなかった。

6）関係ネットワーク

仮説7　友達ネットワークに外国人が多いほど，子どもは二重国籍を選ぶ傾向がある。

仮説9　近所に外国人がたくさん住んでいるほど，子どもは二重国籍を選ぶ傾向がある。

　地域における外国人の数が多いほど，二重国籍を希望する者が多いという仮説9は検証されなかった。しかし，外国人の友達が多いほど，二重国籍を希望する者が多いという結果を得た。仮説7は検証された。学校や友達ネットワークより，地域におけるエスニック・グループの存在が二重国籍選択に影響を及ぼしていることが明らかになった。

（3）子どもの二重国籍選択への親の独立変数の影響

　表7－1のように，親側の独立変数は子どもの二重国籍選択と下記のように関連していた。

1）子どもの二重国籍選択に対する親の考え

　親が〈子どもに二重国籍を選択させたい〉と考えることは，直接，子どもの二重国籍選択には影響を与えていなかった。

2）地理的移動変数

　親が出身国へ訪問する回数が少ないほど，子どもは二重国籍を選択する傾向がある。子ども自身の親の国への渡航回数が多いほど，二重国籍を選択する傾向があるという先述の分析結果とは反対の結果であった。

　この実査では，子どもの親の国への渡航回数と親の出身国訪問回数はマイナスの相関があることから，親に渡航の機会が少ないからこそ，子どもだけで渡航させる機会が多くなったと考えられる。親の外国居住歴や居住年数・親の将来の海外就労や居住は，子どもの二重国籍選択とは関連がみられなかった。

3）地域満足度と差別に対する価値観

　親が日本の教育制度に不満足であるほど，子どもは二重国籍を選択する傾向

にある。日本の教育制度に期待できなければ，親は子どもに留学をさせることも考えるだろう。そのために二重国籍の維持を望むと考えられる。親が外国人差別に対してどのように対応するかということと，子どもの二重国籍の選択とは関連はみられなかった。

4）家族の価値観

仮説5　親が出身国の文化を重要と思い教えるほど，子どもは二重国籍を選ぶ傾向がある。

前述のように，親の二重国籍に対する意見は，子どもの二重国籍選択には影響を及ぼしていない。このことは，むしろ親は子ども自身の判断を大事にする傾向にあると考えられるのではないか。

しかし，親が日本の暮らし方を大事にするほど，子どもは二重国籍を選択する傾向にある。同じように，親が出身国の暮らし方を大事にするほど，二重国籍を選択する傾向にある。すなわち，親が居住国である日本の暮らし方と同様に配偶者の出身国における暮らし方を大事にして，その両国の文化を子どもに積極的に伝達する努力をすれば，子どもは二重国籍を選択する傾向が高い。仮説5は検証された。

以上の知見から，子の二重国籍選択に関しては，〈子どもに二重国籍を選択してほしい〉という〈親の個人的価値観〉の影響よりも，〈親が普段の暮らしの中で両国の文化をいかに取り入れた暮し方をするか〉という家族のライフスタイルの影響が強いといえる。

5）使用言語

二重国籍を選択する子どもは，その親も日本に住みながら，外国語を習得して家庭内で話している。親の外国語習得度は，子どもの二重国籍選択と関連している。

6）関係ネットワーク

親が関わっている外国人との関係ネットワークは子どもの場合より大きいが，そのことは子どもの二重国籍選択とはあまり関連していない。

第7章　ダブルスは国際移動への志向が高いか

5．二重国籍選択を従属変数とした場合の重回帰分析

（1）子ども側の要因を独立変数とした時の重回帰分析（子ども票分析）

　子ども側の要因である〈国籍選択の法律の認知〉，〈海外就労希望〉，〈海外居住希望〉，〈早期自立に対する考え〉，〈在日外国人の有無〉といった変数を独立変数として投入し，表7－2のようなモデル1を得た。これらの独立変数同士の強い相関はみられなかった。調整済み決定係数（Adj-R^2）は，0.339で求めた重回帰式の当てはまりはよい。また重回帰の分散分析のF値は，15.858で有意確率は0.001以下で統計的に有意である。標準偏回帰係数は，〈海外就労希望〉0.372**，〈国籍選択の法律の認知〉0.358**となり，有意水準5％以下で統計的に有意である。子ども側の影響要因として，〈海外就労希望〉が最も強い影響力をもち，さらに〈国籍選択の法律の認知〉が次に強い影響力をもっている。

（2）親側の影響要因を独立変数とした時の重回帰分析（ペアー票の分析）

　親側の要因である独立変数を投入して，表7－2のようなモデル2を得た。Adj-R^2は0.285で，F値は10.361で有意確率は1％水準で有意である。

　標準偏回帰係数は，〈親の出身国への訪問回数〉－0.413**，〈親が出身国の文化を重要と考えるかどうか〉0.363**であった。親の渡航回数が少ないことが，より子どもに二重国籍を選択することに大きな影響を与え，さらに親が出身国の文化を重要と考えて子へ社会化することも大きな影響を与えている。

（3）親子双方の影響要因を独立変数とした時の重回帰分析（ペア票の分析）

　そこで親子双方の影響要因を投入して，モデル3を求めたところ，表7－2のように〈子の海外就労希望〉0.337**が最も大きい影響力を持ち，次に〈親が出身国の暮らし方をいかに重要視したか〉0.310**，さらに〈国籍選択の法律の認知度〉0.273*，〈親の出身国への訪問回数〉－0.249*という結果を得た。Adj-R^2は，0.365でモデルとして当てはまりはよくF値も8.612，1％水準で有意であった。この調査では，子どもの二重国籍を選択する際の影響要因の中で，

表7-2　子どもの二重国籍選択を従属変数にした重回帰分析結果

(標準偏回帰係数β)

	独立変数	モデル1	モデル2	モデル3
子の変数	国籍選択の法律認知	0.358**		0.273*
	海外就職の希望	0.372**		0.337**
	海外居住の希望			
	早期自立の考え			
	在日外国人の友達			
モデル1	F値	15.858**		
	Adj-R^2	0.339		
	ケース数	59		
親の変数	親の出身国への訪問回数		−0.413**	−0.249*
	子への二重国籍希望			
	日本の暮らし方重要度			
	出身国の暮らし方重要度		0.363**	0.310**
	地域での同国の友人との交流			
	日本の教育制度に対する満足度			
モデル2	F値		10.361**	
	Adj-R^2		0.285	
	ケース数		48	
モデル3	F値			8.612**
	Adj-R^2			0.365
	ケース数			54

*p＜0.05　**p＜0.01

モデル1は，子側の独立変数と，子どもの二重国籍選択とを従属変数として投入して得られたモデル。
モデル2は，親側の独立変数と，子どもの二重国籍選択とを従属変数として投入して得られたモデル。
モデル3は，子側，親側の独立変数と，子どもの二重国籍選択とを従属変数として投入して得られたモデル。
注：従属変数である二重国籍選択については〈二重国籍に判断保留〉に1点，〈どちらかといえば二重国籍選択〉に2点，〈二重国籍選択〉に3点を与えた。

〈子どもの海外就労希望〉という移動変数が一番大きい影響力を持った。さらに，子どもに地理的移動を動機付けるという親の社会化に関する要因，すなわち親が，出身国の暮らし方を重要に思い子にそれを伝えているということも，大きな影響力を及ぼしていた。

6．ダブルスの「国際移動への志向尺度」を従属変数とした場合の重回帰分析結果

（1）ダブルスの国際移動への志向尺度の作成

ダブルスは，二つの文化を内在化しており，二重国籍を選択することを希望している。そして，二重国籍の選択は将来の海外就労と大きく関わっていることが前節から明らかになった。さらに〈海外就職の希望〉，〈海外居住の希望〉，〈二重国籍の選択〉は相互に高い相関関係にある（表7-3）。そこで，ダブルスの国際移動志向尺度を作成するために，この3変数を主成分分析にかけて，尺度の内的一貫性をみた。その結果，この尺度は，single-factor solution で，固有値は2.053であり，Cronbach's Reliabilit Coefficient Alpha は，0.7581であった。

〈海外就職希望〉のカテゴリー（1から3）に，1点から3点を与え，また〈海外居住の希望〉のカテゴリー（1から4）についても，1点から4点を与え，〈二

表7-3 ダブルスの国際移動への志向性に関わる変数同士の相関

	海外就職の希望	海外居住の希望	二重国籍の選択
海外就職の希望		0.676**	0.437**
海外居住の希望	0.676**		0.394**
二重国籍選択	0.437**	0.394**	

** $p < 0.01$
海外就職の希望：是非働きたい(1)→働きたくない(3)
海外居住の希望：是非住みたい(1)→住みたくない(4)
二重国籍の選択：二重国籍を持ちたい(1)→判断保留(3)

表7-4 ダブルスの国際移動への志向測定項目の平均・標準偏差・因子得点

国際移動への志向　測定項目	平均	標準偏差	因子得点
海外就職の希望	2.24	0.80	0.883
海外居住の希望	2.27	1.04	0.855
二重国籍選択	1.85	0.82	0.736

固有値＝2.063　寄与率68.434

重国籍選択〉（1から3）についても，1点から3点を与えた。点数が高くなるほど，国際移動に消極的であるので，ダブルスの〈国際移動への志向消極性尺度〉と名づけた。ダブルスの〈国際移動への志向消極性尺度〉は最高10点を取るものが，もっとも消極的であり，最低3点をとるものが，最も国際移動に積極的である。分析に使用したケースは70票であり，平均値は6.07で，標準偏差は2.21であった。

ダブルスの国際移動の志向にかかわる独立変数同士の単相関を見たが，国際移動志向へ影響する独立変数同士の単相関において，とくに強い関係がないことがわかる。

次に，重回帰分析をすることによって，変数相互の影響を取り除き，それぞれの独立変数が，ダブルスの国際移動消極性尺度に対してどのような影響力を持っているかを測定する。

（2）ダブルスの国際移動消極性尺度を従属変数とする重回帰分析結果

28の独立変数を投入して，ステップワイズ方式で重回帰分析を行った。表7－5は，ダブルスの国際移動消極性尺度を従属変数とする重回帰分析をした結

表7－5　ダブルスの国際移動への志向尺度を従属変数とする重回帰分析の結果

独立変数	標準偏回帰係数 β
親の出身国（外国）文化への興味	0.302*
自己決定力がある	0.360**
親の国への渡航回数	0.336**
能力を伸ばしたい	0.358**
親の日本の教育制度満足度	0.309**
親の出身国の暮らし方重要度	－0.259*
定数	－1.014
Adj-R^2	0.593
F値	11.456**

＊$p<0.05$，＊＊$p<0.01$

第 7 章　ダブルスは国際移動への志向が高いか

果である。

　ダブルスの国際移動志向に最も影響力を持っているのは，ダブルスの意識要因であった。〈自己決定力〉（β = 0.360, p ＜ 0.01）や，〈能力を伸ばしたい〉（β = 0.358, p ＜ 0.01）は，国際移動への志向につながる個人の意識要因として大きな影響力を持っている。

　同様に，〈親の出身国文化への興味〉（β = 0.302, p ＜ 0.05）のように，文化的な要因も大きな影響を及ぼしている。単相関では〈それぞれの国の文化を尊ぶ〉といった多文化共生の考えもダブルスの国際移動への志向に影響を及ぼしていたが，重回帰分析では，〈親の出身国の文化への興味〉が強い影響力を持ち，国際移動を志向する国が親の出身国へと，文化的により収斂される傾向が見て取れる。それは，ダブルスが親の出身国への渡航する機会が多く，より親の出身国の文化を現地で経験すればするほど国際移動への志向が高まる事を示している（β = 0.336, p ＜ 0.01）。

　ダブルスの国際移動への志向には，親側の社会化要因も大きく影響を及ぼしている。親が日本の教育制度に不満も持つほど，ダブルスの国際移動への志向は高まる（β = 0.309, p ＜ 0.01）。しかし，親が日常の生活で出身国の暮しをするから，子どもが国際移動に積極的になったのではない。むしろ親が外国の暮らし方をしていないほど，子どもはそのルーツを求めて国際移動することによって，親の出身国の文化に触れようとする傾向が見て取れる（β = − 0.259, p ＜ 0.05）。

7．重回帰分析のまとめ
（1）子ども側の要因を独立変数とし，二重国籍選択を従属変数とした重回帰分析結果

　ダブルスがなぜ，二重国籍を選択したいと思うかということに関しては〈海外就職の希望〉が最も大きな影響力を持っていた。ダブルスにとって，日本の就職が困難であるから，海外への就職を希望するという押し出し―吸引モデル

225

（push-pullのモデル）ではない。ダブルスの海外就職の動機は，海外に親族や知人がいて，その人たちから情報を得て海外就職の志向性が高まるという連鎖的移住説（chain migration）のモデルに近い。

つまり〈国際移動〉が実現するためには，その国の国籍を持つことが，最も容易に職を探し，継続する要件であることをダブルスは知っている。ゆえに〈海外就労希望〉の次に影響力を持った要因は，〈国籍選択の法律の認知〉であった。22歳までに一つの国籍を選択する日本の法律を知っているからこそ，どちらかの国籍を捨てて海外就職することは，彼らにとって困難な選択となる。

小さい時から二つのパスポートを持ち，年に何回もこの二つのパスポートを使って海外へ渡る彼らにとって，パスポートの持つ意味は大きい。

一方の国籍を捨て一つの国籍だけになることは，親族が外国に住む彼らにとって，生活上の不便もさることながら，自らのアイデンティティーを剥ぐことにも繋がる。すでに親の一方が祖国を離れて日本に居住し，国籍がないばかりにいろいろな不便に直面していることを見てきたダブルスたちである。

家族を縛る法規制を知っているからこそ，〈海外就労〉が外国では難しく，権利が制限することを，これまでの家族の歴史の中で見てきている。

（2）親側の要因を独立変数とし，二重国籍選択を従属変数とした重回帰分析結果

親側の要因では，〈親の出身国への訪問回数〉と，〈親が出身国の暮らし方をいかに重要に考えているか〉ということが，子どもの二重国籍の選択に影響を与えている。その国の国籍を持たない親が外国へ長く滞在できないことは，二重国籍を持っていないことによるとダブルスは考えている。たとえば，親側の自由回答の中に〈夫の出身国に住んでいた際に，ビザにかかる費用が物価に対して異常ともいえる金額だった〉，〈両国の行き来に二重国籍がないと不便〉という回答があった。今回調査をした国際結婚をした親たちの97.8％は，二重国籍ではない。だからこそ，ダブルスは，二重国籍を持ちたいと考えるのではな

いだろうか。また，子どもの二重国籍選択には，親が自国の文化をどの程度重要視しているかが大きな影響力を及ぼす。親が出身国の文化を子どもに伝え，出身国の文化について子どもが魅力を覚えるほど，二重国籍希望が強くなる。

(3) 親子双方の影響要因を独立変数とし，二重国籍選択を従属変数とした重回帰分析結果

　最終的に，子ども側と親側の影響要因の中で大きな影響力を持った要因は，順にあげると，〈海外就労の希望〉，〈親が出身国の暮らし方をいかに子どもに伝えたか〉，〈国籍選択の法律の認知度〉，〈親の出身国への訪問回数〉であった。二重国籍は，子どもが海外就労を可能にするための必須条件であることをこの分析結果は物語っている。それは，親が外国人であることから，子どもが親の出身国や日本の国籍法に敏感であること，国籍を持つことによって，海外での就労に制限がなくなることを知っているからである。

(4) 親子双方の影響要因を独立変数とし，ダブルスの国際移動尺度を従属変数とした重回帰分析結果

　〈海外就職の希望〉，〈海外居住の希望〉，〈二重国籍選択〉の3変数からダブルスの国際移動への志向尺度に影響力を持った要因は，子どもの意識要因であった。すなわち〈いかに自己決定力があるか〉，〈能力を伸ばしたいと思っているか〉ということが，国際移動への志向につながっている。同時に子どもが親の出身国の文化に対していかに興味を持っているかということも，国際移動への志向と関連している。また親の出身国への渡航回数が多いほど，国際移動への志向が高まる。親による社会化要因もまた大きな影響力を持っている。親が日本の教育制度に対して，不満足であるほど子どもの国際移動への志向は高まる。

　二重国籍の選択に関しては，〈親が出身国の暮らし方をいかに子どもに伝えたか〉ということが，二重国籍選択に大きな影響力を持った。しかしダブルス

の国際移動志向に関しては,親が〈出身国の暮らし方〉を伝えないほど,国際移動志向が高まっている。子どもが親の出身国の文化に対して興味があるけれども,親がその出身国の文化に基づいた暮し方を伝えない場合,子どもの国際移動志向は高まっている。すなわち,ダブルスにとっての国際移動への志向は,親からの受動的な社会化によって生じた結果ではなく,子ども自身が二つの文化を維持するための自発的な志向といえよう。

D. ヒュージと D. ジョンソンは,エスニック・グループにおいて,「子どもたちが自分のルーツをさぐるアイデンティティー探しにとって親の社会化のメッセージは限定的である」(Hughes and Johnson, 2001) という仮説を立てたが,国際移動志向に関しても親の社会化要因は絶対的なものではなく,子ども自らの自立への意識(自己決定力・自分の能力を伸ばすこと)が最も大きく影響していることが,今回の調査で検証された。

第4節　質問紙調査の結論

1．先行研究の検討と仮説との適合
(1) 先行研究の検討

調査からは,以下のような結果が得られた。
(1) 性別は国籍選択に影響しないという植木仮説は再度検証された。
(2) 植木調査と比較してこの調査の回収票は,アメリカ国籍の母親のケースが少なく,欧米系の父親と日本国籍の母親が多いというサンプル構成の違いがあったが,いずれかの国の国籍選択をせまる現国籍法に反対で,国籍選択を留保し二重国籍を希望しているという点では同様の結果が得られた。
(3) 本調査では,家庭で複数の言語を使用しているケースが半分近くを占め,どちらかの言語を家庭で使用しているというケースは少なかった。使用言語の種類によって,国籍選択をするという植木調査の仮説は検証されなかった。

第7章　ダブルスは国際移動への志向が高いか

(4)　本調査ではそれぞれの双方の文化を尊び，二重国籍を選択するものが多く，いずれかの国籍を選択するケースは少なかった。

(2) 仮説の適合

①二つの文化が家庭内に存在した場合，子どもはどのように社会化されるかを明らかにするために下記のような仮説を検証した。

仮説１　親の文化に子どもが興味を示すほど，子どもは海外就職を希望する。
仮説２　親の文化に子どもが興味を示すほど，子どもは海外居住を希望する。
仮説３　子どもが海外就職を希望すればするほど，二重国籍を選択する。
仮説４　子どもが海外居住を希望すればするほど，二重国籍を選択する。
　→頻繁な海外渡航の経験を積んでいる中で，子どもたちは長期の滞在にはパスポートやビザの関係上，その国の国籍を持っているほうが有利であること，しかも職業に就くには，国籍の制限があることを学んでいる。将来のライフコースにおいて海外就労や海外居住に積極的であるほど，二重国籍の必要性を認識している（表7−1）。

仮説５　親が子どもに，出身国の文化を重要と思い教えるほど，子どもは二重国籍を選ぶ傾向がある。
　→表7−1のように親が出身国の文化を子どもに教えるほど，二重国籍を選択する傾向あり，仮説は検証された。モトヨシ（Motoyoshi, 1990）やネイゲル（Nagel, 1994）が言うように，親は「エスニック・グループ」に対する認知地図を持っており，それぞれのルーツに基づき，子どものアイデンティティーを方向づけている。

仮説６　親の国へ子どもが訪問すればするほど，子どもは二重国籍を選ぶ傾向がある。
　→調査した国際結婚から生まれた子の半数は，1年に1回以上，親の国へ渡航する。このような頻繁な訪問が，親の祖国へのアイデンティティーを高めている（表7−1）。

仮説7　友達ネットワークに外国人が多いほど，子どもは二重国籍を選ぶ傾向がある。
　　→在日の外国人や同じ国際結婚から生まれた子が，親の祖国の言葉や文化の習得などの目的で，インターナショナルスクールなどに集まることも多い。この調査対象者の中にも，インターナショナルスクールに通っている者が13.9%いた。同じ境遇の友人同士で，国籍のことを話し合う機会も多く，地域に外国人が多いほど，二重国籍を選択する傾向にある（表7－1）。
仮説8　親の外国語の習得度が高いほど，二重国籍を選ぶ傾向がある。
　　→調査結果から，53.3%の家庭で，複数の言葉が話されているケースが多く，このような家庭の親は外国語を取得していると推測される。日本にいながら複数の言語が日常生活において使用されていることは，二重国籍選択に繋がる（表7－1）
仮説9　近所に外国人がたくさん住んでいるほど，子どもは二重国籍を選ぶ傾向がある。
　　→子ども票の回答では有意差がでなかったが，親票の回答では，自宅近くの外国人が多いほど，二重国籍を選択する傾向にある（表7－1）。エスニック・グループが近くにあると，国籍選択の情報も多く子どもにもその情報がもたらされる。

②社会化の結果，二つの文化を維持した子どもはどのように国際移動への志向をするかについて明らかにするために，ダブルスの国際移動への志向性尺度を作成しその影響要因を探った。

　その結果，ダブルスの国際移動には，自己決定力や自分の能力を伸ばすといった積極的なパーソナリティーが大きく影響していた，また親の出身国文化への興味，親の出身国への渡航頻度など文化的な要因や地理的移動要因も影響力を持っていた。親からの社会化要因は，日本の教育制度への親の不満足といっ

た押し出し要因は関係していたが，親の出身国の暮し方の伝授といった引きの要因は影響力をもたらさなかった。

2．この調査の特徴

この調査は，国際結婚を考える会会員への全数調査である関係上，会の会員構成の特徴を反映した調査結果となっている。会員構成上，母日本国籍，父欧アメリカ籍のカップルが多い。父の国である欧米諸国では二重国籍が許容されている国が多いにもかかわらず，母の国である日本では22歳までにどちらかの国籍を選択しなければならないことに，子どもが疑問を持つのは当然ともいえよう。一方，韓国，中国などのアジアの国々では，二重国籍に対して日本と同様厳しい姿勢を維持している。たとえば，母日本人，父外国人の国際結婚のカップルの中で多い韓国の国籍法では，日本より早い20歳で，国籍選択を行わなければならない。さらに男子の場合は，兵役に満18歳で編入される可能性があるので，さらに17歳までに韓国籍を選択するかどうかという早い選択をすることになる。このように配偶者の出身国の法律が，二重国籍に対してどのような〈法的規制〉をかけているかということが国籍選択に大きく関わることはいうまでもない。

またビジネスのチャンスも多い欧米諸国の国籍を，日本国籍とともに保持したいと思うことも，また予測された結果であった。しかし，その他の国籍を持つ子どもたちは，日本に住みながら22歳以後も複数の国籍を保持したいと考えるかどうかという疑問に関しては，この調査は回収票が少なく答えることができない。

たとえば，国際結婚の組み合わせとして，最も多いと思われる韓国・朝鮮国籍などの永住者である親を持つ子どもの場合，民族的な誇りや歴史，文化を維持するため，日本国籍に帰化しないばかりか，たとえ可能な状態になったとしても，二重国籍の選択をしないケースもあると思われる。アジアの国籍を持つ親から生まれた子どもが二重国籍を選択するかどうかについては，両国の法的

な問題，ビジネスチャンス，移動の可能性などの要因に加えて，両国の歴史上の関係や民族的な問題が複雑に絡んでいると推測される。

この調査では，外国人に対する差別をうけた経験が，国籍選択に関する有意な要因にはならなかった。差別意識に関しても，日本人の欧米人に対する意識とアジアの人びとに対する意識では大きく異なる。アジアの人びとが感じる差別された経験が，いかに国籍選択に関わるかということもまだ明らかにされていない。

この調査結果は，限られたサンプルのもとで，二重国籍を選択する要因に，親と子の社会化要因，および移動に関する要因がいかに関係したかを明らかにしたにすぎない。今後の課題として，異なる国ごとの組み合わせであっても，この仮説の検証がされるかどうか，検討が必要である。

3．結論

本調査の第一の目的は，二つの文化を持ったダブルスたちがどのように親によって社会化されるかを明らかにすることであった。本調査は母親が日本人である被調査者が多いという偏りはあるが，A.ウィルソンの分類した第二のタイプ（p.47）すなわち二つの文化に適度な距離を持ち，自分のアイデンティティーを確立し，現在の法制度である国籍選択に対しても法的情報を持っている者ほど，積極的に国籍法の改正を要求し，二重国籍を選択する者が多かった。このような選択の背景には，モトヨシのいう親のエスニック・グループに対する態度，すなわち二つの文化に距離をもって接するという態度が影響している（Motoyoshi, 1990）。親が日本の暮らし方を大事にしながらも，同時にパートナーの出身国の暮らし方も大事にしていることが，子どもの国籍選択に大きな影響を与えていることが確認された。また在日外国人の友達の有無が影響するなど，子どもを取り囲む多文化的な環境の影響が大きいことも実証された。

しかし，外国人に対する差別的な周囲の態度が，親のメッセージを通じて国籍選択に影響するというヒュージとジョンソンの仮説は立証されなかった。

第7章 ダブルスは国際移動への志向が高いか

　この調査では，子どもがどのような将来を描いているか，すなわち将来への予期的社会化，将来外国での就職や居住に備えて二重国籍を希望するという地理的移動の影響や本人の達成動機の影響が子どもの二重国籍選択の最も大きな影響要因として特定された。

　これまでの帰国子女研究をはじめとする同化理論で出された仮説では，箕浦の研究に代表されるように，二つの国籍によるダブルバインディングによる子どもたち自身の心の中におけるコンフリクトの問題がクローズアップされてきた（箕浦，1991）。しかし，国際結婚をした子どもたちの場合は，両親によって二つの文化に自然に社会化されてきたゆえに，子どもの心の中で起きるアイデンティティー・コンフリクトや，両国の文化に基づく暮らし方と日本の文化に基づく暮らし方の違いから生じる親とのコンフリクトの問題よりも，むしろ彼らを取り囲む法的環境の問題が大きな障壁になっていた。

　さらにこの調査の第二の目的は，両親によって二つの国の文化を内在化した彼らは，どのように国際移動を志向するかについて明らかにすることであった。二つの国籍を持つこと自体が自然なことであり，個人で国際移動をする積極性をダブルスは持っていた。ダブルスの国際移動への志向性尺度を作成し，影響要因をさぐるとダブルスたちのパーソナリティー特性が大きな影響力を持った。自己決定力や自分の能力を伸ばすといった要因がダブルスたちを国際移動へと導く。二つの文化を客観的に把握し距離を保つには，自己に対する自信がなければ難しい。親の出身国への度重なる渡航のような通路付け要因や親の出身国文化への興味といった引きの要因も作用していたが，最も大きな影響力を持った要因は，彼らの二つの文化の上に確立された自立に関わる子どもたちの意識であった。ダブルスたちの国際移動への志向は，単に親の先導に従った受身的な国際移動志向ではない。親が出身国の暮らし方を伝えなければ，ダブルスたちは，親の出身国へと国際移動し積極的にルーツをたどる傾向がある。

　以上の結果から，日本国内で二つの文化を維持するには，親の出身国の暮らし方の伝授が大きな影響力を持つことが判明した。しかし一歩進んで，子ども

自身が国際移動を志向するには，親からの一方的な社会化だけではなく，子ども自らが国際移動を志向して自分のルーツをたどる積極的なパーソナリティー特性が必要になることが明らかになった。

　注：本調査は，平成14年度，平成15年度，平成16年度科学研究費補助金（基盤研究（c）(2)）課題番号145801135の助成を受けて実施した。

▶▶▶ 第8章
ダブルスのアイデンティティー形成
── ダブルスへのインタビュー調査から ▶▶▶▶▶▶▶▶▶

第1節　分析枠組み

1．分析の目的

　国際結婚した両親によって，自然に二つの文化を社会化された子どもは，複数の文化を持つことによるアイデンティティー・コンフリクトは起こしていないという結果を得た。それは，箕浦の仮説のように，「9歳までに，どのような文化にも社会化されやすい可塑的な性質を持っている」からなのだろうか（箕浦，1991）。すなわち生まれた時から複数の文化を両親から注入されれば，いかにそれが二つの文化であっても，アイデンティティーコンフリクトを起こさなかったという社会化の時期の問題に集約できるのだろうか。それとも，マリーとスミスとヒルなどの仮説のように，両親の社会化の方法や，エスニック・グループの影響によって，子どものアイデンティティー確立がサポートされたのだろうか（Murry, Smith and Hill, 2001）。この疑問に答えるために，質的調査が必要であると判断し，ダブルスへのインタビュー調査を試みた。

　質問紙調査では，外国人に対する差別的な周囲の態度が，親のメッセージを通じて国籍選択に影響するというヒュージとジョンソンの仮説は立証されなかった。しかし帰国子女のケースと異なり，ダブルスの場合は，アジア系との国際結婚の場合以外はその生物学的特徴すなわち外見が日本人と異なる風貌であることから，〈他人から見られるダブルスのイメージ〉である外見と，〈自分のアイデンティティーに基づくイメージ〉との間にギャップが生じる場合が多い。質問紙調査では捉えきれない，ライフコース上のダブルスの心の変化を捉える

ために下記のような点に着目して分析を行った。
① 学校教育環境において、先生とダブルス、ダブルスの親との相互作用、ダブルスと友達との相互作用に焦点を当て、日本の教育環境で複数の文化がどのように行われたか。
② ダブルスの友達ネットワークは、日本人中心にはりめぐらされているか、それとも在日外国人中心か。
③ 外見に対する偏見はあったか、それに対してダブルスはどのように対応してきたか。
④ 家族によって、複数の文化・言葉はどのように伝えられたか。
⑤ ダブルスの国籍に対するアイデンティティーはどのように形成されたか。そのアイデンティティーと将来のライフコースはどのように関わっているか。
⑥ ダブルスたちの人生のターニング・ポイントはいつか。

2．実査方法

2003年7月から2004年2月にかけてダブルス2名の協力を得て筆者による個別面接を実施した。一人につき2時間から3時間行い、その際得た録音テープ起こしから第1データを作成し、時系列の流れに着目して編集した。

調査者は、1991年から、国際交流団体である〈ミックスサラダ〉、〈国際結婚をした外国人妻の会〉のメンバーであった関係上、この団体のダブルスに協力を要請し、2人（G、H）の協力者を得た。この2人の母親（外国人）たちとは、交流団体立ち上げの時から交友関係があった。しかしG本人とはインタビューの時に初めて会った。

調査者は、調査に先立って、調査者が1988年から1991年にかけてアメリカに滞在した経験があり、帰国した後高校の教諭として勤務した経験も話したうえで、インタビューに入った。調査者と被調査者が同じような経験を分かち合うことを大事にしたかったからである。調査者は、アメリカの小学校での図書館ボランティアで見聞きしたことや、州立大学での聴講生の経験など、自分がマ

第8章　ダブルスのアイデンティティー形成

イノリティーとしてアメリカで経験したことを語りながら，被調査者の立場をより理解できるように，共有の体験を話題にしながら，インタビューを進めていった。

表8－1は，各ケースの家族構成，外国居住歴，両親の国際結婚，親族ネットワーク，国籍・パスポート，親の祖国と日本との往復回数，宗教を示したものである。

G，Hのケースは，すべて母親が外国籍，父親が日本人の場合である。インタビューはすべて，個人単位で行われた。言語は日本語で，両ケースとも，生まれてからずっと日本に居住している。調査者は，G，Hの母親とは，約10年にわたって，国際交流団体において交流があった。

表8－1　ダブルスの基礎データ

	ケース① G	ケース② H
家族構成	母　アメリカ国籍 父　日本国籍 G　・弟	母　アルゼンチン国籍 父　日本国籍 H　・姉・妹
海外親族ネットワーク	母方 アメリカの祖父母 　　叔母2人 　　17歳のいとこ	母方 アルゼンチン 　　祖父母 　　伯母2人 　　いとこたち
外国居住歴	なし	日本→アルゼンチン→小学校3年から日本→高校2年（アルゼンチン留学）→日本
国際結婚	Gの母が同僚のGの父と出会う。	Hの母がアメリカ留学中に留学生の父と出会う。
親の祖国と日本との往復回数	毎年1ヶ月	旅費と所要時間が長いのでほとんど行けない
パスポート	アメリカと日本	日本だけ
宗教	G　カトリック Gの母　カトリック Gの父　カトリックでないが一緒に教会へ行く	H　カトリック Hの母　カトリック
職業	高校生	セールス
性別	女	男

第2節　実査結果ケースデータ

1.【ケース①】母アメリカ国籍，父日本国籍，17歳高校生（女）Gの場合
日本での教育とGの学歴キャリアー

　公立の保育園，公立の小学校，同じく公立の中学校をへて，現在公立高校の英語科の1年生である。塾は，高校受験のときに，1年間通っただけで，現在は行っていない。

　小学校のとき，母がアメリカを紹介する授業を自分の通っている小学校でしてくれた。世界地図を出して，英語はこんなところで話されているということを披露して，簡単な会話のやり取りをし，とにかく英語はおもしろいということを理解してもらうための授業をした。〈日本の子どもたちの興味をちょっとひいたらいいなという感じ〉の楽しい授業だった。最初，Gは，恥ずかしかったけれども，この授業後，この地域の中で自分たちを知らない人たちまでも「Gはあの授業をした先生の子どもではないか」と言われた。この授業のおかげで友達までいかなくても，知り合いのような感じの人が増えた。

　中学校のとき，英語が教科として登場して，〈すでに習っていたのでラッキーかな〉と初めて気がついた。しかし中学校のときは，アメリカの実用英語では使われない，日本特有のおもしろい文法が気になった。たとえば，「このコンピューターは誰によって使われるのですか」という変な言い方だ。しかし母から聞いたけれども，最近の教科書では，だいぶ少なくなった。

　中学を卒業すると特別な外国語プログラムがある高校へ進学した。外国語プログラムは，フランス語，スペイン語，ドイツ語と英会話があった。このプログラムは1年しかないのであまり難しいことはできない。とりあえず，スペイン語は母の友人の先生がいるので，Gは，そのコースをとっている。

　またこの高校には，国際交流プログラムもあり，1年ごとに新しい留学生が来る。この前はアルゼンチンから来た子がいたのだが，その子はGと同じクラスで，最初ぜんぜん日本語が話せなかった。級友は，私が，日常英会話ができ

第8章　ダブルスのアイデンティティー形成

るのを知っているので,「なにか喋って」と言ってくる。級友たちこそ,自発的に進んで留学生に話をすればよいのに,級友たちは,恥ずかしいのか,自分たちから絶対話しかけようとしない。Gに対して,留学生に「通訳して」と頼むばかりだった。Gからすると,恥ずかしがらないで,こんなチャンスを生かせばいいのにとも思った。級友たちも英会話ができなくても,自分たちの能力をアピールできるところがあるのにと思った。だから最初,そのアルゼンチンからの留学生に級友たちは話しかけなかった。困っているようなのに,級友たちは気がつかないようだった。しかし1年たつと,このアルゼンチンからの留学生はバリバリの関西弁を話せるようになっていた。1月にこの留学生は帰国していったが,ほんとうにいい経験をしたと話して帰っていった。その後,オランダから新しい留学生が来て,隣のクラスにいる。この留学生は英語の他,3,4カ国語を話せる。クラスの日本の生徒は,最初は恥ずかしがるけれども,英語で話しかける。しかし留学生は本来,日本語習得が目的なので,みんなが留学生に日本語で話しかけるようにすると,最後にはほんとうに留学生は日本語がうまくなる。

　高校は英語科なので,英語の授業が四種類もある。一つがリーディング,そして総合英語,もう一つが英会話,さらにどこかの新聞記事をたくさん集めた教科書を読む英語がある。Gの場合,英会話を選択しないでスペイン語のプログラムをとっている。

　私立大学を受験する予定なので,文系の英語と国語と社会が受験科目になる。Gにとって,英語は受験勉強しなくても大丈夫なので,自力で国語と社会を勉強するつもりである。公立の外語大も目指しているが,まだ夢の段階。私立大学の語学系学部も考慮中。学校推薦で志望校決定も考えている。親から早く独立したいとは強く思っていないけれども,大学から親と離れて一人で住むというのはあこがれている。親は,「遠く離れた大学でもいいよ」と許してもらっている。友達は親から「家から通える大学しかダメ」といわれている子も多いけれども,母は,アメリカの祖母が反対していたにもかかわらず母も日本に来

たから自分も許してくれている。

　将来は，留学したいと思っている。日本語が今話せる程度に英語が上達したら，アメリカへ留学したいと思っているが，やはりスペイン語を勉強するのだったらスペインへ行きたいと考えている。それに完全にバイリンガルになりたいという希望もある。なりたい職業は，キャビンアテンダント。小さい頃は，幼稚園の先生とかピアノの先生とかを考えていた。しかしせっかく英語ができるのだから，それを使いたいと思っている。26歳くらいで，結婚もしたい。しかしキャビンアテンダントだったら飛行機に乗って3日間くらい帰ってこないこともある。また1週間ぐらいいないときもある。だから結婚をして子どもができたら大変かなという気持ちもある。父の教え子でキャビンアテンダントになった人がいて，キャビンアテンダントは語学力だけではなく体力もいると父から聞いている。

Gのみた日本の子どもとアメリカの子どもの差異

　最近，ボランティアでオーストラリアからの子どもたちの通訳をした。オーストラリアの子どもはいっぱい話しかけてくるが，日本の子どもは恥ずかしがって，全然，自分の言いたいことを言えない，とそのときまた思った。〈もう少し，自分を伝える努力をしようよ〉と。英語ができないでも伝える努力をしなければ，せっかくのチャンスがもったいないと。

　アメリカでは子どもが自分の意見を持っているし，それで発言力がある。

Gの日本における友達ネットワーク

　Gの友達は，ほとんど学校の友達で，小学校の時からの友達が多い。母が在日外国人の友達を集めて，英会話サークルをしていたが，そのサークルの友達よりもこの地域の友達のほうが多い。保育園の同窓会もした。今は高校の友達が多いが，中学校の時のほうが，友達同士，仲がよかった。

Gのアメリカにおける友達ネットワーク

　祖父母の家へ夏に行くときは，叔母の家は祖父母の家から4時間ぐらいかかるが，遊びに行く。いとこがちょうどGと同じ歳で下の子も同じくらいの歳な

第8章　ダブルスのアイデンティティー形成

ので，友達だ。またその叔母の家の前の子も友達だ。

アメリカの近所付き合いは何でもオープンで，みんなで晩御飯を一緒に食べたりして，結構仲がいい。パーティー（ポトラックパーティー）といって，みんなでなにか一品を持ってきて，寄せ集めてパーティーをする。

アメリカの同年代のいとこは，夏休み中，学校の方から，アルバイトをしたほうがよいといわれる。アルバイトの職種はころころ変わっているが，結構それでお金もかせいでいる。

Gとアメリカの友達，Gと日本の友達，それぞれの交際の仕方はそれほど違いがない。

Gの外見に対する差別

じろじろ，みんなに見られているという感じはある。高校の保護者懇談会のとき，レストランに入ると，そのとき「どこかの高校の留学生ですか？」と言われた。留学生にみえるのかなと思った。

アメリカでは東洋的な顔立ちといわれている。アメリカに行くと，やっぱり日本人と見られていると思うけれども，いろいろな人種がいるから別にそんな日本人がいて当たり前と思われている。たぶん，アメリカの通りすがりの人たちも，自分の外見が気になっていると思う。しかし日本のほうが，日本の友達と買い物に行って，〈ハーフ〉と聞かれたりして，注目される。〈ハーフ〉という言葉にはぜんぜん抵抗がない。

Gの名前について

家でもアメリカでも日本名で呼ばれている。アメリカの祖父母には呼びやすいように日本名をアメリカ名にアレンジして呼ばれている。

Gの家族における文化的価値観の伝達―言葉―

Gの母は，生まれた時から英語で話しかけてきた。だから自然に身についた。小学校1年生の時から英会話サークルのような教室を母が主宰し，遊び感覚で習っていた。そのときは，必ず，アメリカの通信販売の衣料や食品などが持ち込まれ，母親たちも集まった。4カ国くらいの同年代のハーフの子たちがGの

家に集まり，そのハーフの子たちのきょうだいも集まって，男の子グループと女の子グループで英会話教室のようなものを開いていた。Gのグループの先生は，ケニアから来た先生で，その後オーストラリアから来た先生，その後は母が教えていた。ちょうど，年上クラスが女の子のクラスで年下クラスが男の子のクラスであった。しかし中学校くらいになったらみんな忙しくなって自然消滅した。

Gは，家では，母とは絶対英語で話す。しかし弟や父は日本語で話す。父と母は，英語で話す。家族4人になるとやはり英語で話すが，時に日本語で話して母がついてくることができない場面がある。Gの弟は調子にのってきたら，母がわからないのを忘れてしまって早口で日本語をぱっと話すときがある。母は，英語で話してほしいと思っているようだ。Gの母は難しい日本語は使わないので，それがたいへんだ。

Gの家族における文化的価値の伝達―価値観形成―

ご飯は，毎日そろって6時半に食べる。弟はクラブで月曜日と火曜日はいないけれども，他の曜日はみんなそろって，いろいろあったことを話しながら食べる。Gの父の帰宅は早い。しかし，夕食はあまりつくらない。しかし母が遅いときは，父はご飯を炊いたりぐらいはする。父はちょっと亭主関白だ。母も祖母の法事の手伝いをしたり，キリスト教なので，教会に行ったり，そういう意味でオープンハートに両方をしている。日本の祖母とも仲がいい。

Gは，遅く帰ることもないので，門限とかは決まっていない。Gはアルバイトをしたいが，ファストフード店で父の学校の生徒が学校に内緒でアルバイトをしているのを目撃した父はその場で叱っていた。Gの父は，「アルバイトは絶対ダメ」と言っている。そんな経験があるので，G自身もしたくてもアルバイトはできないと思っている。

Gの家では，中学の時は犬の散歩が50円で，洗濯が100円と決まっていて1カ月3000円ほどもらっていた。高校に入ってからは，それは当たり前にやることにして5000円に値上がりした。

第8章　ダブルスのアイデンティティー形成

　家の行事に関しては，お正月も簡単で，おひな祭りとかはしない。その代わり，クリスマスには七面鳥を食べて，メインイベントだ。料理の材料は外国の食品を輸入している会社から直接とりよせている。お赤飯など，慶事の時に作らない。代わりにケーキを焼く。

Gの国籍選択に対するアイデンティティー形成
　ハーフという言葉にはそれほど抵抗がない。小学校のときはちょっとだけ抵抗があった。けれども，もう今はない。Gは，〈ハーフ〉で普通かなと思っているけれど，〈ダブル〉といわれたら，なにかちょっとだけ違和感はあるけれど，そちらのほうが，うれしいかなと思うときがある。それは，〈半分〉より，二つ持っている〈バイリンガル〉という感じがするから。

Gの住む地域の状況
　5年前は，近所に3カ国ぐらい外国人家族がいた。アメリカやイラクから来た人もあった。みんな，違うところへ引っ越したり，国に戻ったり，日本でも違うところへ行ったりして，今は二家族くらいだ。一家族はまだいる。お父さんがアメリカ人でお母さんが日本人である。二人とも大学の先生をしているから母とも仲がいいし，あまり会わないけれども，それでもときどき年に何回かは会う。

Gのこれまでの人生の中で一番，楽しかったこと
　毎年1回，夏休みにアメリカの祖父母のところで過ごしたことが，一番楽しかったことである。

【Gのアイデンティティー形成要因の分析】
　Gの場合は，年に必ず1回のアメリカへの渡航，家庭内での英語の使用，主にGの母による英会話サークルの開催といった，日本に住みながら，アメリカの文化を子どもたちに伝えつづける親の意識的努力が実を結び，自然に二つの文化を身につけていったといえよう。
　Gの母は結婚前，高校生のときから日本へ交換留学生として来日して以来，

日本の文化に精通し，現在も大学教員として日本の教育に深くかかわっている。Gが，〈遊び感覚で〉と表現した英会話サークルも，日本にいながらアメリカ文化を伝えるひとつの工夫である。同じ年齢の国際結婚をした親の子どもたちを集めて，英会話を教えながら遊ぶ。このような場は，同じ境遇の子どもたちの友達ネットワークを形成するのみならず，日本での慣れない生活についての親同士の情報交換の場であったと推測される。

このようなエスニック・グループの存在とともに，Gの母は，地域の日本の小学校へ楽しい英語の授業を出前し，地域にG一家がなじむように積極的にボランティアとして活躍している。Gは，最初，恥ずかしかったけれども，この授業後，この地域の中で自分たちを知らない人たちまでも「Gはあの授業をした先生の子どもではないか」と言われ，知り合いのような感じの人が増えたとその感想を述べている。

Gの母は，G自身が二つの文化で育つために，日本の教育の否定ではなく積極的に自ら働きかけることによって二つの文化の独自の良さ・プラス面を大事にしている。

家庭においても，家事分担やお小遣いの与え方，行事など，Gが，「母も祖母の法事の手伝いをしたり，キリスト教なので，教会に行ったり，そういう意味でオープンハートに両方をしている。日本の祖母とも仲がいい」と語るように，双方の文化の意義を認めている。

Gは，〈じろじろ見られる〉経験はあるが，差別されたという意識にまで到達していない。また〈ハーフ〉であれ，〈ダブル〉であれ〈国際結婚から生まれた子ども〉がどのような呼称で呼ばれてもそれほど気にしていないとGは考えている。ただ，旧友やまわりの友達が，積極的に外国の友達に話しかけたりする態度が欠如しているのは，単に英会話能力の問題ではなく，〈自分をアピールする〉〈会話能力だけではないほかのいいところを出す〉チャンスを逸しているのではないかと観察している。そしてこの非積極的な態度が，夏に1カ月訪問するアメリカの友達にはみられないことを考えると，Gは日本の教育の

あり方に原因があると感じている。

　Ｇの学歴キャリアーは，Ｇの長所を最大限生かしたものである。Ｇが進路として夢みているキャビンアテンダントは，二つの文化を継承し繋ぐ役割ももっている。このような進路は，親からとくにプレッシャーをかけられたわけではなく，自分が選択し自然と選び取られたものである。

　周囲で日本語が話され，学校でも日本語で会話する中で，家庭で英語を使用することはきょうだいにとって意識的な努力を必要としたにちがいない。Ｇは，「家族4人になるとやはり英語で話すが，時に日本語で話して母がついてくることができない場面がある。Ｇの弟は調子にのってきたら，母がわからないのを忘れてしまって早口で日本語をぱっと話すときがある。母は，英語で話してほしいと思っているようだ」と，そのときの様子を述べている。ほんとうは，父も弟もＧも日本語で会話したい時が，いく場面もあったにちがいない。しかし家庭内の英語使用を継続したことが，ひいてはＧの進路を開くことになった。

　家族の家庭内での英語の使用継続は，このようなＧやＧのきょうだいのバイリンガルを促進したという機能を持っただけでなく，家族からのＧの母への愛情の表現でもあったのではないだろうか。家族で一方の文化に偏ることなく，二つの文化を維持することは，難しい。Ｇの家族が愛情を持って，二つの国の文化を大事にした姿勢こそが，家族のみならず地域においても多文化共生の環境を醸成していく力になったモデルといえよう。

2．【ケース②】母アルゼンチン国籍，父日本国籍，社会人（男）Ｈの場合

　注：調査者は，Ｈの担任としてではなく，その学年の生徒指導教諭としてＨと関わる機会があった。Ｈの母親からは，以下に述べられているようなＨの小・中学校時代からのいじめの体験，さらに高校1年生時代の制服事件については，一切聞いていなかった。ただ，Ｈの母親から〈Ｈはやんちゃだ〉ということは聞いていた。新学期に出会った高校時代のＨは，調査者の目からすっかり日本の高校になじみ，級友と打ち解けあっているように見えた。

アルゼンチンおよび日本の教育とHの学歴キャリアー

　Hは，日本生まれ（生後1年のときにアルゼンチンに渡った）で，カトリックの小学校へ通い，日本人の学校へも行った記憶がある。その小学校のTシャツが今も残っている。その後，小学校3年生の時に帰国し，地元の公立小学校へ通い，公立の中学校へ進学した。卒業後，県立高校へ進学した。

　小学校3年生で日本の小学校へ入った時，姉と自分のための日本語教室をつくってもらった。理科や数学の時間に他の教室へ行って姉と二人で勉強をした。日本語を話さないと友達と遊べないと思って，がむしゃらにスペイン語を忘れ，日本語を吸収した。

　高校時代は，生徒指導で注意されることも何回もあり，謹慎になって親も呼び出されたことがあった。アルバイトも禁止されていたけれどもやっていた。高校2年生の頃，バイクの二人乗りをして大事故を起こした。それまでにも謹慎が10回ぐらいあったので，退学の話がでた。ちょうど修学旅行へ行くころだったが，行けなかった。

　　注：Hの事件は，調査者も生徒指導の教諭として，処分に関わることになった。当時の生徒指導部は，生徒の問題行動を予防するということで，遅刻した生徒の持ち物検査，校門指導などが行われていた。また制服に関しても厳しい指導が行われていた。アルバイトは禁止であったが，バイクに関しては届出者のみが乗ることを許可されていた。バイクの事故に関しては，たびたび生徒指導の対象となっていた。Hは，すでに1年生の時に何回か謹慎処分となっていた。何回も謹慎処分があった者については，退学も含めて生徒指導部，および職員会議で，その生徒の処分を決定するといったシステムであった。Hのバイクの事故は，何度もの謹慎処分の結果，起きた事件であったので，当然，Hに対して退学を勧めるかどうかが，生徒指導部での議題に上った。すでに原付バイクの二人乗りという交通違反があったので，生徒指導部の判断は，厳しい方向に流れていった。同じように事故を起こしたH以外の他の生徒にも厳しい処分が告げられた。最終的には，退学者こそ出さなかったが，この事件に関わった生徒数人は，長期の謹慎処分になり，修学旅行も辞退ということになった。ただ，この事件にかかわる生徒指導部の教諭たちの議論の中で〈Hも，生い立ちから，かわいそうなことがたくさん

あった〉という話がされた。その時，調査者は，Hに起こった制服を切られた事件（後述）を知らなかったので，この〈かわいそうなこと〉が，Hの外見から特別視されけんかを売られるといったことなどを想像していたが，実は，〈かわいそうなこと〉はこの制服事件の被害者であったことを指していたのではないかと推察している。両親も高校へ呼ばれ，重大な処分がでるのではと調査者は懸念していたが，結局はこの〈かわいそうなこと〉発言から，処分は穏便な方向（長期の謹慎処分）へと変化していった。

そこで父のほうから，「いっそアルゼンチンへ行ってこいや」「ちょっと勉強してきたら」「世の中の広さを見てきなさい」と言われて，2学期くらいからアルゼンチンへ行った。そのときすでに親はアルゼンチン国籍を取ることに反対だった。だから日本のパスポートを持って行った。ビザはいらないし，日本のパスポートはアルゼンチンでは楽だった。しかし3カ月間しか滞在できないので，3カ月に1回は，隣の国（パラグアイ）へ遊びに行ってハンコをもらって帰ってくる。パラグアイにも親戚がいるので，親戚のところに泊まった。祖父がパスポートのことは管理していた。

アルゼンチンの高校はみんなカトリックだった。Hが留学したのは母の通っていた私立の高校だった。最初は，同学年に編入し，言葉がわからないから全然勉強はついていけなかった。しかし計算だけは速かったような気がする。同じ年代の子が読んでいるスペイン語の本を読むのが，苦しかった。スペイン語を聞き取ることはできたが，もう勉強するしかないという感じだった。

アルゼンチンの高校は，午前中に行って昼休みに1回家へ帰る。アルゼンチンはお昼ご飯が大事だ。家族で食べようという考えの国だ。授業が午前11時半に終わって，学校が始まるのが，1時くらい，それから4時か5時くらいに終わる。家の近くに学校がないとこのような昼食はできない。だから家が遠くの子は近くのレストランで昼食を食べて昼寝をする。暑い国だった。Hは，祖父母の家から通っていた。祖父は昨年亡くなってしまっていた。

高校へ戻ってきて，〈お久しぶりです〉〈また今年もお世話になります〉と挨

拶しに行ったら，先生から「昔のHに戻ったらあかんで」と言われた。挨拶をしに行ったのに，いきなりテンションが下がった。その後，卒業してスペイン語を習える大学へ行った。

Hの職歴キャリアー

大学卒業後，スペイン語ができるということで採用された。それまでの会社は，南米との取引はあったけれども，南米のお客さんが英語のあまりできない人であったので，FAXだけのやりとりで車を輸出していたというのが現実だった。Hが入ってから，語学ができるので南米を中心にこれまでの販売台数の2倍ぐらい業績が上がっている。将来は30歳までに，今の貿易の仕事を自分で立ち上げてみようと思っている。営業の平均年齢は28歳である。Hは，上司になんでもはっきり言うほうだから，部長にもはっきり自分の意見をいう。

会社の景気が悪くなって，給料も下がり，ボーナスも出なくなった時，部長が辞めるといい始めた。「景気が悪くなって給料が下がるのは当たり前。部長はこれまでこの会社にお世話になってきたのに，金の切れ目が縁の切れ目でやめるのか，掌を返すのか」と啖呵を切った。「会社が辛いとき，どのくらい乗り切れるかが会社に対する愛着でしょう」と言い切った。

Hは，30歳までには独立したいと思っているが，今日の自分は，お世話になった社長のお蔭という〈日本的愛社精神〉も健在である。

日本の教育とアルゼンチンでの教育との違い

アルゼンチンでは，制服はあったけれども，生徒を生活指導することや，生徒にとやかく言うことはあまりない。Hは，「先生はその子にはその子の人生があって，何をしようが，かまわない。学校で見つかれば停学になるけれども，別に怒ったりしない。また持ち物検査などはないし，するとプライバシーの問題になる」と言う。

しかし，日本では，生徒指導は厳しく，とくに教室が荒れている高校においては，生徒の自制心がきかないと教師が思い込んでいるので，厳しく指導しているのではないかとHは思っている。

第8章　ダブルスのアイデンティティー形成

アルゼンチンの兵役制度
　アルゼンチンでは，16歳から2，3年兵役がある。海軍や陸軍によってその期間は異なる。空軍が一番長い。アルゼンチンが経験した紛争でもこの兵力が使われた。アルゼンチンの新聞はイギリスとのこの紛争の状況を，負ける前日まで〈勝っている〉と報道していた。今みたいにテレビの生中継というのがないのでいくらでも情報を捏造できた。
　もし，日本が戦争をしていれば，Hは兵役に行く。アルゼンチンでの兵役は嫌だけれども，日本では行きたい。しかしHは，日本で兵役に行っても自分が〈ハーフ〉だからまともな部隊に入らせてもらえないと感じている。〈ハーフ〉というので日本人と分けて区別される。やっぱり，日本人は自分の国を守るのは，純粋なほうがいいと思うだろう。純粋っていう言い方はおかしいけれど，〈ハーフ〉というのはやっぱり嫌がられると思うとHは考えている。

日本の若者とアルゼンチンの若者との違い
　アルゼンチンの若者は，高校のときから自分の将来を見据えている。自分はこうすると自分のしたいことが決まっている。もう小中学生のときから，ちゃんと決めて行動している。留学してから，このアルゼンチンの若者の生き方に影響された。
　現在仕事をしていても，外国人になめられている日本人をみると，交渉事でももう少し日本人にがんばれと言いたくなる。

Hのアルゼンチンでの友達ネットワーク
　アルゼンチンに留学したときは，祖父母の家がマンションだったので，下の階に祖母のいとこが住んでいた。玄関にでればおばちゃんたちが挨拶してくれた。それほど田舎ではない。むしろ日本の今住んでいるところのほうが田舎である。
　留学しているときは，どっちかというと，いとこ遊んでいるほうが多かった。Hは，アルゼンチンにはあまり愛着を感じない。日本に小学校からの幼馴染もいるし，日本は好きだし，安全な国だから。

アルゼンチンにいる時，12歳くらいの子に拳銃を持って追いかけられ，発砲もされた。友達の家から二人で帰ってきていた時，ちょっと角のようなところで，10人くらいの若い子の集団が固まっていた。友達から「へたしたら，走らないといけない」と言われた。Hが，「喧嘩やったら喧嘩したらいい」と言ったら，その友達が「日本だったら剣術や空手でやるのかもわからないが，こっちはみんな拳銃でやるから」と言われた瞬間，「おい！」と呼ばれてふりむいたとき，一人が上に向かって拳銃を一発撃った。その友達と自分は別々に逃げたから助かったけれども，物取り狙いだったような気がする。

　アルゼンチンは貧富の差が激しい。国債も破綻したから。家のない子もいっぱいいる。日本ではご飯が食べられないほど苦労している人はあまりいない。しかしアルゼンチンのホームレスは，ほんとうに仕事がない。探しても何もない。学校の先生の月給も40000円だから。

　そろそろ日本も危ないから，本気でがんばらないといけないと思っている。アルゼンチンから帰ってきて，Hはそんな経験をしたから，〈しっかりやっていかないと〉と最初は思っていた。しかし日本の高校にもどってきて，やっぱり日本の高校生にあわせてしまった。〈大学も自分でいこう〉と考えたけれども，フワフワと周囲にあわせてしまった。

　アルゼンチンに留学しているときにHと友達になって，Hに影響されて現在日本にきている友達が，こっちで留学し，就職して結婚している。そういう日本好きの外国人をHは大歓迎するという。

Hの日本の友達ネットワーク

　日本へ来てからは，Hは，近所の友達というより，同じクラスになった子どもから友達になっていった。集団登校をしていたから，そこから仲良くなっていった。学校のサッカークラブも遊びみたいな感じだった。真剣なスポーツではなかった。中学校のときは，水泳部に入った。中学校のときは，いじめられていた。ハーフは標的にされていた。隣の中学校から，何回か，喧嘩を売られた。「ここにハーフおるやろ。出せ」と。1対1で，喧嘩をしたとしても，そ

第8章 ダブルスのアイデンティティー形成

の結果は後を引かないが、集団でこられるとその後はその人たちと友達には絶対になれない。隣の中学校に対して、Hがその中学校でナンバーワンだったから存在意義を示そうと喧嘩をした。

高校へ入ってからHは、ハーフだから目立っていた。クラスでポツンと下を向いて座っていても目立つから。黙っていればいじめられるので、クラスの人と対等に話ができるまでに、一、二発やっとかないとという感じで土台を作っていかないと、まずは自分のことを対等と見てくれないだろうと思った。

外国人が日本人を見下すように、日本人もハーフを見下すと思った。どれだけがんばって勝ち抜くかという修行みたいなものだった。

> 注：Hは、当時高校に勤務していた教員としての調査者の目からも、目立つ存在であった。学年でも一目置かれている存在であったように思う。しかし無理に周囲にあわせているような気配もあった。この時にインタビューで初めて理解できたが、Hは、高校時代、必死で彼の縄張りを作っていた。何回にもわたる謹慎処分は、その縄張り争いの結果ではなかったのか、と思う。Hの高校時代から7年近く経過し、このインタビューの記録を見て、いかに、調査者が高校教諭時代、Hの表面しかみていなかったかを思い知ることになった。

大学生になって、暴走族みたいに町の中でかたまる〈チーマー〉になった。ちょっと危ない系の集団に入った。

Hの家族における文化的価値観の伝達―言葉―

家では、スペイン語でみんな話している。結局母が、スペイン語で話すから、みんなスペイン語になる。

小学校3年生の途中まで、スペイン語圏で暮らして、高校2年生でスペイン語を話すアルゼンチンへ行ったとき、聞き取りだけはできた。1年たつと、スペイン語で話すほうが自然で、咄嗟の言葉もスペイン語になった。日本語は、ちょっとつまるようになった。

妹も一昨年、アルゼンチンへ行っているから妹に対してもスペイン語で話していて、妹もスペイン語で話しているほうが、気が楽のようだ。とくに喧嘩を

する場合は。時には日本人に聞かれて都合の悪いときは，スペイン語で会話をすることもあった。でも悪いことを言っているのは，ムードでわかるみたいだ。

姉は，スペイン語を忘れることなく，ずっと話していて，聞き取りもできた。しかしHと妹は聞くだけだった。日本語になっていったが，聞き取りだけが，残った。難しい単語になると無理だけれど，聞き取りにかけてはきょうだいで一番早い。

Hの名前について

Hは，戸籍も，会社でも，免許証も，日本名とクリスチャンネームを併記した形を使っている。母は，どうでもよかったらしいが，父は名前で目立たせるのが好きだったとHは語る。Hは，小学校の卒業式の一週間前に，クリスチャン名があるのを知った。だから，卒業式で，Hの名前が呼ばれた時，級友が「わあ！」と驚いたことを覚えている。父はその驚きがほしかったのだとHは語る。Hは顔立ちが目立つので，今はこの顔立ちで日本名を言うことが嫌だ。高校でもクリスチャン名で通して，会社でもクリスチャン名で通す。家とアルゼンチンで日本名を使う。アルゼンチンでは，〈日本人は小さい〉とおもわれているので，Hは外見だけでは，日本人とは思われない（Hは身長が高い）。アルゼンチンでは，言葉がどうであろうと，顔つきがどうであろうと関係ないらしいから。

Hの家族における文化的価値観の伝達―価値観形成―

Hは父を，厳しいと思ったことはない。しかし筋を通す話だけはする。Hは「母は煩わしいだけ」と答えている。Hの母は，心配性で細かいことを気にするタイプであると。Hは，母を考えすぎてやかましいタイプだと思っている。またHは，父も母もまじめすぎて損をしているという。しかしアルゼンチン出身の母のしつけは，日本のしつけとまったく違うと答えている。

日本の母親であれば，親が子どもの部屋を掃除している場合が多いが，Hの母は，「自分のことは自分でしろ」と言う。風呂や家事もきょうだいの当番制である。小使いは，バイトのようなもの。家の中でハンカチ一枚にアイロンを

かけたら，10円くれるとか，お風呂掃除は当たり前のようなもので，何もお金はもらえなかったけれども，お風呂を磨いたら，5000円ももらったこともある。あれは大変だった。草むしりもした。

　Hの父は，食事を作ることは，絶対にしない。Hも家では絶対に作らない。ラーメン屋でバイトはしても，家では作らない。夕食の時間をはずして食べるときは作らねばならないけれども，姉たちはみんな，家事を手伝っている。

　Hの父と母の考え方が違うということはない。父と母は対等であるけれども，力を持っているのは，母の方だ。言うことに関しては，父のほうが，ああしろ，こうしろというが，母は，それを相手にしないから父は切れることが多い。父は小さいことで喧嘩をすることも多い。

Hの日本におけるいじめ体験

　Hは，小学校からいじめられていた。いじめがあった時，母は，担任の先生に話もせずに校長先生に直接言った。母が，「校長先生，いじめられて，どうしてくれるの？」と言ったら，校長は，「いやいじめではない」と言うから，「もうわかったから警察に行きます」と，話を警察に持っていった。校長としても〈警察沙汰〉にされるのは怖いのですぐ対応してくれた。だから母は，「バシッと言いなさい」と言う。Hの父は鈍感だが，Hの母は〈少しでも，おかしいな〉と思うと，すぐに先生のところへ行く。

　中学校へ入ったとき，〈学校へ行きたくない〉と思い出すと，お腹がほんとうに痛くなった。今ごろになって母は，おかしいのだが，「そんな時は，学校なんか行かさなくてもいいのよ」と他の人には言う。しかし中学校の時は，Hはいじめられて行きたくなかったけれども，母に無理に行かされた。姉は帰国子女の学校へ入っていたので，みんな帰国生で同じだから，〈いじめなんかとんでもない〉という状態だった。しかしHの公立の中学校は，違う小学校からいろいろな生徒が来て，個人でHが喧嘩すれば勝てるような生徒だったがそんな生徒の集団にいじめられた。中学のとき，いじめられつつある中で，〈初めて人を殺そう〉と思った。Hはいじめられたらいじめ返す主義。Hは1対1で

勝負する。しかし，そのときのいじめは〈群れとH〉で，集団にHが呼ばれていじめられる。Hの物がなくなることは，当たり前。集団でトイレで暴力をふるわれたりした。けんかと暴力は違う。いじめは集団でボソボソと無視し，悪口を言う。このいじめをみている傍観者もまたいじめている仲間。Hはいじめの原因は〈自分がハーフだから〉と思っていた。そしてそのときから，〈いつか見返してやる〉と思っていた。

　高校1年生のときに制服をビリビリに切られた。カッターナイフでビリビリに切られた。犯人はわかっていたが，皆に聞くと「何も知らん」と言われた。その犯人はそのころ，制服を切るぐらいの恨みを自分に持っていた。

　Hは，いじめた人は全部覚えており，根に持っている。とくに中学校のときにHをいじめた人たちは，〈頭のいい子〉ばかりだった。頭のいい子のいじめはたちが悪い。いじめができるくらいだから，馬鹿じゃない。戦略をたてたいじめをしてくる。

　その後，大学のとき，偶然その子に会うことがあった。その頭のいい子は高卒で大学へ行ってなかったので，〈俺のほうが，勝った〉と思った。〈おまえ，なにしてんねん。俺は大学生や〉という感じだった。中学のとき，頭がよく進学校へ行ったそのいじめた子は結局大学へ行かずじまいだった。大学生のHは，〈見返すこと〉ができた。自分の中で勝手に復讐を達成させた感じだった。

　いじめた子たちもけっこういじめたことを覚えている。いじめていた子の友達からHは，「中学の時，Hをたたいていたので反省していた」と聞いた。Hは，「許さない」と伝え，「会ったら復讐する」と言った。だからHは，うらまれて反対に復讐されるのではないかと思って，ナイフをさける練習までしていた。今は，ボクシングをしている。そして今は〈そんなやつとけんかしても仕方ない〉とも思っている。しかしいじめの記憶はHの中にしっかり残っている。このような気持ちは先生には絶対理解できない。

　　　注：Hの言葉は，調査者に強く響いた。Hが背負ってきたいじめを教師はどこ

第8章　ダブルスのアイデンティティー形成

まで共感できただろうか。高校における制服切り裂き事件も，その当時曖昧な結末をつけたままであった。しかしこのことが，その後Hを巻き込む悲しい事件に繋がっていく。

　もし，万が一Hが結婚して自分の子どもがいじめにあった場合は，母のように会社を休んで，学校へ乗り込んで，昔の悪い友達をみんな集めて，単車ふかして教室占領して，いじめたやつを呼び出して，屋上から吊るすぐらいのことをしようと思っている。結婚してできた子の外見がHのように〈ハーフ〉であったほうが，絶対によいとHは思っている。もし〈ハーフ〉の外見が原因でいじめられることになっても，子どもは，乗り越える。Hは，いじめられて，だめになった〈ハーフ〉は許せない。子ども自身が学校を退学するのは自由だと思うが，〈いじめに負けた〉という理由で学校を辞めたということは許せない。

Hのアイデンティティー

　Hは，「〈ハーフ〉というものに，誇りを持ってほしい。なぜならば純粋なものより，ワンランクもツーランクも上だから。〈ハーフ〉は生まれて，そのときの外見だけで，世の中にもまれているし，その経験からいくらでもいろいろなことを吸収できているから」と言う。Hいわく，「〈ハーフ〉に生まれて，〈嫌〉といっても仕方がない。〈ハーフ〉なのだから。仕方ないから，生きるモンという感じ。周りが日本人のせいもあって差別は起こるかもしれない。しかし，アルゼンチンへHが行ってもアルゼンチン人とは認められない。また日本に来ても外見は日本人とは認められない」と言う。

　土台，〈認めてもらったところでどうするのか？〉という気持ちもある。Hが日本人だと主張しても，顔は外人だし，それを笑われることだってある。そこは〈ハーフ〉に生まれてマイナスの面だろう。知らない周りに反発するとか，周りに対して仕方ないと思うかは，その周りの友達によって変わる。今の世代は，そのような体験を積極的に話したい。Hの友達には，部落出身の子もいれば，障害者の子もいる。在日朝鮮人もいっぱいいる。

　友達と集まって話をするとき，部落出身の子に「〈ハーフ〉は楽でいいよな」

255

と言われた。見た目でハーフは判断されるが，部落や在日の子は〈隠している〉と言われたり，就職で調査が入ったりして，差別される。在日の子への日本人のいじめはすごい。北朝鮮みたいな問題があったら，狙われる。在日の子からすると，「Hが，〈ハーフ〉の顔に生まれて，しあわせ」と言う。日本人は，同じアジア人でも中国人，韓国人というのは，みんな下に見ている。Hは，欧米人にへつらう日本人に対して，「お前と在日の韓国人は同じ血が流れている。肌の色も黄色や。なぜ白人の肩をもつのや。日本人は白人と違うやろ」と言う。もっと日本人に対して，〈誇りを持てよ〉とも思う。

　たとえば，Hは，〈アメリカにもよいところがあると思うけれども，100％まねしてもどうかな？〉と思う。〈アメリカ人にあこがれすぎるのはやめてほしい〉とHは言いたい。

　在日の朝鮮人は，見えない分だけ，中途半端に隠しているからしんどいことになるとHは考えている。日本名を使っていて，わかったとき〈裏切っていた〉と思われたりする。たとえば，Hは，〈ハーフ〉と一目で見てわかる顔をしていて，しかも欧米系だから上へと評価が上がりやすい。しかし在日の子はそのアジア系の顔立ちだから隠していて，〈ハーフ〉がばれると下へ評価がいく子が多い。言葉をかえていうと，〈欧米系の顔であると，日本では受け入れられ，アジア系の顔であると，受け入れられない〉とHは考えている。

　Hは高校のとき，次のように，起こった事件を紹介した。〈国へ帰れ〉と差別落書きがされた。Hは先生に呼ばれ，深刻な顔で「こんなことが書いてあった」と言われた。Hは，それを書いた生徒がほんとうに差別して書いたのではなく，先生を混乱させるため書いたとわかっていた。〈先生が大きな問題にして，きっと騒ぐだろう。暇だから〉と生徒たちが仕組んで書いたことを知っていたので，Hは，「構いません。そんな大きな問題にしなくても」と言った。心の中では〈先生たちは，大きく取り上げなあかんことを，ちいさくまとめるくせして，小さいことを大きく取り上げるのが好きだから〉と思っていた。

第8章　ダブルスのアイデンティティー形成

　注：Hのインタビューによると，この〈落書き事件〉は，アルゼンチンから帰ってきた3年生の時に起きた。調査者はすでにそのときは，転職のためこの高校を去っていた。Hは，アルゼンチンからもとの高校に帰ってきて，高校の先生に挨拶に行った。Hの気持ちとすれば，〈お世話になります〉というつもりで挨拶に行ったが，いきなり先生から「昔のようになったらあかん」と言われて，テンションが下がったと告白している。その先生の一言で，Hは，〈自分は日本の考え方をしていない〉と思ったとも言っている。そして〈先生はみんな敵〉のような感じになったと言っている。Hは，みんなは，先生を大騒ぎさせるために，生徒が集団で〈差別落書き事件〉を仕組むようなことも周りでは当たり前だったことを告白している。当時，在日韓国・朝鮮人への差別，部落差別落書きなどが，頻繁に書かれ，生徒指導部では問題になっていた。落書きがあるたびに学年集会が開かれていた。
　Hが，帰国した時，Hなりに緊張していたのだと調査者は思う。昔の仲間にどのように受け入れられるか，また受け入れる生徒たちも，一年間のブランクの末帰ってきたHに対して，どのように接したらよいのかを探っていたのではないだろうか。〈国へ帰れ〉の落書きに対して，Hは，先生に呼ばれ，こんなことが書いてあったと聞かされたが，「構いません。そんな大きな問題にしなくても」と返事している。調査者が思うに，高校1年のときの制服切り裂き事件から始まって以来，このような〈落書き〉事件を問題にしても，先生は解決もつけられない。だから騒がないでほしいとHは考えたのだろう。〈国へ帰れ〉の落書きも，帰国した自分への挑戦のようなもので，実際に書いた子と，書かせた子が別とわかっていたからこそ，Hは，先生に介入してほしくなかったのだろう。

ほかのクラスメートも，謹慎中，バイトしバイクに乗って事故を起こしてしまって，学校にばれると退学になると思ったらしい。彼はビルから飛び降りて自殺してしまった。
　その子は友達をつくるのが，Hよりへただった。友達はいなかったけれども，Hがたまに話にいったりしていた。お葬式で自殺した子の父親が〈みんな，来てくれたで。おまえ友達がほしいというてたやろ〉と，涙をこらえて言った。そのとき，それまで自殺といっても実感わかなかったHの友達たちが，Hを盾にして後ろで泣いていた。あのときは，詰まったというか，一番，悲しかった。

注：Hは，このお葬式で，参列して「泣いている子もいたが，大半は葬式の前後でしらけて笑っていた」と言っている。その話の前後で，彼は，学校で暴れている子は先生からマークされ絞められるが，一番冷めているのは優等生タイプであり，裏で工作しているのに，先生からは見逃されていると言う。またいじめをするのも，そのような優等生タイプであると告白している。調査者も，この学校に在籍している時に鉄道事故で亡くなった生徒のお葬式に参列し生徒を引率する機会があった。いわゆるここでいわれている優等生タイプの生徒ほど，冷めていて葬式の前後で笑っていたという光景はその折に目にした。暴れている一部の生徒を見て日頃のストレスを解消する，という冷めていて感情をあらわにしない生徒が存在することを彼は語っている。この落書きは誰が書かせたのかについては，彼は明かさなかったが，暗にこのような優等生タイプが指示したことを彼は言おうとしたのではないだろうか。調査者は，Hがアルゼンチン留学中に，別の生徒の退学問題に関わることになり，調査者は生徒指導部の判断であった退学に反対したことがきっかけとなり，Hがアルゼンチンから帰国する前に辞表を出して転職した。調査者が自分の退職の話をした後，彼は調査者にこの事件のことを明かしてくれた。この事件から8年の月日が経ったが，それでも癒えないHの無念さややるせなさが，彼の語り口から伝わってきた。

　この事件も先生たちは，また小さくまとめてしまった。学校はこの事件を封印し，落書きのことも，〈何でこの生徒がこんなことを書いたのだろう〉という話は一回もだされることもなく，終わってしまった。Hは，〈そこまで，面倒みるのだったら，最後まで責任とれ〉とそのとき思った。

　Hは，先生や生徒指導は「自分のことしか考えない子どもがいる限り，1やって甘い顔していたら，5までいくから，管理してしめないといけないと思うらしい。しめすぎてどうなるかは考えていない」と言う。

Hの人生で一番悲しかったことと，楽しかったこと

　Hは，上記の自殺事件が一番悲しかったことと記憶している。親も兄弟も知らない復讐劇も悲しいこと。楽しかったことはまだ来ていない。やろうと思ったら楽しいことはあるけれども，まだ来ていないと思いたい。

Hの国籍選択

　Hもきょうだいも日本国籍に統一されている。

第8章　ダブルスのアイデンティティー形成

【Hのアイデンティティー形成要因の分析】

　Hは，小学校3年生でアルゼンチンから日本へもどって来て以来，長い期間いじめを受けてきた。その経験が，アイデンティティー形成に大きな影響を与えている。いじめを受けたきっかけは，Hの外見が人目を引くということであった。Hいわく，「〈ハーフ〉に生まれて，〈嫌〉といっても仕方がない。ハーフなのだから。仕方ないから，生きるモンという感じ」と，諦めた言い方をしながらも，「〈ハーフ〉というものに，誇りを持ってほしい。なぜならば純粋なものより，ワンランクもツーランクも上だから。〈ハーフ〉は生まれて，そのときの外見だけで，世の中にもまれているし，その経験からいくらでもいろいろなことを吸収できているから」と，そのいじめの経験を超えた考えも語ってくれた。

　Hは，受けたいじめに対して〈いじめたらいじめ返す〉といいながら，相手が集団でいじめてくるのに対して，1対1の〈関係〉で彼なりの対応（彼は復讐といっているが）をしている。

　Hは，いじめに対して悲壮なほどストレートな反応をしてきた。また彼も将来は日本で仕事し生きていくことを選択している。〈日本人よりも日本人らしく生きたい〉という彼の願いが言葉のはしばしに表れているように思われる。〈日本が戦争をしていれば，兵役に行く。アルゼンチンでの兵役は嫌だけれども，日本では兵役へ行きたい〉。しかしHは，〈自分が《ハーフ》だからまともな部隊に入らせてもらえない〉と感じている。「〈ハーフ〉というので日本人と分けて区別される」と告白している。アルゼンチンの兵役は行きたくないといいながらも，日本に兵役があれば行きたいと答える彼のアイデンティティーは，〈日本人より，日本人らしく生きたい〉という気持ちの表れと考えられる。〈自分が持つアイデンティティー〉と，〈他からみられるアイデンティティー〉のギャップが絶えずHの人生について回ってきた。常に意識されたこのギャップを，周囲は〈いじめ〉という一番残酷な形でHに見せつけてきた。そのギャップに対しても，Hは，自分のようにはっきり顔立ちがわかるハーフよりも，外見か

259

らはその国籍がわからない在日韓国・朝鮮人や部落の出身者のほうが，さらにいじめられていると述べている。

制服をビリビリにされた高校時代から，Hの友達は常に弱い立場にあるマイノリティーが多かったと，語っている。彼が一番悲しかったこととしてあげた事件は，いじめられ友達作りもへただった友人の自殺であった。そのHの告白の中では，教師は実に無力な姿として描かれている。Hをして〈大きなことは，小さくまとめ，小さなことを大きくする〉と表現された管理教育に右往左往する教師など，Hは最初から自分の立場を理解してくれる人間ではないと見切っている。小学校の時，Hへのいじめがありながら見て見ぬ振りをした教師の姿がその判断の基底にあるのだろう。謹慎になり，謹慎中に事故を起こして〈退学〉を悲観して自殺した友達の死を一番悲しみ，共感の涙を流したのはHではないだろうか。Hは，自殺した彼の葬式で，〈他のやつはしらけて笑っていた〉と評している。〈当事者でなければ関わらない〉，〈自分の身にふりかからなければ，どうでもよい〉という周囲の目を，いじめの体験から意識してきたHは，友達の自殺事件が起こってからすでに7年になるが，心の中に残る悲しい記憶として忘れられないでいる。

Hは，自分の子どもが〈ハーフ〉の外見を持って生まれることを恐れてはいない。むしろその体験を乗り越えて，プライドを持った〈ハーフ〉になってほしいと思っている。

インタビュー内容全般を通じて，実に暴力的な言葉が頻出するためHは，〈周囲の差別する力に，暴力でたちむかっただけ〉と解釈されるかもわからない。しかしその立ち向かい方に潔いものを感じるのは調査者だけであろうか。Hは，〈外見がハーフという見かけ〉に反発するように〈純粋な日本的精神〉にあこがれているように思う。他からは認められない〈日本人らしさ〉を，たとえば，〈喧嘩は1対1が基本〉とか，〈欧米にへつらう日本人にプライドを持て〉とか筋を通すことで自らの〈日本人らしさ〉を表現している。

〈ハーフ〉という言葉を，〈ダブル〉に変えず，その発せられる意味に，〈よ

りプラスの意味を加えていこう〉とHは考える。

　Hをして復讐といわしめているものは何だろうか。Hは「今度，いじめた相手に会ったとき1対1で喧嘩をする」と言っているが，Hがインタビューの中で例と出した復讐のひとつは〈Hが大学生，いじめた相手が高卒で見返した〉という〈学歴の上下で見返す〉方法であった。またHの会社でも「Hを〈ハーフ〉だからと軽くあしらった上司に対して，業績を上げることによって見返した」という〈職業の能力の上下で見返す〉ということも語られた。Hは，Hが語るほど〈暴力による復讐〉に固執しているわけではない。むしろ暴力による復讐を卒業して，社会的な階層を昇るという昇華によって，彼がいじめによって受けた傷を一つひとつ癒していっているように，調査者は思えてならない。

第3節　分析結果のまとめと考察

　以上のケースの分析から国際結婚から生まれた子どもの場合，〈自分が持つアイデンティティー〉と〈他から見られるアイデンティティー〉とのギャップに悩む経験が両ケースで見出された。たとえば，Gの場合はレストランなどで，母と一緒にいる時にじろじろ見られて「留学生ですか？」と聞かれて困った経験を持っている。Hの場合は小学校時代から虐めを体験し，制服をやぶられたり，けんかを売られたりしている。しかし，それは発達段階の一時的なもので，〈移動〉の機会に視野を広め，親や友達などのサポートを得て，ギャップをのりこえ，現在ではアイデンティティーの混乱はない。マリー，スミス＆ヒル（Murry, Smith & Hill, 2001）の仮説が示したように，両親の社会化や，エスニック・グループの助力によって，子どものアイデンティティー確立がサポートされたのである。

　ケース②のHは，〈日本人より日本人らしく生きたい〉と考えることによって乗り越えようとしている。それは〈1対1での勝負〉のように一見古風なサムライ精神を体現したり，日本社会の階層を上がっていったりすることによっ

て，乗り越えようとしている。

　このように彼らがアイデンティティーを確立する際の障壁となったのは，二つの文化を両親から社会化されたことが原因ではなく，周囲がその風貌から彼らに一定のイメージを貼り付けることが原因であった。このような障壁を乗り越えるきっかけは，これまでの生きてきた世界から一歩出て体験した〈移動〉であった。

　ケース①では，年に１回の渡米経験がＧの進路決定に影響している。またケース②では高校２年時のアルゼンチンへの留学によって，スペイン語を習得し，大学へ進学，さらにスペイン語を生かして就職することを成し遂げている。日本に住む国際結婚から生まれた子どもの場合，国外への〈移動〉がアイデンティティー再考の機会になっていた。

　彼らが望んでいるのは，どのようなアイデンティティーだろうか。それは，〈自分が持つアイデンティティー〉としては，〈国籍や人種に関係のない一人の自立した個人を確立した自分〉であり，〈他からみられるアイデンティティー〉としては，〈外見のイメージに捉われない個人と個人の関係としてみられている自分〉である。

第４節　質問紙調査とインタビュー調査のまとめ

1．まとめ

　第７章の質問紙調査から，子どもの二重国籍選択は，子どもの国際移動（とくに海外就職・海外居住）にとって，必須条件として考えられていることが明らかになった。大学生の調査や帰国子女の調査における国際移動への志向では，国際移動を縛る法的条件については深く考えらえていなかった。しかし，国際結婚から生まれた子ども（ダブルス）の場合は，より現実の問題として，国際移動が捉えられ二重国籍を維持することで将来への移動が可能になることを認識している。なぜ二重国籍にダブルスがこだわるかというと，二つの原因が質

第8章 ダブルスのアイデンティティー形成

問紙調査の分析から得られた。一つは，親の出身国へ1年に何度も渡航するダブルスが半数近くいることもあって，二つのパスポートが二重国籍の証しであり，将来の海外就職にとって重要な問題であることをよく認識しているからである。もう一つは，親が生まれた時から二つの文化を社会化して，二つの国に対してアイデンティティーを感じるからこそ，二重国籍を選択したいと子どもたちは考えている。

　ダブルスの国際移動への志向に影響を与えていたのは，〈自己決定力があるか〉，〈能力を伸ばしたいか〉といった意識要因だった。また〈親の出身国の文化にいかに興味を持っているか〉と〈親の出身国への訪問回数〉も大きな影響力を持っていた。子ども側の意識要因が国際移動への志向に深く関わっており，自分の力を認めさらに伸ばす意欲のある者ほど，国際移動を志向し親の出身国においてその力を開花させる機会を求めて移動する傾向がある。

　インタビュー調査からは，子どもの発達の段階で，親がどのように子どもに出身国の文化を伝達してきたかが語られた。親の社会化に関わらず，他者から外見によって判断されるステレオタイプは，常に彼らを特別な存在として目立たせることになる。ケース②のHのように，目立つ外見ゆえにいじめを受けながら，そのいじめに対して立ち向かい，常に戦っていく姿勢を貫く姿もみられた。

　インタビューした2人とも，親族を頼って親の出身国へ長期の滞在をしている。Hは，母親の出身国での留学を経験している。Hは，その後母親の出身国の言語であるスペイン語を生かして日本で就職をし，貿易関係の仕事についている。インタビューの2事例では，親が特別に国際移動を彼らに奨励したわけではない。日常の生活の中で，生活文化として異文化に触れながら，自然に親の出身国文化を内面化していった。時には，その外見やステレオタイプによっていじめを受けた経験が，彼らを海外留学や旅に押し出したともいえる。そのときの国際移動が，彼らの転機となり，現在の彼らのアイデンティティー確立の基礎となっている。国際移動によって，これまで自分たちの外見ゆえの特別視（世間のまなざし）から解放され，新しい世間を知ることで，自分を見つめ

直す機会を得たのではないだろうか。

　国際交流ボランティアが放浪の旅や海外留学によって知ったという生まれ育った日本に対して距離を置いて見るまなざし，帰国生が海外で得たアジアの友達の影響によって変化したという帰国後のマイノリティーに対するまなざし，さらにダブルスの国際移動によって得たという世間の特別視から解放された自分に対するまなざしの変革は，共通する点が多い。

　ダブルスによる二重国籍の選択は，このようなまなざしの変革にも関係している。箕浦や植木の研究に見られるような，どちらかの文化アイデンティティーに同化することは，ダブルスにとっては無理なことである。それは，彼らがどちらか一方のアイデンティティーを主張しても，世間は，彼らの特別視をやめない。日本に居住する限りその外見上，特別視をまぬがれないダブルスにとって，いつでも国際移動が可能な境界線上に，そのアイデンティティーを置くことによって，彼らは安定する。ダブルスにとって，国際移動への志向は，特別な動機を必要としないごく自然なものである。

　ここで検討された国際移動への志向は，帰国子女教育で見られた世にいうグローバル・スタンダードと評されるような特別な英語教育や国際人的感覚の涵養ではない。日常生活における異文化との自然な接触が，ダブルスの国際移動への志向を生み，かれらのライフコースの選択肢を広げている。

2．今後の課題

　ダブルスの国際移動への志向を高めるのは，ダブルスが持つ自己に対する認識であった。周囲の目から特別視され常に自己のアイデンティティーを問い続けてきたダブルスたちが，発達のどの段階でアイデンティティーに揺れを感じたのか，今回のインタビュー調査は子どもの立場から分析されるに留まった。社会化の過程は双方向であり，親と子どもの相互作用の結果，双方ともに影響を受ける。親は子どもに影響を与えるのみならず，子どもからも影響を受けて，発達の段階ごとに社会化の有り様が変化していく。子ども側のアイデンティテ

ィーの確立の過程はインタビュー調査から得られたが,親側のインタビュー調査を加えた分析ができなかったので親と子の国際移動への志向を醸成する社会化過程のダイナミックスを捉えることができなかった。またきょうだい関係も,この社会化過程に大きな影響を与えているであろう。さらにダブルスを取り巻く文化的背景,時代的背景や友達や地域社会,メディアなどのネットワークを視野にいれた複合的影響の過程が十分捉えきれなかった。

　社会化の初期の段階においては,親が社会化のエージェントとして大きな影響力を持っていることは,重回帰分析において〈親が日本の教育制度に不満足であるほど,国際移動への志向が高まる〉ことによって確認された。しかしその後の発達段階においては,学校教育の影響,友達,メディアの影響などが大きくなり,ダブルスのアイデンティティー自体が揺らぐことが,インタビュー調査から確認された。このアイデンティティーの揺らぎがどのように国際移動への志向に影響するのか,発達の段階ごとに分析が必要である。

　今回の調査対象のダブルスたちの親の出身国のほとんどが欧米出身であった。そのこともまた,親の日本の教育に対する態度に影響している。また外見に特徴がみられるため,特別視のされ方もアジアが出身国の親の場合と異なる結果となるであろう。親の出身国の違いによって,国際移動の志向がどのように変化するかについてさらなる検討が必要と思われる。

　注:本調査は,平成14年度,平成15年度,平成16年度科学研究費補助金(基盤研究 (c)(2))課題番号145801135の助成を受けて実施した。

▶▶▶ 終 章

子どもの社会化と国際移動に影響を及ぼすもの
——三つの事例を比較して　　　　　　　　　▶▶▶▶▶▶▶▶▶

第1節　調査研究から得られた知見

1．子どもの国際移動への志向とその影響要因
　―関西地域の大学生の質問紙調査と国際交流ボランティアのインタビュー調査から―

　第2章では，〈現在の外国人との交流がその後の国際移動にいかに影響を与えているか〉に焦点をあてて，大学生を対象とした質問紙調査の分析を行った。調査の結果，国際移動への志向尺度を従属変数とした重回帰分析結果からは，〈学歴〉，〈外国人の居住状況〉，〈家族が外国人に対して良い考えを持っていること〉，〈外国人の人権を擁護する傾向があること〉，〈シングル主義〉，〈性別役割分業意識〉，〈身の回りの外国人の増加〉，〈人生上の重要な出来事を友人に相談する傾向〉などの変数が〈国際移動の積極性〉に対して影響力を持っていた。

　第3章では質問紙調査で分析された外国人との交流と国際移動の志向との関連を時系列にそって分析するために，積極的に国際交流に関わっている国際交流ボランティアのライフコースをインタビューによって調査した。外国人との交流とそれを支えるコンボイが，国際移動への志向性にどのような影響を与えその志向を変化させてきたのかについて，ボランティア16名のインタビュー記録を用いてライフコースにおける発達段階に沿って，質的分析を行った。

　その結果，国際交流ボランティアのほとんどが，国際移動への積極的志向を持つ人びとであった。また，ボランティアたちが，異文化交流ボランティアに参加したきっかけ要因となったのは，彼ら自身の留学や旅，ワーキング・ホリ

終章　子どもの社会化と国際移動に影響を及ぼすもの

デーといった地理的移動に伴う異文化経験による影響が大きいことが判明した。また彼ら自身はその成育過程で，海外での異動ばかりでなく，親の転勤に伴う国内での移動を経験している者も多かった。さらに国際交流ボランティアは，転職などの職業移動を繰り返す人も多く，組織にとらわれないで働くことを選択する傾向があった。地理的移動や職業上の移動によって，これまで意識しなかった外国人の置かれた状況を再認識し，外国人の人権の擁護に目覚めたケースが確認された。

2．親から子への社会化における異文化接触が与える影響
―関西地域の大学生の質問紙調査から―

　第4章では〈家族における親から子への社会化の過程において自国と異なる文化のイメージがどのように子どもに伝達され，現在の外国人との交流に影響を与えているか〉に関して仮説構成を行い，関西地域の大学生を対象として質問紙調査を行った。

　調査結果は次のように要約される。家族の外国人に対する悪いイメージは，若者の外国人との交流頻度を減少させ，さらに外国人の生活水準を低く見積もる傾向があった。そのような家族による外国人の悪いイメージの伝達は，小学校高学年段階という早い段階で伝達された。悪いイメージの伝達は，子どもの国際移動への志向を低下させていた。そのような状況において，学校教育は，家族の中での外国人イメージについて話し合う機会を提供するという役割を担っていた。

　地域における外国人が多いか，少ないかということよりも，親が外国人に対してどのようなイメージを持ち，家族に伝えているかということが，初期段階における社会化効果として国際移動への志向を規定している。すなわち家族の外国人に対する風評が，国際移動への志向を生み出すレディネスを形成していることが，第4章から検証された。

3．帰国子女の異文化経験とライフコース
―帰国子女受け入れ校の質問紙調査とインタビュー調査を中心として―

　第5章では，帰国子女高校を調査対象とした。海外において社会化の過程で家族とともに異文化接触をした帰国子女は，海外滞在中に培われた異文化に対するイメージを帰国後も保持し，さらに帰国後，日本で交流した外国人から得た異文化のイメージも併有していた。さらに帰国子女受け入れ校独自の多文化共生的な学校環境も，彼らが複数の文化を保持するのに大きく貢献していた。質問紙調査によって，帰国子女と日本で育った一般生徒を比較しながら，親からの外国人についてのイメージがいかに子どもに伝達されたかを検証し，さらに将来の国際移動についても両者の差を明らかにした。その結果，帰国生が，一般生より，国際移動への志向性は高いという調査前の仮説が棄却され，事前に設定した仮説と，異なる結果となった。しかし国際移動に対する不安について両者を比較すると，帰国生よりも一般生の方が大きいことが確認された。また帰国生は，自分が体験した家族単位の移動を志向するが，一般生は個人単位の移動を選択する傾向があった。以上の調査結果から，帰国生は海外で外国人と交流した実体験を積んだことによって，国際移動への志向にも，積極的であるとは言えないことがわかった。重回帰分析によって得られた帰国子女受け入れ校の高校生の国際移動志向に最も影響を与える要因は，〈日本に住んでいる外国人を国の代表として判断すること〉であった。日本に住む外国人を準拠他者として意識することによって，国際移動への志向性を高めている傾向が検証された。

　一方，帰国生の海外滞在体験が国際移動志向に影響力を持たなかったのは，帰国生がその体験にどのような主観的意味づけをするかによって国際移動への志向性に差があったからではないかと考えた。そこで第6章では調査対象となった帰国子女受け入れ校の中から，社会化の過程で頻繁に国際移動を繰り返した7名の帰国子女のインタビュー調査を行った。彼らの発達段階に留意して，〈どのような移動があったか〉，〈家族における外国人のイメージ〉，〈コンボイ〉，

終章　子どもの社会化と国際移動に影響を及ぼすもの

〈国際移動への志向性〉といったキーワードを使い，先述の箕浦の調査と比較した。その結果，家族内における親の社会化の影響が，本調査においては，国際移動への志向に大きな影響を与えていた。たとえば，帰国子女が国際移動する際は，ほとんどの者が家族単位の移動を選択する結果から，帰国生は，海外滞在時の家族のサポートが重要であると考えている。家族単位の国際移動の二次的社会化が起こっていた。また子どもの海外在住時における異文化経験の意味づけや，帰国時における異文化経験の意味づけに対して，親による海外体験の意味づけも大きく影響していた。

海外在住時のコンボイや帰国後のコンボイも，将来の国際移動への志向性を左右する大きな要因となっており，インタビュー調査から二つのタイプが検出された。一つは，海外在住時及び帰国後も海外でのコンボイシステムを維持することによって，二つの文化を両立し，国際移動の志向性の高いタイプであった。もう一つは，海外滞在時も帰国後も日本人とのコンボイを中心にコンボイシステムを形成し，海外体験にマイナスの意味づけをして，国際移動にも消極的なタイプであった。

帰国子女といっても多様なパターンがあることが判明した。箕浦の調査のように，渡航や帰国の年齢や滞在期間でのパターン化は難しく，むしろ，本人がその海外体験をどのように意味づけしているかということが，国際移動への志向に影響していることが明らかになった。

4．国内に在住する国際結婚から生まれた子どもと国際移動への志向
—国際結婚を考える会会員への質問紙調査とダブルスへのインタビュー調査から—

第7章では，国内に在住する国際結婚から生まれた子どもたちを対象として，家族の中にすでに生まれた時から存在する二つの文化を親がどのように社会化をしているか，子どもは家族内の複数の文化をどのように受け止めているか，さらに，将来複数の文化を維持していくために，国際移動をどのように志向し，

二重国籍を選択するかに焦点を当てて質問紙調査をした。その結果，国際結婚から生まれた子どもにどのように二つの文化が社会化されたかに関しては下記のような結果が得られた。

(1) 国際結婚をした家族内では，複数の文化が維持されている。

(2) 両親が国際移動を頻繁に繰り返す中で，子どもに二つの文化を社会化し国際移動に積極的である。

(3) アイデンティティーに揺れを起こしている子どもは少なく，二重国籍を望む者が多かった。

(4) 国際結婚から生まれた子どもは，将来の国際移動にとって二重国籍の維持は必要と考えていることが明確になった。

さらにこのように生まれた時から二つの文化を社会化された子どもは，国際移動への志向はどのような要因によって醸成されるか，重回帰分析をした。その結果，〈自己決定力がある〉，〈能力を伸ばしたい〉といった意識を持つダブルスほど，国際移動への志向が高いことが明らかになった。また親の出身国文化への興味が高いのに，親が出身国の文化を伝えなければ，何度も親の出身国へ渡航してルーツの文化に触れたいと思うようになり，国際移動への志向を高める。ダブルスの子どもたちの国際移動への志向は，親からの一方的な社会化の結果生まれたものではなく，自ら，ルーツの文化に興味を持った結果生まれたといえる。

質問紙調査の結果から得られた〈親による複数の文化の社会化〉と〈子どもにより自らのルーツへの興味と彼らのアイデンティティー形成〉に着目し，第8章では国内に居住する2例のインタビュー調査から，〈両親が二つの文化をいかに子どもに社会化したか〉，〈子どもがその社会化をどのように受け止め自らのアイデンティティーを確立しているか〉，〈そのようなアイデンティティー確立の過程と国際移動への志向がどのように関わっているか〉に関して，子どもたちの発達段階や移動歴に留意しながら分析を試みた。その結果，学校における友達や地域の文化環境によって，彼らの中に〈自分が感じるアイデンティ

終章　子どもの社会化と国際移動に影響を及ぼすもの

ティー〉と〈他からみられるアイデンティティー〉との間にギャップが生じる発達段階を経験していることが明らかになった。しかしそれは一時的なもので，ほとんどの子どもは，友達や重要な他者との出会いによって，今ではギャップを乗り越えアイデンティティーを確立していた。

　また，第7章の質問紙調査では，国際結婚から生まれた子どもにとって，現在でも親族の住む海外への渡航は1年に1回と答える子どもが半数以上おり，国際移動に積極的であった。さらに将来的には，海外就職や海外居住を予定しており，そのためにも二重国籍の保持を望んでいる子どもが多かった。帰国子女の国際移動への志向性との大きな差異は，国際結婚から生まれた子どもの場合は，現在でも子どもたちだけで，頻繁に海外へ渡航し，親の祖国へのアイデンティティーを高めている点である。

第2節　まとめ

1．社会化と国際移動への志向

箕浦は，以下のように述べている。

> 一つの意味空間の中で生まれ，育ち，そこで死んでいく人たちを扱う従来の社会化の研究においては，自文化に馴染むためには，どのくらいの期間が必要かは問われなかった。従って，自文化での滞在期間とか異文化での滞在期間は，文献の中で問題にされることはほとんどなかった。（箕浦，1991，p.252）。

国際移動が頻繁に行われる社会になると，自文化で暮らした期間や異文化で暮らした期間がいつから始まり，いつ終わったかが，その人のライフコースにおいて大きな意味を持ってくる。箕浦の研究は，ライフコースにおける自文化と異文化の期間（独立変数）が，それらの文化への同化の程度（従属変数）に

どのように影響したかを実証した。第5章と第6章では帰国子女研究ではさらに〈行って戻る〉移動の増加に対応して，箕浦が分析した〈異文化滞在時における異文化への同化〉の期間に限定せず，その後の〈自文化滞在時の異文化接触〉期間にまで拡げて分析を行った。序章で述べたように，在日外国人の増加とともに，帰国子女のみならず，海外経験のない人びとも〈自文化滞在時の異文化接触〉を経験している。第2章，第3章，第4章においては，関西地域の大学生と国際交流ボランティアを対象として，調査を行い，在日外国人が地域社会に増加する中で，親から子への社会化過程において異文化がどのように伝達されているか，国際移動の志向性はどのようなものかを分析した。さらに，

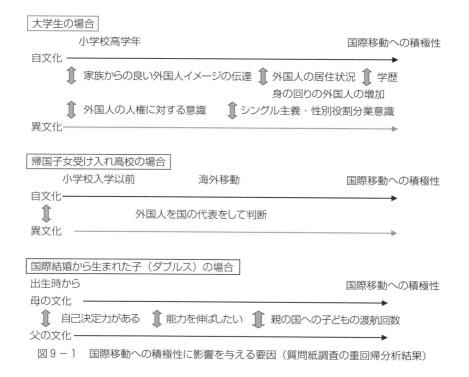

図9-1　国際移動への積極性に影響を与える要因（質問紙調査の重回帰分析結果）

終章　子どもの社会化と国際移動に影響を及ぼすもの

　第7章と第8章においては，家族内で複数の文化が共存する国際結婚をした家族を対象として，親から子へ複数の文化がどのように伝達されているか，さらに国際移動の志向性にどのように影響しているかを調査した。

　ライフコースの時間の流れにそって，調査対象について，国際移動の積極性に影響を与えている要因を図示すると図9－1のようになる。

2．社会化の先行仮説との適合
―国際移動の社会化過程においてどのように社会化が行われたか―

　箕浦は，アメリカで生活した日本人家族に約6年間に渡って追跡調査をし，その結果，下記のような知見を述べている（箕浦，1991，p.254）。

① 9歳以後11歳未満で文化的境界を越えた日本の子は，日米間の行動の違いを認めることはできても，その背景にある意味空間の違いまでは気づかない。一つの文化の意味空間によって行動と感情が左右されだす以前なので，ある文化型特有の形態から他の文化型への置き換えは，比較的スムーズに行われる。

② 11歳から14歳の間に異文化社会へ移行した場合は，新しい環境の文化文法に不協和音を感じる。自文化のなかで獲得した対人関係の文法は，異文化を取り入れたからと言って容易に消しえない。

③ 14歳から15歳以降に異文化圏に入った場合は，それまで暮した母文化の影響を濃厚に受けており，異文化圏に移行しても，その文化文法はすぐに染まることはない。しかし必要に迫られて，新しい文化的環境にみあうように，外見上は行動形態が変わってくる。行動面ではいわゆるバイカルチュラルな人間になっていく。

④ 子どもと友人との対人関係に関して，異文化の言葉を習得するのに，3年から4年かかること，言葉と文化が密接な関係にあることなどの理由から，対人関係領域の文化文法を包括しきるには，同一文化環境に約6年間居住し続ける必要がある。対人関係の意味空間が体得される最も重要な時

期は9歳から15歳までの6年間と思われる。

　箕浦の調査は日本人家族が，日本から国際移動によってある時点から異文化の中で生活することになったケースを分析した。すでに15歳以上で母文化における対人関係の意味空間を身につけた子どもは，容易にその意味空間から，異文化の意味空間に移行することは難しく，カルチャーショックが起こる可能性を示唆した。

　本研究の帰国子女調査では，海外で生活している場合でも，海外の文化に同化してしまう帰国子女のケースは見出せなかった。常に自国の文化と移動先の文化の間に距離があり，個人個人によってその距離の取り方は異なるが，帰国子女の内部には複数の文化が共存している。彼らは日本においても父親の仕事の関係上転勤して移動の経験も多く，さらに赴任国も複数に渡るケースが多かった。それぞれの国の文化にその時々に完全に同化することを目的とすること自体が，彼らのアイデンティティーの混乱を招くことになる。このような海外赴任した家族においては，海外赴任期間においても自国の文化の社会化を核として持っている場合が多い。たとえば，帰国子女インタビューケースA（3歳から12歳まで海外滞在）のように赴任先の文化に深く関わった結果，帰国命令を聞いた時にも帰国したくないと宣言した者も，帰国後の日本の生活の中で日本の文化の良さを見直し積極的に関わる場合もある。むしろ両方の文化の視線を持ちながらも，幅広く物事を見るという点で多文化共生の価値観を育てているケースが多かった。

　帰国子女のインタビュー調査では，9歳以前から海外に居住し現地校で教育を受けた例も3例あったが，9歳以前に渡航していたからといって，現地の文化に同化しているわけではなかった。家族の中で日本文化が維持され，二つの文化を共存させているケースがほとんどであった。箕浦の臨界期説は，本調査では検証できなかった。

3. 異文化接触時の社会化エージェント

　箕浦は,「日本に住む日本の子どもの社会化過程を研究する場合は, 家族, とくに養育者を最も重要な社会化のエージェントとみなしてさしつかえないであろうが, 本研究のように, 人格の形成期が二つの文化にまたがっている場合は, この前提自体が再検討されなければならなくなる」(箕浦, 1991, p.257) と述べ, さらに「対人関係領域に関するイデオパース (個人の内部に取り込まれた文化の部分) への影響力は, 家庭環境に関する要因より家庭外の同輩集団に関する要因が大きいことを, データは示している。いままでの研究者は, 社会化のエイジェントとしての親を過大視し, 他の社会化のエイジェントにはあまり目を向けてこなかった」(箕浦, 1991, p.284) と子どもが異文化を取り込む際の, 親の役割に一石を投じた。しかし, 図9－2のように大学生を対象とした本研究の質問紙調査結果からは,〈国際移動への志向〉には〈家族の外国人に対する風評〉が大きな影響を及ぼし, 家族が社会化のエージェントとして機能していた。

　帰国子女受け入れ校を対象とした高校生への質問紙調査結果からは,〈外国人は国の代表であるという意識〉も, 高校生に大きな影響を与えていた。このようなイメージは, まず初めに家族によって形成される。家族の外国人に対する考えを聞いた時は, 帰国生のうち16.8％が小学校以前といった早い時期を答え, 小学校低学年までには, 約35％近くが聞いている。それに比して一般生のほとんどは小学校高学年およびその前後に集中している。帰国生は, 海外生活を送る中で, 外国人についての話題が家族の中で比較的幼少の年代から話題になっていることがわかる。

　箕浦の調査結果と本論文の調査結果が符合しない原因は, もともと箕浦の従属変数が「アメリカへの同化の程度」といった変数に設定されていることがあげられる。箕浦の面接調査における文化的帰属を探る質問項目が,〈あなたは, アメリカ人？日本人？〉というようなものなので, 日本人家族からの日本文化への社会化は, アメリカ文化への同化に対しては有効なモデルとなりえないと

された。しかし，だからといって，二つの文化にまたがる社会化に対して，親の影響力は少ないと結論づけられるだろうか。

帰国子女を対象としたインタビュー調査からは，家族の影響とともにコンボイ

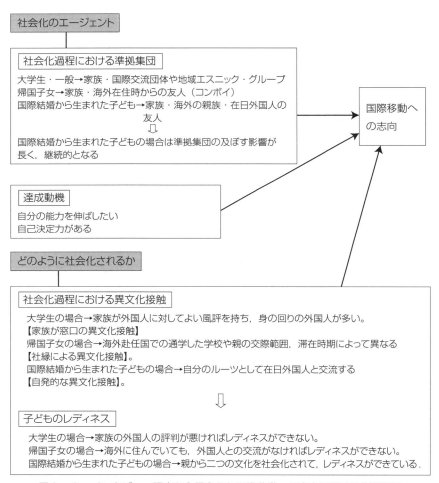

図9－2　インタビュー調査から得られた国際移動への志向に関する影響要因

終章　子どもの社会化と国際移動に影響を及ぼすもの

の影響も二つの文化の内面化に大きな影響を及ぼしており，コンボイとの関係が帰国後も継続している場合に国際移動への積極性を導く傾向があった（図9－2）。

　第7章，第8章の国際結婚から生まれた子の社会化に関する調査は，この複数の文化にまたがる社会化における親の役割の重要性について〈国際結婚した親が日本の暮らし方を大事にしながらも，同時にパートナーの出身国の暮らし方も大事にしていることが，子どもが二重国籍を選択することに繋がっている〉というように，親の影響が大きいことが実証された。またそれと同時に，子が自分のルーツに関心を持ち，積極的に親の文化を吸収しようとする意識が国際移動への積極性に大きく関わっていた（図9－2）。

　図9－2のように，二つの文化にまたがる社会化に関しても，親の役割は依然大きいと，本論文では結論づけることができる。

第3節　調査研究の特徴

1．日本における「見えない外国人」の存在

　この調査で焦点が当てられなかった〈見えない外国人〉である永住者とは，主に戦前から本邦に在留している朝鮮人，台湾人及びそれらの子孫であり，日本における外国人の多数を占めている。いわゆるオールドカマーと呼ばれる人たちで，法務省2011年度「登録外国人統計」によると，「特別永住者」389,085人となっている。しかし，すでに帰化した韓国・朝鮮人は，統計上日本人として扱われるので，統計数字では実情は正確にはつかめない。

　本論文で焦点を当てた異文化接触の対象は，〈見える外国人〉に特徴づけ，永住者の文化に代表されるような日本におけるマイノリティーグループに焦点が当てられなかった，とくに質問紙調査では，被調査者が認識する外国人は〈見える外国人〉に特徴づけ，インタビュー調査でしばしば異文化経験として話された在日韓国・朝鮮人や中国人との交流については触れられなかった。たとえ

ば，帰国子女のインタビュー調査において語られたように，海外の異文化経験を通して，帰国してから在日朝鮮・韓国人の問題を考え始めたTやFのケースがあった。また第4章の国際結婚から生まれた子のインタビューケースでは，日本人的風貌にこだわった幼少時代を送ったものも少なくない。国際結婚から生まれた子の場合は，のがれられない〈他からみられるアイデンティティー〉を背負って，絶えず他人の視線を気にしながら社会化過程を送ったものも少なくない。このような事例のように，〈見える外国人〉との異文化接触と〈見えない外国人〉との異文化接触の分析は重要である。

2．社会化過程における親子ペア一票の必要性

本論文の調査においては，国際結婚から生まれた子の調査のみ，親子ペア票を扱った。しかしその親票も，ほとんどが母親票で，父親票による回答票が少なかった。本来，子どもの社会化に関する調査は，子どもの視点から見た社会化過程だけではなく，親の視点から見た社会化過程も含めて両面から分析を加えねばならない。大学生質問紙調査，帰国子女受け入れ校質問紙調査では，親票を依頼することができなかった。そのため，調査結果を，子どもから見た社会化過程における異文化接触という側面から分析せざるをえなかった。

3．国際結婚から生まれた子どもの調査における調査対象者の特徴

国際結婚を考える会は，長年に渡って〈国籍選択制度〉廃止の運動を展開してきた。会の協力を得て調査を行うために，国際移動への志向性とともに，二重国籍選択についての質問群をより多く質問紙に採用することになった。そのために，他の大学生調査および帰国子女調査と同一の質問文で調査を行えなかった。

終章　子どもの社会化と国際移動に影響を及ぼすもの

第4節　今後の課題

　日本には，〈島国根性〉という言葉がある。広辞苑では「他国との交渉が少ないため，視野が狭く，閉鎖的でこせこせした性質」と説明している。また昔から〈島流し〉というように，中心から離れて僻遠の地で暮すことは，マイナーな移動として捉えられてきた。中心から周辺へと文化の序列がつけられて，とくに海を隔てた外である島に渡ることは，悲哀とともに語られてきた。同様に移民の歴史もすべての移民がそうでないのにもかかわらず，やはり国内での暮しが行き詰った末，新天地を求めるといった点が強調されてきた。最近になって，海外赴任をして国外に出ることが，〈エリート〉としての国際人の証といわれ，国際移動に〈あこがれ〉がついてまわるようになった。

　この変化は，〈かわいそうな帰国子女〉から〈エリートとしての帰国子女〉への変化や，国際結婚から生まれた子どもに対するまなざしの変化とも連携している。たとえば，トレンディードラマの結末は，主人公が海外赴任をするということで終わるドラマがいかに多いか。マスメディアも，国際移動の志向を掻き立て，上昇移動を印象づける。

　しかし，この変化の中で日本へ入国する外国人労働者はますます増加した。マスメディアは外国人による凶悪な犯罪が起こると，〈外国〉を強調する。人びとの外国人に対するイメージにも，このような二極化されたイメージが存在する。

　この調査における家族による外国人に対する風評も二極化している。〈悪い評判〉48.2％，〈よい評判〉51.8％とちょうど半分に分かれる。この研究は，国際移動への志向がどのようにして生まれるかという点に《焦点》を当てた。大学生への質問紙調査からは，家族が外国人に対して悪い評判をたてると，国際移動への志向も低下するという結果を得た。その意味で家族の外国人に対する評判は国際移動への志向を生み出す社会化にとって，〈きっかけ要因〉としては最も大きい影響力を持った。

1．家族の外国人に対する評判に関する社会的背景・文化的背景からのアプローチ

　家族の外国人に対する風評はどのようにして生じたのだろうか。それは，その家族自身の生育過程でどのような国の文化が優位であったか，憧れを抱いていたかということがその意識の根底にあるのではないだろうか。今回の調査対象の大学生の親たちは，戦後すぐのベビーブームの世代に育った親たちである。幼少時から青年期にかけて，アメリカ文化の洗礼を受け，アメリカのライフスタイルに憧れをもった世代である。大学生たちの国際移動先にアメリカがトップにあげられたのは，このような二世代にわたる国際移動への志向が引き継がれたのではないだろうか。すなわち，国際移動への志向は，親から子への社会化によって育成される部分が大きいといえるだろう。家族の外国人に対する風評がどのように形成されたかに関しては，世代間の社会的背景やメディアなどの文化的背景，さらに居住する地域にどのような外国人が住んでいるか，どのような外国人が増加しているかに関して，さらに詳細な分析が必要である。

2．各発達段階における国際移動への志向の変化とその質的分析の必要性

　国際交流ボランティアに対するインタビュー調査からは，家族の風評の影響がずっと継続しつづけて，国際移動に対する志向を拘束しているわけではないことが明らかになった。家族から〈悪い評判〉を聞いた者も，学齢に達して外国人の友達も持つことによって〈外国人イメージ〉が更新され，逆に〈日本人が持つ外国人に対するイメージ〉を再考するようになる。

　また帰国子女から得たインタビュー調査においても，海外滞在経験時に得たコンボイとの交流が，〈家族や身近な人から発せられた外国人への差別的なイメージ〉に反発を感じさせ，家族や身近な人たちに意見するケースがいくつかあった。

　渡辺は「自らの文化とは対象的な価値観を持つ文化と対峙し，そこでの比較によって，自らの文化によって形づくられている自らのうちにあり普段気づか

終章　子どもの社会化と国際移動に影響を及ぼすもの

ない価値観や行動様式，感情様式に気づきを深める」と述べている（渡辺，2002, p.69）。このような〈異文化経験による自文化の再定義〉は，国際交流ボランティアや帰国生のインタビューケースにおいても語られた。地理的移動時に得たコンボイの影響から，異文化と自文化との再定義をすることによって，国際移動への志向性がさらに高まることもある。

移動を経験しない場合でも，国内における外国人をめぐるメディアの影響も，家族の外国人に対する風評を修正するきっかけとなる。国際交流ボランティアのインタビュー調査では家族による外国人の悪い風評を聞いていても，メディアによって，サッカーのスターやポピュラーソングの歌手，映画のスターなどの情報を得て，彼らに憧れ，さらにその国の外国人へと興味が広がって，それらの国々の人たちとの交流に繋がったケースもあった。彼らは家族からその国の外国人との交流を反対されながらも，積極的な交際をつづけ，将来はその国への国際移動を志している。

このように国際移動への志向は，発達段階において家族，コンボイ，メディアなどの多くの複合要因が絡み合って醸成されていると思われる。被調査者主体によって認識された外国文化のイメージも，メディアや家族，友達，周囲の人びとのイメージの影響を受け，成長に従ってそのイメージが変化していく。家族によって与えられた外国人のイメージがどのように変容していったか，それは成長のどの段階においてどのような要因がイメージの変容に影響を及ぼしたか，その答えを得るためには，成長の過程にそった質的な分析とともに，国際移動に影響を及ぼすメディアの分析が必要である。

3．国際移動への志向尺度の妥当性

〈海外就職〉，〈海外居住〉，〈海外留学〉，〈国際結婚〉，〈結婚相手の渡航に同行〉のそれぞれの回答結果から国際移動への志向性尺度を作成したが，〈国際移動〉の概念に関しては再検討が必要である。

国際結婚や結婚相手の渡航に同行するかに関しては，そもそも結婚をするか

どうかという価値観が前提となっており今回の尺度においては，〈結婚をする〉と回答した回答者のみが国際移動尺度の対象となった。海外就職，海外居住などに関しては，〈独身の間に行きたい〉と答えた者が最も多かったことを考えると，〈結婚をしない〉という回答者を国際移動尺度の構成から外したことは問題点が残る。

　〈海外就職〉，〈海外居住〉，〈海外留学〉，〈国際結婚〉，〈結婚相手の渡航に同行〉に関して高い相関関係が見出されたがこの5つのイベントの順序付けがどのように行われているかに関しては測定されなかった。インタビュー調査からは〈海外留学〉→〈海外就職〉→〈国際結婚〉または〈結婚相手の渡航に同行〉という順序がうかがえたが，統計的な調査で確認はできなかった。またこれらのイベントにどのような要因が影響して次の順序に進むかについては今後の課題として残った。

4．外国人との交流の質的問題の検討

　今後，グローバルな活動を広げる多国籍企業の発展とともに，社員の家族は海外へと同伴されるだろう。しかし多国籍企業が，世界のあらゆる国々にあたかも橋をかけるように，生産拠点や販売拠点を伸ばしても，その橋の袂の飛び地に社員たちが連鎖的に一箇所に居住するかぎり，家族の異文化接触の機会は少ない。人の交流は，それらの橋を通過するだけの一時的なものになってしまいがちであり，そこで体験された外国の文化は，認識した主体によって，一時的な体験によって構築されたものにすぎない。日本人の国際移動における海外経験は，このような一時的な経験の積み重ねに終わるのだろうか。それとも国際移動を何回も経験していく間に，異文化から自文化を見つめ直す機会を得て，〈日本文化〉そのものの認識自体を変える契機になるのだろうか。そのような変化を促す要因はどこにあるのだろうか。海外および国内における外国人との交流に関して，〈交流しているか，どうか〉といった経験の差からさらに〈どのような交流であるか〉といった質的な分析を深めて，その鍵となる要因を探

終章　子どもの社会化と国際移動に影響を及ぼすもの

したい。

5．内なる国際化がもたらす国際移動への志向

　日本は少子・高齢化社会といわれ，若年労働力は今後，急速に減少するといわれている。国内における若年労働力の不足は，国際移動によって若年労働力が流出することに，歯止めをかけるだろうか。筆者は，若者の国際移動への志向はますます高まり，高度熟練労働の担い手として国際移動するであろうと予測している。そして，その反面，国連やOECDが指摘するように，これまでのような日本への移民に対する規制は継続できなくなるであろう。日本へのアジアや発展途上国からの移民の増加は，日本に住む外国人の認識を変え，さらには日本の若者の国際移動への志向に変化をもたらすであろうか。すでに過疎が進んだ農村地域では国際結婚によってアジアの国からの花嫁が増加している。このような家族の国際化は，日本における外国人イメージの変化にどのように繋がるのであろうか。本論文のダブルスの調査の親は，欧米諸国と日本との国際結婚の組み合わせがほとんどであった。今後の課題として，アジアや日系人，発展途上国から来た人びとが多く暮らす地域の住民およびこれらの国々が親の出身国であるダブルスたちを対象とした調査を試みることによって，このような内なる国際化が国際移動にもたらす社会的効果を予測したい。

資料　質問紙調査・質問文

ここに第5章と第7章の質問紙調査の質問文を掲載する。
＊第5章の帰国子女受け入れ校対象の質問文は，第2章の関西地域の大学生への質問紙調査の質問文における基礎項目を高校生向きに一部追加・変更したものであり，第2章と第5章の質問文はほぼ重複するので，第5章の質問文のみ掲載した。
＊調査票における依頼文，調査倫理に関する事項などは省略した。

資料1　（第5章）帰国子女受け入れ校の質問紙調査・質問文

若者の外国人に対する意識調査

【基礎項目】
(1) (　　　) 年生　（帰国生・一般生）
(2) 年齢（　　　）歳　性別（男・女）　出身地（　　　）府・県・都
　　※外国籍の方は国籍を差し支えなければ記入してください。
　　　（　　　　　　　　　　　）
(3) 当てはまる符号を○で囲んでください。
　(3-1) 今いっしょに暮らしている人は
　　　ア）一人暮らし　イ）両親と同居　ウ）母親と同居　エ）父親と同居
　　　オ）友達と同居　キ）寮　　　　　ク）その他（　　　　　　）
　(3-2) あなたの御両親は，御存命ですか。
　　　ア）両親ともいる　イ）父親だけいる　ウ）母親だけいる　エ）両親ともいない
　　（父　　　　歳代・母　　　　歳代）

【高校までの外国人との交流～学校・家庭における人権教育について】
(4) あなたは高校までに，外国人の生活や人権について学んだことがありますか。当てはまるものすべてに○をつけてください。（○いくつも）
　ア）まったくない。
　イ）一部の教科の中で学習した。
　ウ）人権学習として，ホームルームや学校行事において話し合ったり，情報を得た。
　エ）その他（　　　　　　　　　　　　　　　　　）
(5) 教科として学習したことがあるのはどの教科ですか。当てはまるものすべてに○をつけてください。（○いくつも）
　ア）英語　イ）公民　ウ）倫理社会　エ）家庭科　オ）地理　カ）世界史
　キ）その他（　　　　　　　）ク）教科として学習しなかった。
(6) あなたがこれまで学んできた学校に外国人教師が勤務していましたか。あてはまるものいくつでも○をつけてください。（○いくつも）
　ア）小学校の時勤務　　　イ）中学校の時勤務　　　ウ）高校の時勤務

資料　質問紙調査・質問文

　　　エ）外国人教師に教わったことはない。
(7) 過去にあなたの家でホームステイなど引き受けたことがありますか．(○1つ)
　　　ア）ある　　イ）ない
(8) あなたの高校に毎外からの留学生はいましたか。(○1つ)
　　　ア）いない　　　　　　　　　イ）いるがほとんど話をしたことがない
　　　ウ）かなり親しくつきあった　　エ）その後も友達として親しくしている
　(8-1) 8でイ）ウ）エ）と答えた人に聞きます。どこの国の人でしたか。(○いくつでも)
　　　　ア）東南アジア（タイ・インドネシア・フィリピンなど）
　　　　イ）インド・パキスタン
　　　　ウ）中近東諸国（イラン・イラクなど）　　エ）ロシア・東ヨーロッパ
　　　　オ）西ヨーロッパ諸国（フランス・ドイツ・イギリスなど）
　　　　カ）オーストラリア・ニュージーランドなど
　　　　キ）中南米諸国（ブラジル・アルゼンチンなど）　　ク）アメリカ
　　　　ケ）カナダ　　コ）中国　　サ）韓国　　シ）台湾
　　　　ス）アフリカ諸国　　セ）その他（　　　　　　　）
(9) あなたはこれまで外国人について家族の考えを聞いたことがありますか。一つだけ○をつけてください。(○1つ)
　　　ア）特定の国の外国人についてよくない風評を聞いたことがある
　　　イ）外国人一般についてよくない風評を聞いたことがある
　　　ウ）外国人一般についてよい風評を聞いた
　　　エ）特定の国の外国人についてよい風評を聞いた
　　　オ）家族と外国人について話したことはあまりない
(10) 外国人についての家族の考えを初めて聞いたのはいつですか。(○1つ)
　　　ア）小学校入学以前　　イ）小学校低学年　　ウ）小学校高学年　　エ）中学校時代
　　　オ）高校時代　　カ）短大もしくは大学時代　　ク）話したことはない

【現在の外国人との交流〜異文化理解について】
(11) あなたは大学，職場または近所などで，現在外国人と親しく接していますか。(○1つ)
　　　ア）現在親しくしている　　　　イ）過去に親しく接した経験がある
　　　ウ）過去にも接した経験がない
　(11-1) 11でア）とイ）と答えた人に聞きます。どこの国の人ですか。あてはまるものにいくつでも○をつけてください。(いくつでも○)
　　　　ア）東南アジア（タイ・インドネシア・フィリピンなど）
　　　　イ）インド・パキスタン
　　　　ウ）中近東諸国（イラン・イラクなど）　　エ）ロシア・東ヨーロッパ
　　　　オ）西ヨーロッパ諸国（フランス・ドイツ・イギリスなど）
　　　　カ）オーストラリア・ニュージーランドなど
　　　　キ）中南米諸国（ブラジル・アルゼンチンなど）　　ク）アメリカ
　　　　ケ）カナダ　　コ）中国　　サ）韓国　　シ）台湾
　　　　ス）アフリカ諸国　　セ）その他（　　　　　　　）
　(11-2) 11でア）とイ）と答えた人に聞きます。そうした外国人に対してどのような感じを

持ちましたか。（○1つ）
　　　ア）かえって日本人より付き合いやすい　　イ）特に日本人と変わらない
　　　ウ）多少違和感がある　　エ）日本人と比べてつきあいにくい　　オ）その他
(11-3) 11でウ）と答えた人に聞きます。今後外国人と接する機会を持ちたいですか。
（○1つ）
　　　ア）持ちたい　　　　イ）持ちたくない　　　　ウ）わからない
(12) 帰国生の方にお聞きします。帰国して何年たちましたか。（○1つ）
　　　ア）1年から2年　　　　イ）3年から4年　　　ウ）5年から6年以上
(13) 外国人と接する機会を持つことはあなたにとってどんな意味がありますか。（○1つ）
　　　ア）生活に変化が生じ，面白味が増すから
　　　イ）視野が広がったり，国際的な思考や感覚を身に付けられるから
　　　ウ）なんとなく楽しそうだから
　　　エ）その他（　　　　　　　　　　　　　）オ）わからない。
(14) 外国人と接するとき不安に思うことがあるとすれば　（○いくつでも）
　　　ア）言葉が異なるので会話が難しいから
　　　イ）文化的背景が異なるため常識が通用しないから
　　　ウ）なんとなく気詰まりに感じるから
　　　エ）その他（　　　　　　　　）オ）不安なし
(15) あなたはいままで下記の経験がありますか。（○いくつでも）
　　　ア）海外団体旅行　　イ）海外個人旅行　　ウ）語学研修（1カ月以内）
　　　エ）海外留学（1カ月以上1年以内）　オ）海外留学（1年以上）
　　　カ）海外居住（　　年）　キ）その他（　　　　　　　　）ク）経験なし
(16) どこへ行かれましたか。（○いくつでも）
　　　ア）東南アジア（タイ・インドネシア・フィリピンなど）
　　　イ）インド・パキスタン
　　　ウ）中近東諸国（イラン・イラクなど）　エ）ロシア・東ヨーロッパ
　　　オ）西ヨーロッパ諸国（フランス・ドイツ・イギリスなど）
　　　カ）オーストラリア・ニュージーランドなど
　　　キ）中南米諸国（ブラジル・アルゼンチンなど）　　　ク）アメリカ
　　　ケ）カナダ　　コ）中国　　サ）韓国　　シ）台湾
　　　ス）アフリカ諸国　セ）その他（　　　　　　　）

【外国人のイメージ】
(17) あなたが街で通りすがりに外国人と気がつくのは次のどの点からですか。あてはまるもの
　　すべてに○をつけてください。（○いくつでも）
　　　ア）外見（目鼻立ちや頭髪，目の色など）
　　　イ）言葉（外国語を話している・日本語がたどたどしいなど）
　　　ウ）ジェスチャー（身振り，手振りが大きい）
　　　エ）服装　　オ）体つき（身長が高いなど）　カ）その他（　　　　　　　　）
(18) 外国人と気がついた時，下記のような行動をとったことがありますか。当てはまるものす
　　べてに丸をつけてください。（○いくつでも）

資料　質問紙調査・質問文

　　ア）思わず，振り返ったり，視線がいってしまった
　　イ）英語で話しかけた。（ハローなど）　　ウ）困ったことがあったら助けようとした
　　エ）外国語で話されると困るので避けた　　オ）特に意識しなかった。
　　カ）その他（　　　　　　　　　　　　　　）
(19)「日本で働く外国人」と聞いて，あなたがすぐ思い浮かべるのは，どのような種類の仕事に従事する外国人ですか。男の人の仕事に○，女の人の仕事に◎，男女共に従事している仕事には，●をつけてください。（○，◎，●いくつでも）
　　ア）医師，弁護士，大学教授といった専門職に従事する人
　　イ）外資系企業の経営者や管理者　　ウ）飲食店，小売店等を経営する人
　　エ）コンピューターなどの高度な技術を活かして就職する人
　　オ）外国語教師　　カ）コック等の外国人特有の技能を活かして就職する人
　　キ）一般事務員として日本の企業に採用される人
　　ク）風俗営業の店舗などで接客業に従事する人
　　ケ）工場，土木建築作業場などで単純労働に従事する人
　　コ）宣教師などの宗教関係者　　サ）その他（　　　　　　　　　　　　　　　　　）
(20)「日本で働く外国人」と聞いて，あなたがすぐに思い浮かべるのは，どのような生活水準の人ですか。（○1つ）
　　ア）平均的日本人より生活水準の高い人　　イ）平均的日本人より生活水準のやや高い人
　　ウ）平均的日本人と同程度の生活水準の人　　エ）平均的日本人より生活水準のやや低い人
　　オ）いろいろな生活水準の人がいる　　カ）わからない

【外国人労働者問題に対する意識～マイノリティーの人権】
(21) 今後，日本で働く外国人が増加するとすれば，それはどのような理由からだと思いますか。あてはまるものにいくつでも選んでください。（○いくつでも）
　　ア）円高によって日本が働く場としてますます魅力ある場所となるから
　　イ）諸外国と経済上の相互依存が進み，それに伴って国際間の人の交流が盛んになるから
　　ウ）高齢化・就業構造の変化等の要因により，日本で労働力の不足する分野が増えてくるから
　　エ）日本で外国人が働くことを多く認めさせようとする外国の圧力か高まるから
　　オ）先進国と発展途上国の経済的格差が進み，資源や労働力を安く使われた国の人たちが出稼ぎにくるから
　　カ）宗教や民族の違いによる局地紛争の結果，貧しくなった人達が日本に働く場を求めてくるから
　　キ）その他（　　　　　　　　　　　　　　　　　　）
(22) 一般に外国の人が日本国内で就職することについてどう思いますか。一番あなたの意見に近いものを一つ選んでください。（○1つ）
　　ア）外国人が就職する時それだけ日本人の就職が影響を受けるので就職を認めるべきではない
　　イ）一定水準以上の知識・能力を持っている者の就職は認めてもよい
　　ウ）外国人にしかできないような職業に限って就職を認めてもよい
　　エ）必要ならば職業の区別なく就職を認めてよい
(23) 日本人が就きたがらない職業に，外国人が就くことについてどう思いますか。（○1つ）
　　ア）外国人に押し付けるのはよくない　　イ）良くないことだがやむを得ない

287

ウ）本人が就きたがっている場合はどんどん就いてもらうのがよい

（24）日本に居住している外国人が不利益な取り扱いを受けることがありますが，あなたは下記のことについてどう思いますか。（○1つ）

(24-1) 日本人と同じ医療が受けられない場合がある。（滞在超過の時など）
　　　　ア）仕方がない　　イ）どちらともいえない　　ウ）改善すべきである

(24-2) 就ける職業が限定されている。
　　　　ア）仕方がない　　イ）どちらともいえない　　ウ）改善すべきである

(24-3) 滞在期間が非永住者の場合決められている。
　　　　ア）仕方がない　　イ）どちらともいえない　　ウ）改善すべきである

(24-4) 参政権がない。
　　　　ア）仕方がない　　イ）どちらともいえない　　ウ）改善すべきである

（25）あなたは，日ごろ外国人の人とどの程度，顔を合わせる機会がありますか。この中から，一つだけ，答えてください。（○1つ）
　ア）日常的な生活を通じてつきあう機会がある
　イ）たまに挨拶したり話をすることがある
　ウ）職場や近所など身近なところで見かける程度である
　エ）たまに街や電車などで見かけることがある
　オ）ほとんど，見かけることはない　　カ）その他（　　　　　　　　　　）

（26）あなたは最近身の回りに外国の人が増加してきていると感じますか。この中から，一つだけ，答えてください。（○1つ）
　ア）大いに感じる　　イ）ある程度感じる　　ウ）あまり感じない　　エ）ほとんど感じない

（27）観光客として入国した外国人がその後ビザがきれて滞在することについてどう思いますか。（○1つ）
　ア）良くないことだ　　イ）良くないが，やむを得ない
　ウ）就労ビザの条件が厳しすぎるので仕方ない　　エ）わからない

(27-1) 27でア）と答えた人に聞きます。良くないことだと思う理由は何ですか。（○いくつでも）
　ア）日本の法令に違反するから　　イ）日本の失業者が増えるから
　ウ）治安，風紀が悪くなる　　エ）低賃金で雇用されるから
　オ）外国人の人権が侵害されたり，犯罪に巻き込まれたりするから
　カ）その他（　　　　　　　　　　）

(27-2) 27でイ）ウ）と答えた人に聞きます。そのように思う理由は何ですか。（○いくつでも）
　ア）働いているということは，日本がその人の労働力を必要としているのだから
　イ）その人が得たお金で家族が暮らして行けるから
　ウ）その外国人の国が外貨収入によって豊かになるから
　エ）高収入を求めて日本にくるのは当然だから
　オ）その人がその仕事に納得しているから
　カ）その他（　　　　　　　　　　）

（28）あなたの近所に外国人が住んでいますか。（○1つ）

ア）近所では見たことない　　　　　イ）ほとんど見かけない
　　　ウ）少し住んでいるようである　　　エ）たくさん住んでいる
(28-1) 28でイ）ウ）エ）と答えた人に聞きます。どこの国の人ですか。(○いくつでも)
　　　ア）東南アジア（タイ・インドネシア・フィリピンなど）
　　　イ）インド・パキスタン
　　　ウ）中近東諸国（イラン・イラクなど）　　エ）ロシア・東ヨーロッパ
　　　オ）西ヨーロッパ諸国（フランス・ドイツ・イギリスなど）
　　　カ）オーストラリア・ニュージーランドなど
　　　キ）中南米諸国（ブラジル・アルゼンチンなど）　　ク）アメリカ
　　　ケ）カナダ　　　コ）中国　　　サ）韓国　　　シ）台湾
　　　ス）アフリカ諸国　　セ）その他（　　　　　　　　　　　）
(29) 日本に住んでいる外国人をその国の代表として判断することに賛成ですか。(○1つ)
　　　ア）賛成　　イ）やや賛成　　ウ）やや反対　　エ）反対
(30) 下記の意見についてあなたの意見に近いものに○をつけてください。(○1つ)
　(30-1) 結婚は個人の自由であるから人は結婚してもしなくてもどちらでもよい。
　　　　　ア）賛成　　イ）どちらかといえば賛成　　ウ）どちらかといえば反対　　エ）反対
　(30-2) 夫は外で働き，妻は家庭を守るべきである。
　　　　　ア）賛成　　イ）どちらかといえば賛成　　ウ）どちらかといえば反対　　エ）反対
　(30-3) 結婚したら，自分自身のことより家族のことを中心に考えて生活した方がよい。
　　　　　ア）賛成　　イ）どちらかといえば賛成　　ウ）どちらかといえば反対　　エ）反対
　(30-4) 住んでいる国の生活習慣や文化に適応することが，外国暮らしの成功への第一歩である。
　　　　　ア）賛成　　イ）どちらかといえば賛成　　ウ）そちらかといえば反対　　エ）反対

【将来における国際交流の可能性〜海外就職・国際結婚・海外居住・留学について】
(31) あなたは家族のメンバーと人生上の重要な決定についてこれから話し合うことがありますか。(○1つ)
　　　ア）常に相談する　　　　　イ）場合によって相談する
　　　ウ）ほとんど相談しない　　エ）相談しない
(32) あなたは友人と人生上の重要な決定についてこれから話し合うことがありますか。
　　　(○1つ)
　　　ア）常に相談する　　　　　イ）場合によって相談する
　　　ウ）ほとんど相談しない　　エ）相談しない
(33) あなたは，社会に出て成功するのに重要なのは何だと思いますか。(○いくつでも)
　　　ア）個人の才能　　イ）個人の努力　　ウ）身分・家柄・親の地位
　　　エ）学歴　　　　　オ）運やチャンス　　カ）その他
(34) もしあなた自身が卒業後，海外に就職する機会があるとしたらどうしますか。(○1つ)
　　　ア）どのような状況でも行く　　イ）場合によって行く
　　　ウ）できるなら国内にいたい　　エ）絶対，日本を離れたくない
　(34-1) 34でア）とイ）と答えた人に聞きます。下記のどの国に一番行きたいですか。
　　　　　(○いくつでも)
　　　　　ア）東南アジア（タイ・インドネシア・フィリピンなど）

イ）インド・パキスタン
ウ）中近東諸国（イラン・イラクなど）　　エ）ロシア，東ヨーロッパ
オ）西ヨーロッパ諸国（フランス・ドイツ・イギリスなど）
カ）オーストラリア・ニュージーランドなど
キ）中南米諸国（ブラジル・アルゼンチンなど）　　ク）アメリカ
ケ）カナダ　　コ）中国　　サ）韓国　　シ）台湾
ス）アフリカ諸国　　セ）その他（　　　　　）

(34-2) 34でア）とイ）と答えた人に聞きます。下記のどのような時期に渡航したいですか。（○1つ）
ア）独身の時　　イ）結婚後子どもを持つ前
ウ）子どもを持った後　　エ）いつでもよい

(34-3) 34でア）とイ）と答えた人に聞きます。どうして行きたいのですか。（○いくつでも）
ア）視野が広がり，国際的思考や感覚が身につけられるから
イ）生活に変化が生じ面白味が増すから
ウ）語学が堪能になり国際的キャリアができるから
エ）職業上の地位が上がるから
オ）高い報酬が期待できるから
カ）新しい土地で自分の可能性を試すことができるから
キ）会社の人事命令に従わねばならないから
ク）その他（　　　　　　　　　）

(35) 海外就職に不安があるとしたらどのようなものですか。なぜですか。（○いくつでも）
ア）語学ができない　　イ）取り引き・業務の習慣が違う
ウ）収入の不安　　エ）ネイティブとの人間関係
オ）雇用形態の違い　　カ）社会保障の仕組みの違い
キ）ビザの取得　　ク）その他（　　　　　　　　）　　ケ）不安はない

(36) 将来，結婚相手が海外に行くことになったら，あなたはどうしますか。（○1つ）
ア）どのような状況でも行く　　イ）場合によっていく
ウ）できるなら国内にいたい　　エ）絶対，日本を離れたくない
オ）結婚しないつもりだ

(37) あなたの結婚について，聞きます。（○1つ）
ア）外国人と結婚したい　　イ）外国人との結婚も考えられる
ウ）どちらかというと日本人と結婚したい　　エ）外国人とは結婚したくない
オ）誰とも結婚しないつもりである。

(37-1) 37でア）とイ）と答えた人に聞きます。なぜですか。（○いくつでも）
ア）結婚は個人の問題で国籍は関係ないから
イ）国際化の進んでいる今日，相互の文化を理解できるから
ウ）たとえ外国に住むことになっても行き来が自由にできるから
エ）日本以外の国籍がとれるから
オ）なんとなくかっこいいから

　　　　　カ）その他（　　　　　　　　）
(37-2) 37でア）とイ）と答えた人に聞きます。どこの国の人だったら結婚しようと思いますか。（○いくつでも）
　　　　　ア）東南アジア（タイ・インドネシア・フィリピンなど）
　　　　　イ）インド・パキスタン
　　　　　ウ）中近東諸国（イラン・イラクなど）　　エ）ロシア・東ヨーロッパ
　　　　　オ）西ヨーロッパ諸国（フランス・ドイツ・イギリスなど）
　　　　　カ）オーストラリア・ニュージーランドなど
　　　　　キ）中南米諸国（ブラジル・アルゼンチンなど）　　ク）アメリカ
　　　　　ケ）カナダ　　　コ）中国　　　サ）韓国　　　シ）台湾
　　　　　ス）アフリカ諸国　　セ）その他（　　　　　　　　）
(37-3) 37でア）とイ）と答えた人に聞きます。人種にこだわりますか。（○1つ）
　　　　　ア）こだわる（　　　　　　　人種であればよい）　　イ）わからない
　　　　　ウ）こだわらない
(38) もし国際結婚で不安な点があるとしたら下記のどの点ですか。（○いくつでも）
　　　ア）戸籍などの法律関係　　イ）自分の家族の反対　　ウ）夫婦の言葉の違い
　　　エ）社会的差別　　　　　　オ）子どもがいじめられないか
　　　カ）生活習慣や文化の違い　キ）外国で暮らす可能性　　ク）相手の家族の反対
　　　ケ）子どもの教育　　　　　コ）子どもの言葉の問題　　サ）経済的問題
　　　シ）宗教上の問題　　　　　ス）その他（　　　　　　　）　セ）不安なし
(39) 海外に住居を持つ人，移住したい人がいます。あなたはどうですか。（○1つ）
　　　ア）外国にいつか永住したいと思っている
　　　イ）人生のある時期暮らすことは考えている
　　　ウ）別荘のような形で行ったり来たりできたらよい
　　　エ）生まれ育った日本を離れたくない
　　　オ）その他（　　　　　　　　　　　　　　　　）
(40) 外国に住む不安はどのようなものですか。（○いくつでも）
　　　ア）言葉の問題があるから
　　　イ）風俗や習慣が違うから
　　　ウ）経済的に問題が生じるだろうから
　　　エ）外国人として人権侵害の心配があるから
　　　オ）自分の両親や親戚に会う頻度が少なくなるから
　　　カ）病気になった時心配だから
　　　キ）治安の問題があるので犯罪にまきこまれるから
　　　ク）子どもの教育に支障がでる
　　　ケ）その他（　　　　　　　　　　　）
　　　コ）不安なし
(41) 人生のどの時期に海外に住みたいと思いますか。（○1つ）
　　　ア）独身中　　　　　　　　イ）結婚して子どもなしの時
　　　ウ）結婚して子どもありの時　エ）自分または配偶者の退職後　　オ）住みたくない

(42) どこの国に住みたいですか。(○いくつでも)
　　ア) 東南アジア (タイ・インドネシア・フィリピンなど)
　　イ) インド・パキスタン
　　ウ) 中近東諸国 (イラン・イラクなど)　　エ) ロシア・東ヨーロッパ
　　オ) 西ヨーロッパ諸国 (フランス・ドイツ・イギリスなど)
　　カ) オーストラリア・ニュージーランドなど
　　キ) 中南米諸国 (ブラジル・アルゼンチンなど)　　ク) アメリカ
　　ケ) カナダ　　コ) 中国　　サ) 韓国　　シ) 台湾
　　ス) アフリカ諸国　　セ) その他 (　　　　)　　ソ) 外国に住みたくない

(43) 海外に留学したいですか。(○1つ)
　　ア) したい　　イ) したくない　　ウ) わからない

(43-1) 43でア) と答えた人に聞きます。留学したい学校の種類は (○1つ)
　　　ア) 大学　　イ) 大学院　　ウ) コミュニティーカレッジ
　　　エ) 専門学校　　オ) 高校

(43-2) 43でア) と答えた人に聞きます。留学の時期は (○1つ)
　　　ア) 大学 (短大) 在学中　　イ) 大学 (短大) 卒業後就職するまで
　　　ウ) 初職在職中　　エ) 初職退職後再就職するまで
　　　オ) 高校在学中　　カ) 高校卒業後　　キ) その他 (　　　　　　)

(43-3) 43でア) と答えた人に聞きます。どこに留学したいですか。(○いくつでも)
　　　ア) 東南アジア (タイ・インドネシア・フィリピンなど)
　　　イ) インド・パキスタン
　　　ウ) 中近東諸国 (イラン・イラクなど)　　エ) ロシア・東ヨ-ロッパ
　　　オ) 西ヨーロッパ諸国 (フランス・ドイツ・イギリスなど)
　　　カ) オーストラリア・ニュージーランドなど
　　　キ) 中南米諸国 (ブラジル・アルゼンチンなど)　　ク) アメリカ
　　　ケ) カナダ　　コ) 中国　　サ) 韓国　　シ) 台湾
　　　ス) アフリカ諸国　　セ) その他 (　　　　)

(43-4) 43でア) と答えた人に聞きます。どうして留学したいですか。(○いくつでも)
　　　ア) 視野を広げて国際的思考や感覚を身につけたいから
　　　イ) 語学が堪能になりたいから
　　　ウ) 専門知識を深めたいから
　　　エ) 専門技術を身につけたいから
　　　オ) 日本では勉強できない新しい分野を勉強したいから
　　　カ) 国際的な資格を取りたいから
　　　キ) 海外で就職したいから
　　　ク) 海外で学位をとりたいから
　　　ケ) 外国で大学生活をしてみたいから
　　　コ) その他 (　　　　　　　　　　　　　　　　)

(44) 海外留学に対して不安はありますか。(○いくつでも)
　　ア) 語学面での問題

イ）日本の大学（短大）で取得した単位の有効性
ウ）学費，生活費などの経済的問題
エ）授業のスピードや方法における日本の大学との差
オ）日本の就職活動における留学の有効性
カ）治安の問題
ク）その他（　　　　　　　　　　　　　　　　）
ケ）不安なし

　　　　　　　ご協力ありがとうございました。

資料2　（第7章）国際結婚を考える会会員への質問紙調査・質問文

国際結婚から生まれた子どもの二重国籍についての調査
―子ども用―

問1　あなたの性別を教えてください。
　　（1）男　　　　　（2）女
問2　あなたの年齢を教えてください。
　　〔　　　〕歳
問3　日本以外の国（外国）に住んだことがありますか。
　　（1）外国に住んだことがある→〔　歳から　歳まで　　国で　年間〕
　　　　　　　　　　　　　　　　　〔　歳から　歳まで　　国で　年間〕
　　　　　　　　　　　　　　　　　〔　歳から　歳まで　　国で　年間〕
　　（2）外国に住んだことはない
　　問3-1【（1）と答えた人に】外国の学校へ行ったことがありますか。
　　　（1）外国の学校へ行った　　〔　歳から　歳まで　　国で　年間〕
　　　　　　　　　　　　　　　　〔　歳から　歳まで　　国で　年間〕
　　　　　　　　　　　　　　　　〔　歳から　歳まで　　国で　年間〕
　　　（2）日本人補習校へ行った　〔　歳から　歳まで　　国で　年間〕
　　　（3）日本人学校へ行った　　〔　歳から　歳まで　　国で　年間〕
　　　（4）学校へいったことがない
問4　あなたは今，学校へ行っていますか。
　　（1）はい，日本の公立学校へ行っている
　　（2）日本の私立学校へ行っている
　　（3）はい，インターナショナルスクール（英語教育中心）へ行っている
　　（4）はい，その他の外国の学校（韓国，朝鮮，中国，ドイツ，フランス語など教育中心）へ行っている
　　（5）いいえ，学校へ行っていない（家庭で勉強している）
　　（6）卒業しました

問4-1【(1)(2)(3)(4)と答えた人に】あなたが行っている学校の種類は
 (1) 小学校　　(2) 中学校　　(3) 高校　　(4) 短大　　(5) 大学
 (6) 大学院　　(7) その他〔　　　　　　　　　　〕
問4-2【(5)と答えた人に】最後にいた学校の種類を教えてください。
 (1) 日本の公立学校　　(2) 日本の私立学校　　(3) 外国の学校
 (4) インターナショナルスクール　　(5) その他〔　　　　　　　　　　〕
問4-3【(6)と答えた人に】すでに卒業した人は最後の学歴を教えてください。
 (1) 小学校　　(2) 中学校　　(3) 高校　　(4) 短大　　(5) 大学
 (6) 大学院　　(7) その他〔　　　　　　　　　　〕

問5　（日本の学校へ行った人にお聞きします）あなたは，日本の学校に満足していますか。
 (1) 満足　　(2) やや満足　　(3) やや不満足　　(4) 不満足

問6　あなたは今働いていますか。
 (1) 働いていない　　(2) アルバイトをしている　　(3) 正社員で働いている
 (4) 家で仕事をしている　　(5) その他〔　　　　　　　　　　〕
問6-1【(2)(3)と答えた人に】どのようなところで働いていますか。
 (1) 日本の会社　　(2) 外資系の会社　　(3) その他〔　　　　　　〕

問7　あなたは，将来外国へ行って働くことを考えていますか。
 (1) はい，ぜひそうしたい　　(2) はい，時々そう思う　　(3) あまり考えない

問8　あなたのお父さんの国（出身国）はどこですか。
 〔　　　　　　　　　　　　〕

問9　あなたのお母さんの国（出身国）はどこですか。
 〔　　　　　　　　　　　　〕

問10　あなたは日本とその国（外国）をどのくらいいったりきたりしていますか。
 (1) 1年に何度も　　(2) 1年に1回ぐらい　　(3) 2年から3年に1度
 (4) 5年に1回ぐらい　　(5) あまり外国にいかない　　(6) ぜんぜん行かない

問11　あなたが，お父さんやお母さんの国（外国）を訪ねるのはなぜですか。（○はいくつでも）。
 (1) 父（または母）がいるから　　(2) 祖父母など親戚がいるから
 (3) 前に住んでいてなつかしいから　　(4) 将来住むことを考えているから
 (5) 家族が行くから　　(6) その国の文化・言葉を学びたいから
 (7) その他〔　　　　　　　　　　　　　〕

問12　あなたは，学校（または職場）でいつもどんな名前で呼ばれますか。
 (1) 日本の名前　　(2) 外国の名前　　(3) どちらの名前も使う

問13　あなたは，家ではいつもどんな名前で呼ばれますか。
 (1) 日本の名前　　(2) 外国の名前　　(3) どちらの名前も使う

問14　あなたは今，誰といっしょに住んでいますか。あてはまる人の番号に○をつけてください（○はいくつでも）。
 (1) 母　　(2) 父　　(3) 兄弟（姉妹）　　(4) 母のほうのおばあさん
 (5) 母のほうのおじいさん　　(6) 父のほうのおばあさん
 (7) 父のほうのおじいさん　　(8) その他〔　　　　　　　　　　〕

資料　質問紙調査・質問文

問 14-1　あなたの家族で，外国に住んでいる人は誰ですか．番号を書いてください．
　　　　（　　　　　　　　　　　　　　　　　　　　　　　　　　　　　　　）
問 15　あなたは，学校（または職場）では，現在どの言葉を使いますか（○はいくつでも）．
　　　（1）日本語　　（2）母の国の言葉　　（3）父の国の言葉　　（4）その他〔　　　　〕
問 16　あなたは，家では現在，どの言葉を使いますか（○はいくつでも）．
　　　（1）日本語　　（2）母の国の言葉　　（3）父の国の言葉　　（4）その他〔　　　　〕
問 17　あなたは，外国の言葉（お父さんかお母さんの国の言葉）をお父さんやお母さんから教わったことがありますか．
　　　（1）教わっていない　　（2）過去に教わった　　（3）現在も教わっている
問 18　あなたは，外国の文化（お父さんかお母さんの国の民族衣装や料理など）をお父さんやお母さんから教わったことがありますか．
　　　（1）教わっていない　　（2）過去には教わった　　（3）現在も教わっている
問 19　外国の人達が，あなたの家に来たりすることは多いですか．
　　　（1）現在も行き来している　　（2）過去には行き来があった　　（3）行き来していない
問 20　あなたは，外国の文化（お父さんかお母さんの国の文化）に興味がありますか．
　　　（1）興味がある　　（2）すこしある　　（3）あまりない　　（4）興味がない
問 21　あなたの住んでいる地域は，いろいろな国から来た人達が多いところですか．
　　　（1）多い　　（2）どちらかといえば多い　　（3）どちらかといえば少ない　　（4）少ない
問 22　あなたの学校（職場）は，いろいろな国から来た人達が多いですか．
　　　（1）多い　　（2）どちらかといえば多い　　（3）どちらかといえば少ない　　（4）少ない
問 23　あなたは，これまで他の人と外見（髪の色，目鼻立ちなど）が違うということで注目されたり，特別扱いされたことがありますか．
　　　（1）何度もある　　（2）時々ある　　（3）あまりない　　（4）まったくない
　　問 23-1【(1)(2) と答えた人へ】あなたはその時どのように思いましたか．
　　　　　　（1）いやな思いをした　　（2）なんとも思わなかった　　（3）注目されてよかった
　　問 23-2【(1)(2) と答えた人へ】あなたはその時にどのようにしましたか．
　　　　　　（1）話して特別扱いをやめさせた　　（2）わかってもらえないと思い無視した
　　　　　　（3）そのままで我慢した　　（4）その他〔　　　　　　　　　　　　〕
問 24　あなたは，外国へ行ったり，日本に帰ってきたりして言葉や生活習慣に慣れるのに苦労したことがありますか．
　　　（1）あった　　（2）時にあった　　（3）ない
問 25　あなたは，何度くらい海外引越し（日本から外国へ・外国から日本への引越し）をしましたか．
　　　（1）1回　　（2）2回　　（3）3回　　（4）4回以上　　（5）引越ししたことがない
問 26　あなたは今後いろいろな国に住むことについてどのように思いますか．
　　　（1）ぜひ住みたい　　（2）できれば住みたい　　（3）できればここにいたい
　　　（4）住みたくない
問 27　あなたは，国籍をいくつ持っていますか．
　　　（1）一つ　　（2）二つ　　（3）三つ以上　　（4）わからない

問28 22歳までにどちらの国か一つを選ぶ法律があるのを知っていましたか。
　　（1）知らない　　（2）知っていた
問29 あなたは父と母の国籍を両方持つことについてどう思いますか。
　　（1）二つ持つことは当然だ　　　　　　（2）選択して日本の国籍一つでいい
　　（3）選択して外国の国籍一つでいい　　（4）できれば二つ持つことが好ましい
　　（5）わからない
問30 国籍を二つ持つことによって，どのようないい点がありますか。（○はいくつでも）
　　（1）両方の国に住むことができる　　　（2）両方の国で働くチャンスがある
　　（3）父母両方の親戚とつきあえる　　　（4）両方の国の文化・言葉を学べる
　　（5）留学することができる　　　　　　（6）二つの国のかけ橋になれる
　　（7）自分のルーツとして自然なことだから　（8）宗教上もう一つの国籍が必要
　　（9）自由に二つの国を行き来できる　　（10）国際的視野が広がる
　　（11）その他〔　　　　　　　　　　　　　　　　　　　　　　　　〕
　　（12）いい点はない
問31 国籍が二つになることで困ることがありますか（○はいくつでも）。
　　（1）自分の祖国がどちらか迷う
　　（2）二つの国の法律を守らなくてはならない
　　（3）二つの国の板ばさみになる（オリンピックの応援，親のけんかなど）
　　（4）軍隊に入るなど日本にない義務が心配だ　（5）二カ国語の学習が困難
　　（6）二つの国の関係が悪くなると困る
　　（7）その他〔　　　　　　　　　　　　　　　　　　　　　　　　〕
　　（8）困ることはない。
問32 あなたは，早く親から独立して一人前になりたいと思っていますか。
　　（1）いつも考える　　（2）時々考える　　（3）あまり考えたことはない
　　（4）考えたことはない
問33 あなたの育て方について，お父さんとお母さんの間で意見が違うことがありますか。
　　（1）いつもある　　（2）ときどきある　　（3）あまりない　　（4）まったくない
問34 次の①から⑥についてあなたはどのくらい大切に考えていますか。
①日本の暮らし方
　　　（1）非常に大切　　（2）まあ大切　　（3）あまり大切でない　　（4）大切でない
②お父さんかお母さんの国の暮らし方
　　　（1）非常に大切　　（2）まあ大切　　（3）あまり大切でない　　（4）大切でない
③学校のきまりを守る
　　　（1）非常に大切　　（2）まあ大切　　（3）あまり大切でない　　（4）大切でない
④友達を大切にする
　　　（1）非常に大切　　（2）まあ大切　　（3）あまり大切でない　　（4）大切でない
⑤家族のきまりを守る
　　　（1）非常に大切　　（2）まあ大切　　（3）あまり大切でない　　（4）大切でない
⑥近所の人にあったらあいさつをする
　　　（1）非常に大切　　（2）まあ大切　　（3）あまり大切でない　　（4）大切でない

⑦それぞれの国の文化を尊ぶ国際的な考え
  （1）非常に大切 （2）まあ大切 （3）あまり大切でない （4）大切でない
問 35 あなたは①から⑤のことについてどのくらい思っていますか。
①自分という人間を気に入っている。
  （1）とてもそう思う （2）まあそう思う （3）あまり思わない （4）まったく思わない
②自分のいろいろな能力をのばしたい
  （1）とてもそう思う （2）まあそう思う （3）あまり思わない （4）まったく思わない
③自分の将来に夢や希望を持っている
  （1）とてもそう思う （2）まあそう思う （3）あまり思わない （4）まったく思わない
④自分にとって大切なことは自分で決められる
  （1）とてもそう思う （2）まあそう思う （3）あまり思わない （4）まったく思わない
⑤人前で自分の意見をきちんと述べることができる
  （1）とてもそう思う （2）まあそう思う （3）あまり思わない （4）まったく思わない
問 36 あなたの友達はいろいろな国からきた人が多いですか。
  （1）多い （2）まあ多い （3）あまりいない。 （4）いない
問 37 家族といるとほっとしますか。
  （1）とてもそう思う （2）まあそう思う （3）あまり思わない （4）まったく思わない
問 38 自分の住んでいる家の近くや地域についてどのように思っていますか。
  （1）ずっと永く住みたい （2）あまり永く住みたくない （3）引越しをしたい
問 39 あなたは関係する国が二つあることについてどのように考えますか。自由な意見をお書きください。

ご協力ありがとうございました。

*

国際結婚による二重国籍についての調査
―国際結婚をしている人用―

問 1 あなたの性別を教えてください。
  （1）男   （2）女
問 2 あなたの年齢とあなたのパートナーの年齢をおしえてください。
  （1）あなたの年齢 〔   〕歳
  （2）パートナーの年齢 〔   〕歳
問 3 日本に住んだことがありますか。
  （1）日本にずっと住んでいる
  （2）日本に住んでいる〔 歳から 年〕が．

　　　　　以前は外国〔　　　　　　　　〕にいた〔　　歳から　　年〕
問4　あなたの最終学歴は
　　（1）日本の学校を卒業　　　　　　　　（2）外国の学校を卒業
　　（3）インターナショナルスクールを卒業　（4）その他
　問4-1　その学校の種類は
　　　（1）小学校　（2）中学校　（3）高校　（4）短大　（5）大学　（6）大学院
　　　（7）その他〔　　　　　　　　　　〕
問5　あなたは今働いていますか。
　　（1）働いていない　（2）アルバイトをしている　（3）正社員で働いている
　　（4）家で仕事をしている　（5）その他〔　　　　　　　　　　　　〕
　問5-1【（2）（3）と答えた方へ】どのような会社で働いていますか。
　　　　（1）日本の会社　（2）外資系の会社　（3）その他〔　　　　　　　〕
問6　あなたの出身国はどこですか。
　　〔　　　　　　　　　　　　　　〕
　問6-1　パートナーはあなたの国の国籍をもっていますか。
　　　　（1）はい　　（2）いいえ
問7　あなたのパートナーの出身国はどこですか。
　　〔　　　　　　　　　　　　　　〕
　問7-1　あなたは，パートナーの出身国の国籍を持っていますか。
　　　　（1）はい　　（2）いいえ
問8　あなたは，外国（あなたの出身国またはパートナーの出身国）をどのくらい行ったり来たりしますか。
　　（1）一年に何度も　　（2）一年に一回くらい　　（3）二年から三年に一度
　　（4）5年に一回ぐらい　（5）あまり行かない
問9　あなたが，外国（あなたの出身国またはパートナーの出身国）を訪ねる理由は？
　　（○はいくつでも）
　　（1）父母に会いに行くため　　　　（2）その国の文化を知りたいから
　　（3）その国の言葉を習得するため　（4）親戚がいるから
　　（5）前に住んでいて懐かしいから　（6）将来住むことを考えているから
　　（7）自分の子に出身国の文化を触れさせたいから
　　（8）その他〔　　　　　　　　　　　　　　　　　　　　〕
問10　あなたの同居家族構成は？
　　（1）夫婦　　　　　　　　　（2）夫婦と子ども　　　　　（3）夫婦の一方と子ども
　　（4）自分の親と夫婦　　　　（5）自分の親と夫婦と子ども
　　（6）パートナーの親と夫婦　（7）パートナーの親と夫婦と子ども
　　（8）その他〔　　　　　　　　　　〕
問11　あなたは現在の職場でどの言葉を主に使いますか（○はいくつでも）。
　　（1）日本語　（2）母の国の言葉　（3）父の国の言葉
　　（4）その他〔　　　　　　〕　（5）働いていない
問12　あなたは現在家庭でどの言葉を使いますか。（○はいくつでも）

(1) 日本語　　(2) 母の国の言葉　　(3) 父の国の言葉
(4) その他〔　　　　　　〕

問13　あなたはパートナーの使う出身国の言葉を話せますか。
(1) 話せる　　(2) 少し話せる　　(3) ほとんど話せない　　(4) 全く話せない

問14　あなたはパートナーの出身国の文化に関心がありますか。
(1) 大いに関心がある　　(2) かなり関心がある　　(3) あまり関心がない
(4) 関心がない

問15　あなたは今後パートナーの出身国に住む可能性はありますか。
(1) すでに住んでいる　　(2) 将来住む予定がある
(3) 過去に住んでいた　　(4) 住む予定はない

問16　あなたはパートナーの出身国で働く可能性はありますか。
(1) すでに働いている　　(2) 将来働く可能性がある
(3) 過去に働いていた　　(4) 働く予定はない。

問17　あなたの社会保障上の権利はパートナーの出身国において保障されていますか。
(1) 保障されている　　(2) 保障されていない　　(3) わからない

問18　パートナーの親に介護が必要なら，誰が担い手となったらよいと思いますか。
(1) パートナー　　(2) 自分　　(3) 自分とパートナー両方
(4) 他の兄弟・姉妹　　(5) 家族・親族全員で　　(6) 公的なサービスを利用
(7) その時にならないとわからない

問19　あなたの親に介護が必要なら，誰が担い手となったらよいと思いますか。
(1) パートナー　　(2) 自分　　(3) パートナーと自分
(4) 他の兄弟・姉妹　　(5) 家族・親族全員で　　(6) 公的なサービスを利用
(7) その時にならないとわからない

問20　パートナーの親はどの国に住んでいますか。
(1) 外国に住んでいる　　(2) 日本に住んでいる　　(3) すでに他界している

問21　パートナーの親に介護が必要になった時，どのようにしますか。
(1) 今，住んでいる住所に呼び寄せる
(2) 親が住んでいるところへ自分達が行く
(3) 現住所と親の居所とを行ったり来たりする　　(4) わからない

問22　あなたの親はどの国に住んでいますか。
(1) 外国に住んでいる　　(2) 日本に住んでいる　　(3) すでに他界している

問23　あなたの親に介護が必要になった時，どのようにしますか。
(1) 今住んでいる住所に呼び寄せる
(2) 親が住んでいるところへ自分達が行く
(3) 現住所と親の居所を行ったり来たりする　　(4) わからない

問24　あなたの住んでいる地域は，いろいろな国から来た人が多い地域ですか。
(1) 少ない　　(2) どちらかといえば少ない　　(3) どちらかといえば多い　　(4) 多い

問25　あなたやあなたの家族が国際結婚をしているということで，外見が違うことや名前が異なることで，注目されたり特別扱いされたことがありますか。
(1) 何度もある　　(2) 時々ある　　(3) あまりない　　(4) まったくない

問 25-1 【(1)(2) と答えた人へ】あんたはその時どのように思いましたか。
　　　　(1) いやな思いをした　　(2) なんとも思わなかった　　(3) 注目されてよかった
問 25-2 【(1)(2) と答えた人へ】あなたはその時にどのようにしましたか。
　　　　(1) 話して特別扱いをやめさせた　　(2) わかってもらえないと思い無視した
　　　　(3) そのままで我慢した　　(4) その他〔　　　　　　　　　〕
問 26　あなたは，国籍をいくつ持っていますか。
　　　　(1) 一つ　　(2) 二つ　　(3) 三つ以上　　(4) わからない
問 27　【(1) と答えた人へ】　あなたは国籍を二つ以上，持ちたいと思いますか。
　　　　(1) 二つ以上持ちたい　　(2) 日本の国籍一つでいい　　(3) 外国の国籍一つでいい
問 28　パートナーは，国籍をいくつ持っていますか。
　　　　(1) 一つ　　(2) 二つ　　(3) 三つ以上　　(4) わからない
　問 28-1【二つ以上持っている人へ】その国籍をどのようにして得ましたか。
　　　　(1) 出生　　(2) 結婚　　(3) 帰化　　(4) 届出　　(5) その他〔　　　　　　　〕
問 29　国籍を二つ持つことによって，どのようないい点がありますか。(○はいくつでも)
　　　　(1) 両方の国に住むことができる　　　　(2) 両方の国で働くチャンスがある
　　　　(3) 父母両方の親戚とつきあえる　　　　(4) 両方の国の文化・言葉を学べる
　　　　(5) 留学することができる　　　　　　　(6) 二つの国のかけ橋になれる
　　　　(7) 家族のルーツとして自然なことだから　(8) 宗教上もう一つの国籍が必要
　　　　(9) 自由に二つの国を行き来できる
　　　　(10) 配偶者と自分の関係に変化（離婚や死別）があっても，好きな国に住める
　　　　(11) 国際的視野が広まる
　　　　(12) その他〔　　　　　　　　　　　　　　　　　〕
　　　　(13) いい点はない
問 30　国籍が二つになることで困ることがありますか（○はいくつでも）。
　　　　(1) 自分の祖国がどちらか迷う
　　　　(2) 二つの国の法律を守らなくてはならない
　　　　(3) 二つの国の板ばさみになる（オリンピックの応援，夫婦げんかなど）
　　　　(4) 軍隊に入るなど日本にない義務が心配だ　　(5) 二カ国語の学習が困難
　　　　(6) 二つの国の関係が悪くなると困る　　　　　(7) 留学生としての特典が使えない
　　　　(8) その他〔　　　　　　　　　　　　　　　　　〕
　　　　(9) 困ることはない
問 31　(以前外国で住んでいた経験のあるかたのみ) あなたやパートナーは来日してから，暮らし向きは変わりましたか。
　　　　(1) 豊かになった　　(2) やや豊かになった　　(3) 変わらない
　　　　(4) 少し苦しくなった　　(5) 苦しくなった
問 32　定住外国人が日本で参政権を持つことについてどのように思いますか。
　　　　(1) 賛成　　(2) やや賛成　　(3) やや反対　　(4) 反対
問 33　日本の教育制度に満足していますか。
　　　　(1) 不満足　　(2) やや不満足　　(3) やや満足　　(4) 満足

資料　質問紙調査・質問文

問34　あなたは現在住んでいる所に，同じ国の友達がいて連絡をとりあっていますか。
　　（1）頻繁に行き来している　　（2）時に会っている　　（3）あまり知らない
　　（4）知らない
問35　役所や学校の届出や通知で，国籍がないと困ることがあると思いますか。
　　（1）そう思う　　（2）どちらかというとそう思う　　（3）あまりそう思わない
　　（4）そう思わない
問36　困ったことを相談できる近くに住む友達はいますか。
　　（1）いない　　（2）いる
　　問36-1【（2）と答えた人へ】一番親しい友達の国籍は？
　　　　　（1）日本人　　（2）母国の外国人　　（3）その他の外国人
問37　国際結婚に関してご両親の反対意見はありましたか。
　　（1）実家の親が反対した　　（2）パートナーの親が反対した　　（3）反対はなかった

下記の問38から問44はお子さんのいる方のみお答えください。

問38　（お子さんのいる方だけ）お子さんの国籍はどのようになっていますか。
　　（1）どの子も両親の国の国籍をもっている　　（2）どの子も日本の国籍だけ
　　（3）どの子も親の外国籍だけ　　　　　　　　（4）子によって国籍の取得状況が違う
問39　（お子さんのいる方だけ）お子さんの住んでいる所はどこですか。
　　（1）すべて国内に住んでいる　　（2）子どもの中には外国に住んでいる子もいる
　　（3）すべて外国に住んでいる　　（4）短期間で国内と外国を往復している子が多い
問40　（お子さんのいる方だけ）お子さんに親の出身国（外国）の文化や言葉などを教えていますか。
　　（1）教えていない　　（2）過去には教えた　　（3）現在教えている
問41　（お子さんのいる方だけ）お子さんに二重国籍を持たせたいですか。
　　（1）何とかして持たせたい　　（2）できれば持たせたい
　　（3）日本の国籍だけでいい　　（4）外国の国籍だけでよい
　　（5）子どもの判断にまかせる
問42　（お子さんのいる方だけ）次の①から⑦についてあなたはどのくらい大切に考えていますか。
①日本の暮らし方
　　（1）非常に大切　　（2）まあ大切　　（3）あまり大切でない　　（4）大切でない
②親の出身国（外国）での暮らし方
　　（1）非常に大切　　（2）まあ大切　　（3）あまり大切でない　　（4）大切でない
③学校のきまりを守る
　　（1）非常に大切　　（2）まあ大切　　（3）あまり大切でない　　（4）大切でない
④友達を大切にする
　　（1）非常に大切　　（2）まあ大切　　（3）あまり大切でない　　（4）大切でない
⑤家族のきまりを守る
　　（1）非常に大切　　（2）まあ大切　　（3）あまり大切でない　　（4）大切でない
⑥近所の人にあったらあいさつをする
　　（1）非常に大切　　（2）まあ大切　　（3）あまり大切でない　　（4）大切でない

⑦それぞれの国の文化を尊ぶ国際的な考え
　　（1）非常に大切　　（2）まあ大切　　（3）あまり大切でない　　（4）大切でない
問43　二重国籍についてどのように考えますか。自由な意見をお書きください。

ご協力ありがとうございました。

あとがき

　本書は，2006年3月に奈良女子大学大学院人間文化研究科に提出した学位論文「国際移動に関する社会化効果の研究」を一部構成し直した論文である。

　研究のテーマには大きく私自身の経験が関わっている。25年前，アメリカニュージャージー州パークリッジに家族で赴任し，当時5歳と8歳であった子どもたちが現地の小学校に約3年間通学した。私たちの海外生活は，多くの現地の人びととの交流や同じように赴任してきた家族との交流に支えられていた。印象的だったのは，パークリッジ到着その日に隣の家の子どもが声をかけてくれ，家族で到着当日に隣家に招かれたことである。その後もニューヨークから電車で1時間の郊外の小さな町のコミュニティーで多くの善意に触れ，この3年の間の出会った人びとがその後の私の人生の中で大きな位置を占めている。オープンハートの言葉通り，新しく町に来た人びとに援助の手を差しのべてくれた人びとの心の広さに感動した毎日であった。子どもの教育について隣人としていつも助言をしてくれたCharles & Terry Walshからは現地の教育について多くの助言を得た。また同じ日本人として赴任し，また同年齢の子どもを育てたいわば同志ともいえる友達であった福田庸子さんにも感謝をしたい。現在もニュージャージー州のノーザンバレー・オールドタッペン高校で日本語教師をして活躍されている。その後，パークリッジの人たちの何人かが2001年9.11同時多発テロ事件の被害者となったと聞いている。ここに哀悼の意を表したい。

　この博士論文を書くにあたって，方向づけをしてくださりさらに機会を与えてくださった奈良女子大の新睦人教授，石川実教授，神戸学院大学の神原文子教授，約1年間にわたり論文の審査とともに貴重な助言を与えてくださった中道實教授，中島道男教授，栗岡幹英教授，八木秀夫教授，松本博之教授に心からお礼を申し上げる。また，海の向こうからこの研究の完成を心待ちにしてい

たアイオワ州立大学の Labh & Tahira Hira 教授にも感謝したい。

　調査を行うにあたって,「国際結婚を考える会」「ミックスサラダの会」「多文化共生センター」の多くの人びとの協力を得た。謝辞を述べたい。

　今後この研究の課題として，国際移動への社会化に関しては社会的背景・文化的背景からのアプローチをする必要を痛感している。

　本稿での調査対象となった帰国子女の関係国の多くが西欧諸国であったのは，1980年代の終わりから2000年代始めにかけては，多くのビジネスマンの海外赴任先が北米や欧州が中心であったことを反映している。しかし現在では，アジアからの帰国子女が最も多くなっている。

　さらに，国際結婚においても日本人の配偶者としてアジア出身者の数が増加している。今回のダブルス対象の質問紙調査では，関係国としてアメリカが最も多く，アジア出身の親を持つダブルスは少数にとどまった。今後は，日本とアジアに関しての国際移動と子どもの社会化に焦点をしぼった研究が必要であると痛感している。

　120年前日本に来た多くの外国人宣教師によって建てられた私の勤務する神戸松蔭女子学院大学は，日本の女子教育の発展に力を尽くしてきた。英語と和裁を専門として始まった小さな女学校は，まさに日本における異文化接触の起点であったと思われる。開学のころの気持ちを思い出してオープンハートの心を持って，学生の教育にあたっていきたいと思っている。

　本書の出版にあたり，神戸松蔭女子学院大学から2013年度研究成果公開発表特別助成を受けた。ここにお礼を申し上げる。最後になったが，この研究を支えてくれた私の家族と父母に感謝したい。

　2013年9月　奈良にて

竹田　美知

初出一覧

(〔 〕は本書での掲載章を示す)

1. 「Ethnic 家族分析のための理論枠組みの検討」『相愛女子短期大学研究論集』第43巻：29-34，1996年 〔第1章〕
2. 「Ethnic 家族分析―intermarriage に関する理論からの視点」『相愛女子短期大学研究論集』第44巻：75-83，1997年 〔第1章〕
3. 「日本におけるインターマリッジ―インターマリッジをめぐる要因分析」奈良女子大学生活環境学部『家族研究論叢』第4号：61-74，1998年〔第1章〕
4. 「異文化経験とライフコース―帰国子女受け入れ校の調査結果から」『相愛女子短期大学研究論集』第46巻：113-129，1999年 〔第5章〕
5. 「『若者のマイノリティーに対する意識』についての実証研究」『平成9年度，平成10年度科学研究費補助金【萌芽的研究】研究成果報告書』課題番号09878010，1999年 〔第1章，第2章，第4章〕
6. 「異文化体験とライフコース第2報―帰国子女のインタビュー調査より」『相愛女子短期大学研究論集』第47巻：49-67，2000年〔第6章〕
7. 「若者の外国人に対する意識とその影響要因―関西地域の大学生に対する調査から」奈良女子大学生活環境学部編『家族研究論叢』第6号：39-54，2000年 〔第1章，第2章，第4章〕
8. 「『若者のマイノリティーに対する意識』についての実証研究」『平成9年度～平成11年度科学研究費補助金【萌芽的研究】研究成果報告書』課題番号098878010，2000年 〔第3章〕
9. 「国際交流ボランティアのライフコース―個人のライフコースと外国人交流歴との関連」『相愛女子短期大学研究論集』第49巻：31-78，2002年 〔第3章〕
10. 「若者の国際移動に対する意識とその影響要因―近畿地域の大学生に対する調査から」日本家政学会家族関係学部会『家族関係学』第21号，2002年 〔第1章，第2章，第4章〕
11. 「国際結婚から生まれた子どもの国籍選択とその影響要因―国際結婚を考える会の場合」『日本家政学会誌』vol 56，No1.：3-11，2005年 〔第1章，第7章〕
12. 「エスニック家族における家族価値観形成過程についての実証研究」『平成14年度，平成15年度，平成16年度，科学研究費補助金（基盤研究（C）（2））研究成果報告書』課題番号145801135，2005年〔第1章，第7章，第8章〕

参考文献

Allport, G. W., 1954, *The Nature of Prejudice*, Doubleday Anchor book Garden City NJ.（＝G. W.オルポート, 1968, 原谷達士訳『偏見の心理』培風館.)

Bowser, G. A. and Bowser, S. H., 1990, *General Study of Intermarriage in The United States*, College of Education University of Nevada, Reno.

青柳まちこ編, 1996,『「エスニック」とは何か』新泉社.

Blumer, Herbert, 1958, "Race Prejudice as a Sense of Group Position", *Pacific Sociological Review*, 23：3-7.

Cerroni-Long, E. L., 1985, "Marring Out: Socio-Cultural and Psychological Implications of Intermarriage.", *Journal of Comparative Family Studies*, 16(1)：25-46.

チョン・ヨンヘ, 1996,「アイデンティティを越えて」上野千鶴子編『差別と共生の社会学』岩波書店, 1-33.

Erikson, Eric H., 1963, *Childhood and Society*, W. W. Norton Company, Inc.（＝E. H. エリクソン, 1980, 仁科弥生訳『幼児期と社会Ⅰ』みすず書房.)

Fandetti, D. V. and Goldmeier, J., 1988, "Social workers as culture mediator in health care settings", *Health and Social Work*, summer：171-179.

藤崎宏子, 1998,『高齢者・家族・社会的ネットワーク』培風館.

福岡安則, 1993,『在日韓国・朝鮮人―若い世代のアイデンティティ』中公新書.

外国人地震情報センター編, 1996,『阪神大震災と外国人』明石書店.

外務省, 2010,『海外在留邦人数調査統計』.

外務省領事移住部領事移住政策課, 2001,「海外在留邦人数調査統計（平成12年10月1日現在）」財団法人入管協会『国際人流』第173号：34-45.

Giddens, Anthony, 1982, *Sociology: A brief but Critical Introduction*, Macmillan.（＝アンソニー・ギデンス, 1993, 松尾精文・成富正信訳『社会学』而立書房.)

Giles, Micheal W. and Evans, Arthur S., 1985, "The Power Approach to Inter-group Hostility", *Journal of Conflict Resolution*, 30：469-486.

広田康夫, 1994,「日系人家族の生き方」奥田道大・広田康夫・田嶋淳子『外国人居住者と日本の地域社会』明石書店, 193-257.

法務省大臣官房司法法制部司法法制課, 2001,『第40出入国管理統計年報平成12年』法務省大臣官房司法法制部司法法制課.

法務省, 2011,『登録外国人統計』.

法務省, 2012,「平成23年末現在における外国人登録者数について（速報値）」http://www.

moj.go.jp/nyuukokukanri/kouhou/nyuukokukanri04_00015.html

Hughes, D. and Johnson, D., 2001, "Correlate in Children's Experiences of Parents' Racial Socialization Behaviors", *Journal of Marriage and Family*, 63：981-995.

伊佐雅子, 2000,『女性の帰国適応問題の研究―異文化受容と帰国後適応の実証的研究』多賀出版.

石井由香, 1995,「国際結婚の現状」駒井洋編『定住化する外国人』明石書店, 75-102.

伊藤るり, 1997,「日本の外国人労働者とアジア―グローバル・マイグレーションに直面する日本社会」小倉充夫編『国際移動論―移民・移動の国際社会学』三嶺書房, 241-268.

岩淵功一, 2001,『トランスナショナル・ジャパン―アジアをつなぐポピュラー文化』岩波書店.

Gerfand, d. E. and Fandetti, D. V., 1986, "The emergent nature of ethnicity: dilemmas in assessment", *Social Casework*, 67(11)：542-550.

Goodman, R., 1990, *Japan's International Youth: the emergence of new class of school children*, Oxford University Press.（＝R. グッドマン, 1992, 長島信弘・清水郷美訳『帰国子女―新しい特権層の出現』岩波書店.)

Helmut, Muhsam, 1990, "Social Distance and Asymmetry in Intermarriage Pattern", *Journal of Comparative Family Studies*, 21(3)：307-321.

Hughes, D. and Johnson, D., 2001, "Correlate in Children's Experiences of Parents' Racial Socialization Behaviors", *Journal of Marriage and Family*, 63：981-995.

ジョーンズ, ヒュー, 2003,「太平洋アジアの国際移住システムにおける人口統計的, 経済基盤」岩崎信彦他編『海外における日本人, 日本のなかの外国人―グローバルな移民流動とエスノスケープ』昭和堂, 30-59.

Kahn, R. L. and Antonucci, T. C., 1981, "Convoys of Social Support; A Life-Course Approach", Kiesler, S. B. et al. eds., *Aging: Social Change*, Academic Press, 383-405.（＝R. L.カーン・T. C.アントヌッチ, 1993, 東洋・高橋惠子・柏木惠子訳『気質・自己・パーソナリティー―生涯発達の心理学』新曜社.)

カニングハム久子, 1988,『海外子女教育事情』新潮社.

木村真理子, 1997,『文化変容ストレスとソーシャルサポート―多文化社会カナダの女性たち』東海大学出版会.

加藤久和・大崎敬子・千年よしみ, 2001,『人口問題に関する総論と課題（後編）』国際協力事業団国際協力総合研修所.

Katz, E. and P. Lazarsfeldt, 1955, *Personal influence: The part played by people in the flow of mass communications.*（＝E. カッツ・P. ラザーズフェルド, 1978, 竹

内郁朗訳『パーソナル・インフルエンス』培風館.)
金英達, 1994,「数字で見る在日朝鮮人の歴史 3 ―日本での朝鮮人の婚姻件数」『季刊 sai』10号.
コバヤシ, オードリー, 2003,「ジェンダー問題〈切り抜け〉としての移民」岩崎信彦他編『海外における日本人, 日本のなかの外国人―グローバルな移民流動とエスノスケープ』昭和堂, 224-238.
国際結婚を考える会, 1991,『二重国籍』時事通信社.
国際人流編集局, 2001,「外国人労働者の雇用状況―厚生労働省『外国人雇用状況報告』(平成13年 6 月 1 日現在) から」財団法人入管協会『国際人流』第177号：42-45.
駒井洋, 1994,『外国人労働者問題資料集成 上』明石書店, 627-668.
駒井洋, 1995,『定住化する外国人』明石書店.
駒井洋・東京都立労働研究所, 1994,『外国人労働者問題資料集成 下』明石書店, 275-322.
駒井洋・広田康生, 1996,『多文化主義と多文化教育』明石書店.
厚生統計協会, 2010,『人口動態統計 平成22年版』.
黒木雅子, 1996,『異文化論への招待』朱鷺書房.
桑山紀彦, 1955,『国際結婚とストレス―アジアからの花嫁と変容するニッポンの家族』明石書店.
Lee, S. Everett, 1966, "The Theory of Migration", *Demography,* Vol.3, No.1：47-57.
LeVine, Robert A. and Donald T. Campbell, 1972, *Ethnocentrism Theories of Conflict, Ethnic Attitudes, and Group Behavior,* Wiley. New York.
Lipset, S. M. and Bendix, R., 1959, *Social Mobility In Industrial Society.* (＝S. M. リプセット・R. ベンディックス, 1969, 鈴木広訳『産業社会の構造』サイマル出版会.)
馬渕仁, 2002,『「異文化理解」のディスコース―文化本質主義の落とし穴』京都大学学術出版会.
町村敬志, 2003,「ロスアンジェルスにおける駐在員コミュニティの歴史的経験―『遠隔地日本』の形成と変容」岩崎信彦他編『海外における日本人, 日本のなかの外国人―グローバルな移民流動とエスノスケープ』昭和堂, 170-185.
Malgady, R. G., Rogler, L. H. and Costantino, G., 1987, "Ethnocultural and Linguistic bias in mental health evaluation of Hispanics", *American Psychologist,* 42(3)：228-234.
Malgady, R. G., Rogler, L. H. and Blumenthal, R., 1987, "What do culturally sensitive mental health services mean?", *American Psychologist,* 42(6)：565-570.
Merton R. K., 1957, "Contributions to the Theory of Reference Group Behavior, So-

cial Theory Structure", *Social Theory and Social Structure*, revised eds., The Free Press. (＝R. K. マートン, 1969, 森好夫・森東吾・金沢実共訳『現代社会学体系第13巻　社会理論と機能分析』青木書店.)

南谷恵樹, 1997,「『先進国』間の技能労働力移動」小倉充夫編『国際移動論―移民・移動の国際社会学』三嶺書房, 181-207.

箕浦康子, 1991,『子供の異文化体験』思索社.

水上徹男, 1996,『異文化社会適応の理論―グローバル・マイグレーションに向けて』ハーベスト社.

文部科学省, 2012,『平成23年度　文部科学統計要覧』.

三好博昭, 2003,「わが国の外国人労働者受け入れ政策の方向性―出入国管理制度の国際比較並びに移民受け入れがわが国の人口構造・経済に与える影響分析」岩崎信彦他編『海外における日本人，日本のなかの外国人―グローバルな移民流動とエスノスケープ』昭和堂, 307-323.

森岡清美・青井和夫, 1998,『現代日本人のライフコース』日本学術振興会.

Motoyoshi, M. M., 1990, The "Experience of Mixed-Race People: Some Thoughts and Theories, *Journal of Ethnic Studies*, 18(2)：911-914.

Murry, V. M., Smith, E. P. and Hill, N. E., 2001, "Race, Ethnicity, and Culture in Studies of Families In Context", *Journal of Marriage and Family*, 63：911-914.

Nagel, J., 1994, "Constructing ethnicity: Creating and recreating ethnic identity and culture", *Social Problems*, 141：152-176.

中島智子, 1996,「多文化主義としての在日韓国・朝鮮人教育」『多文化主義と多文化教育』明石書店, 125-149.

中野秀一郎, 1996,「インドシナ難民」中野秀一郎・今津孝次郎編『エスニシティーの社会学』世界思想社, 243-263.

長坂格, 2003,「移住における親族ネットワーク―フィリピンからイタリアへの移住の事例研究」岩崎信彦他編『海外における日本人，日本のなかの外国人―グローバルな移民流動とエスノスケープ』昭和堂, 60-75.

西田晴彦・新睦人編, 1976,『社会調査の理論と技法　Ⅰ・Ⅱ』川島書店.

入管協会, 1997,『平成9年度版在留外国人統計』入管協会(財).

入管協会, 2001,『平成12年度版在留外国人統計』入管協会(財).

入管協会, 2003,『在日外国人統計平成14年度版』入管協会(財).

小倉充夫, 1997,「国際移動の展開と理論」小倉充夫編『国際移動論―移民・移動の国際社会学』三嶺書房, 3-32.

岡田光世, 1993,『ニューヨーク日本人教育事情』岩波書店.

奥田道大・広田康夫・田嶋淳子, 1994, 『外国人居住者と日本の地域社会』明石書店.
奥田安弘, 1996, 『家族と国籍——国際化の進む中で』有斐閣.
小熊英二, 1995, 『単一民族神話の起源——〈日本人〉の自画像の系譜』新曜社.
Park, R. E., 1950, *Race and Culture*, New York: Free Press (The collected paper of Robert Ezra Park).
Plath, D. W., 1980, *Long Engagements: Maturity in Modern Japan*, Stanford Univ. Press. (= D. W. プラース, 1985, 井上俊ほか訳『日本人の生き方』岩波書店.)
ラミス, ダグラス, 1981, 加地永都子訳『内なる外国——『菊と刀』再考』時事通信社.
Redfield, R., Linton, R. and Herskovits, M. J., 1936, "Memorandum for the study of acculturation", *American Anthropologist*, 38：149-152.
李節子, 2003, 「在日外国人の人口統計・母子保健統計に関する研究——日本における外国人人口と結婚・出生の動向」平成14年度厚生科学研究費補助金子ども家庭総合研究事業『多民族文化社会における母子の健康に関する研究』, 121-129.
酒井千絵, 2003, 「香港における日本人女性の自発的な長期滞在——長期滞在者からみた『香港就職ブーム』」岩崎信彦他編『海外における日本人，日本のなかの外国人——グローバルな移民流動とエスノスケープ』昭和堂, 239-251.
坂田直三, 1998, 『グローバル時代の教育——帰国子女教育の現場からの提言』晃洋書房.
Sassen, Saskia, 1988, *The Mobility of Capital*, Cambridge: Cambridge University Press. (= サスキア・サッセン, 1992, 森田桐朗他訳『労働と資本の国際移動』岩波書店.)
佐藤弘毅・中西晃編, 1988, 『海外子女教育史〈資料編〉』(財) 海外子女教育振興財団.
宿谷京子, 1988, 『アジアからきた花嫁——向かえる側の論理』岩波書店.
Simmel, Georg, 1892, *Sociale differenzierung; Soziologie*. (= G. ジンメル, 1970, 居安正訳『社会分化論——社会学』青木書店.)
Siu, Paul C. P., 1952, "The Sojourner", *The American Journal of Sociology*, 58：34-44.
総理府, 1988, 「外国人の入国と在留に関する世論調査：昭和63年2月調査」内閣総理大臣官房広報室.
Steven, R., Peter, M. B., Terry, B. and Joseph, S., 1988, "Inequality and Intermarriage: A Paradox of Motive and Constraint", *Social Forces*, 66(3)：645-675.
Stevenson, H. C., 1995, "Relationship of adolescent perception of socialization to racial identity", *Journal of Black Psychology*, 21：49-70.
Stewart, E. C. and Pryle, J. B., 1966, "An approach to cultural self-awareness", *Professional Paper*, George Washington University, 14-66.

Sue, S., 1988, "Psychotherapeutic service for ethnic minorities: Two decades of research Findings", *American Psychologist*, 43(4):301-308.
Sue, S. and Zain, N., 1987, "The role of cultural techniques in psychotherapy", *American Psychologist*, 42(1):37-45.
杉本良夫, 1990,『日本人をやめる方法』ほんの木.
竹田美知, 1996,「Ethnic家族分析のための理論枠組みの検討」『相愛女子短期大学研究論第43巻』, 29-34.
─────, 1997,「Ethnic家族分析─intermarriageに関する理論からの視点」『相愛女子短期大学研究論集』第44巻:75-83.
─────, 1998,「日本におけるインターマリッジ─インターマリッジをめぐる要因分析」奈良女子大学生活環境学部『家族研究論叢』第4号:61-74.
─────, 1999,「異文化経験とライフコース─帰国子女受け入れ高校の調査結果から」『相愛女子短期大学研究論集』第46巻:113-129.
─────, 1999,「『若者のマイノリティーに対する意識』についての実証研究」『平成9年度,平成10年度科学研究費補助金【萌芽的研究】研究成果報告書』課題番号09878010.
─────, 2000,「異文化体験とライフコース第2報─帰国子女のインタビュー調査より」『相愛女子短期大学研究論集』第47巻:49-67.
─────, 2000,「若者の外国人に対する意識とその影響要因─関西地域の大学生に対する調査から」奈良女子大学生活環境学部編『家族研究論叢』第6号:39-54.
─────, 2000,「『若者のマイノリティーに対する意識』についての実証研究」『平成9年度～平成11年度科学研究費補助金【萌芽的研究】研究成果報告書』課題番号098878010.
─────, 2002,「国際交流ボランティアのライフコース─個人のライフコースと外国人交流歴との関連」『相愛女子短期大学研究論集』第49巻:31-78.
─────, 2002,「若者の国際移動に対する意識とその影響要因─近畿地域の大学生に対する調査から」日本家政学会家族関係学部会『家族関係学』第21号:77-93.
─────, 2005,「国際結婚から生まれた子どもの国籍選択とその影響要因─国際結婚を考える会の場合」『日本家政学会誌』Vol.56, No.1:3-11.
─────, 2005,「エスニック家族における家族価値観形成過程についての実証研究」『平成14年度,平成15年度,平成16年度,科学研究費補助金(基盤研究(C)(2))研究成果報告書』.
谷富夫, 1995,「在日外国人・朝鮮人社会の現在─地域社会に焦点をあてて」駒井洋『定住化する外国人』明石書店, 133-161.

Taylor, Marylee C., 1998, "How White Attitudes Vary with the Racial Composition of Local Populations", *American Sociological Review*, 63：512-535.

Thompson Sanders, V. L., 1994, "Socialization to race and its relationship to racial identification among African Americans.", *Journal of Black Psychology*, 20：175-188.

Thornton, M. C., Chatters, L. M., Taylor, R. J. and Allen, W. R., 1990, "Sociodemographic and environmental correlates of racial socialization by Black parents", *Child Development*, 61：401-409.

植木武・村上征勝・岸野洋久, 1991,「新国籍法下における国際児の意識調査——一次調査を終えて」『共立女子短期大学生活科学科紀要』第34号：131-146.

馬越徹, 1996,「留学生」中野秀一郎・今津孝次郎編『エスニシティーの社会学』世界思想社, 48-65.

上野千鶴子, 1996,「複合差別論」『差別と共生の社会学』岩波書店, 203-232.

Vollebergh, W. A. M., Iedema, J. and Raaijmakers, Q. A. W., 2001, "Intergenerational Transmission and Adolescence and Young Adulthood", *Journal of Marriage and Family*, 63：1185-1198.

渡辺文夫, 2002,『異文化と関わる心理学——グローバリゼーションの時代を生きるために』サイエンス社.

安田三郎, 1971,『社会移動の研究』東京大学出版会.

山折哲雄他, 1991,『巡礼の構図』NTT出版.

依光正哲, 2004,「国際労働力が世帯内・世帯間構造に与える影響に関する試論」『特定領域研究「世帯間利害調整（A4）」少子化および外国人労働をめぐる経済理論的・計量的研究』.

ホワイト, ポール, 2003,「ロンドンにおける日本人——コミュニティ形成過程」岩崎信彦他編『海外における日本人, 日本のなかの外国人——グローバルな移民流動とエスノスケープ』昭和堂, 132-151.

Wilson, Anne, 1987, *Mixed Racial Children: A Study of Identity*. Allen and Unwin.

索 引

あ行

アイデンティティー　47, 54, 229
　　──確立　263
　　──形成　21
　　──・コンフリクト　233, 235
　　──の揺らぎ　265
　　自分が感じる──　270
　　自分の認識する──　69
　　他（人）からみられる──　69, 271, 278
青柳まちこ　52
アメリカ文化の同化の深度　40
アレン，W. R.　48
アングロ・コンフォーミティー・アプローチ　37
アントヌッチ，T. C.　63, 117
石井由香　28
一時的な移動　11
〈行って戻る〉移動　272
異文化経験の意味づけ　269
異文化接触　67, 268, 277
異文化の内面化　33
異文化理解　146
異文化理解教育　8
移民　16
イメージ　281
岩淵幸一　31
ウィルソン，A.　47, 205, 232
植木仮説　228
植木武　43, 67, 228, 264
上野千鶴子　28
影響要因　20
永住者　3, 12, 77, 277
エヴァン，A. S.　50
エージェント　33

エスニシティー　53
エスニック　53
エスニック・グループの文化　68
「エスニック」文化　45
エリクソン，E. H.　54
岡田光世　7, 38, 184
奥田道大　38
小熊英二　53
押し出し─吸引モデル　25, 29, 225
押し出し要因　25, 230
親の影響　277
オールドカマー　277
オルポート，G. W.　35, 50, 146, 160
オルポート仮説　56, 59

か行

海外在留邦人数調査統計　12
外国人　52
外国人労働者問題　6
外国はがし　55
会社難民　30
階層上昇説　25
家族型移動　183
家族単位の移動　268
家族の影響　276
家族の外国人に対する風評　275
家族の中での外国人イメージ　267
カッツ，E.　25, 114
カニングハム久子　7, 38, 184
カルチャーショック　44, 60, 64, 274
カーン，R.　63, 117
間接経験　15, 167
帰化　16
帰国子女　6, 20
規制緩和説　26, 29

キャンベル，D. T.　50
吸引要因　31
教育難民　30
共存　274
距離　274
金英達　77
グッドマン，R.　182, 198
黒木雅子　14
経済移民　2
ゲスト　15
ゲート・キーパー　60, 70, 114
原因説明図式　25
国際移動　272, 273
　　経済的報酬を目的とした――　145
　　社会的報酬を目的とした――　145
　　――への志向（性）　1, 266-268
　　――への志向尺度　266, 281
国際結婚　9, 21
国際結婚から生まれた子ども　20, 43
国際理解教育　8
国際労働移動モデル　25
国籍選択　44, 67
個人型移動　183
個人単位の（国際）移動　268, 271
個人的動機づけ　29
個人のライフコース　61
個人レベル　31
コバヤシ，オードリー　28
コンスタンティノ，G.　45
コンフリクト理論　50
コンボイ　57, 60, 66, 184, 185, 266, 268, 269, 276, 280
コンボイシステム　63, 197, 269

さ行

在日外国人　8
在留外国人統計　75
坂田直三　201

サッセン，S.　26
サブカルチャー　15
シウ，P. C. P.　201
自文化滞在時の異文化接触　272
自文化の再定義　281
自文化理解　146
社会移動　34
社会化　5
社会化過程　33
社会化効果　20, 70
社会化のエージェント　20, 70, 265
集団的動機づけ　29
集団の同一性　55
重要な役割　114
主観的意味づけ　185, 268
準拠集団　46
　　――の理論　33, 34
準拠他者　33, 113, 115, 183, 268
状況適応的形態　44
上昇移動　279
所属集団逸脱説　26, 30
序列づけ　5, 160
ジョンソン，D.　49, 228, 232, 235
ジル，M. W.　50
人口動態統計　10
人種　53
人種的メッセージ　49
人生上の重要な他者　36, 60, 61, 185
水路づけ要因　25
杉本良夫　30
スチーブンソン，H. C.　48
ステレオタイプ　35, 59, 60, 146, 183, 203
スミス，E. P.　48, 235, 261
生物学的特徴　55
ソジョナー　12, 31, 167, 201
ソントン，M. C.　48

索　引

た行

タイラー，M. C.　50, 161
タイラー，R. J.　48
タイラー仮説　56
多国籍企業　5
田嶋淳子　38
達成動機　34
ダブルバインディング　233
多文化共生　274
多文化体験　17
地域文化　68
チェルローニ‐ロング，E. L.　27
地縁難民　30
チャター，L. M.　48
長期滞在者　12
直接の異文化経験　167
直接体験　15
通路づけ要因　34
転機　185
同一化　35
同化　7, 264, 271
同化理論　233
登録外国人統計　10, 277
特別永住者　3, 76
トンプソン，V. L. S.　48

な行

長坂格　26
二極化　279
二重国籍　44, 67, 262
二重国籍選択　69, 262-264
入国管理法の改正　4
ニューカマー　3, 77
認知地図　48, 229
ネイゲル，J.　48, 229

は行

パーク，R. E.　46, 205
パーソナリティー特性　47
パワー理論　50
ピアジェ，J.　204
非永住者　77
引きの要因　25, 230-231
ヒュージ，D.　49, 228, 232, 235
ヒル，N. E.　48, 235, 261
広田康夫　38, 44
頻繁な国際移動　17, 25
福岡安則　53
複数の文化　274
藤崎宏子　63
二つの文化にまたがる社会化　276, 277
プラース，D. W.　185
ブルーマー，H.　50
文化的アイデンティティー　65, 67
文化的多元主義アプローチ　37, 57
文化的特徴　55
文化の序列　18
ベンディクス，R.　35, 57
法務省　3, 277
ホスト　15
　――の文化　45
ホワイト，P.　27

ま行

マイノリティー　15, 23
マクロな集団　31
マージナルマン　46, 116
マジョリティー　15, 23
町村敬志　27
マートン，R. K.　33
まなざし　279
まなざしの変革　264
馬渕仁　201

315

マリー，V. M.　48, 235, 261
マルガディー，R. G.　45
見えない外国人　52, 277
見える外国人　277
水上徹男　26
南谷恵樹　26
箕浦康子　7, 38, 184, 201, 204, 264, 274
三好博昭　27
メディア誘因説　25
メルティング・ポット・アプローチ　37
モトヨシ，M. M.　47, 205, 229, 232

や行

優位な文化　18
予期的社会化　56, 59, 113, 233
予備的適応説　34

依光正啓　2

ら行

ライフコース　266
ラザーズフェルト，P.　25, 114
ラミス，D.　162
李節子　3
リトル日本　11
リプセット，S. M.　35, 57
レヴィン，R. A.　50
劣位な文化　18
レディネス　59, 70, 267
連鎖的移住　31
連鎖的移住説　25, 27, 29, 57, 60, 226
ログラー，L. H.　45

【著者紹介】

竹田　美知（たけだ・みち）

神戸松蔭女子学院大学人間科学部教授　博士（社会科学・奈良女子大学）
愛媛県生まれ。1979年奈良女子大学大学院文学研究科社会学専攻修士課程修了。奈良女子大学家政学部生活経営学科助手，県立高校勤務，相愛女子短期大学教授等を経て，2006年より現職

主要著書・論文

『よくわかる現代家族』（共編著）ミネルヴァ書房，2009年／「大学生のひとり親家族イメージ」『日本家政学会誌』（共著）2011年／「韓国大学生にみられるひとり親家族に対する意識」『日本家政学会誌』（共著）2011年／「国際結婚から生まれた子どもの国籍選択とその影響要因－国際結婚を考える会の場合」『日本家政学会誌』（単著）2005年　ほか多数

グローバリゼーションと子どもの社会化
―帰国子女・ダブルスの国際移動と多文化共生―　改訂版

2013年10月1日　第1版第1刷発行
2015年1月30日　改訂版第1刷発行

著者　竹田　美知

発行者　田中　千津子

発行所　株式会社 学文社

〒153-0064　東京都目黒区下目黒3-6-1
電話　03（3715）1501 代
FAX　03（3715）2012
http://www.gakubunsha.com

Ⓒ Michi TAKEDA 2015　Printed in Japan
乱丁・落丁の場合は本社でお取替えします。
定価は売上カード，カバーに表示。

印刷　新灯印刷（株）

ISBN978-4-7620-2498-6